Elmar Wiesendahl

Mitgliederparteien am Ende?

Elmar Wiesendahl

Mitglieder-
parteien
am Ende?

Eine Kritik der
Niedergangsdiskussion

VS VERLAG FÜR SOZIALWISSENSCHAFTEN

Bibliografische Information Der Deutschen Bibliothek
Die Deutsche Bibliothek verzeichnet diese Publikation in der Deutschen Nationalbibliografie;
detaillierte bibliografische Daten sind im Internet über <http://dnb.ddb.de> abrufbar.

1. Auflage Januar 2006

Alle Rechte vorbehalten
© VS Verlag für Sozialwissenschaften/GWV Fachverlage GmbH, Wiesbaden 2006

Lektorat: Frank Schindler

Der VS Verlag für Sozialwissenschaften ist ein Unternehmen von Springer Science+Business Media.
www.vs-verlag.de

Umschlaggestaltung: KünkelLopka Medienentwicklung, Heidelberg
Druck und buchbinderische Verarbeitung: MercedesDruck, Berlin
Gedruckt auf säurefreiem und chlorfrei gebleichtem Papier
Printed in Germany

ISBN 3-531-14350-6

Inhaltsverzeichnis

Abkürzungsverzeichnis

Abb.:	Abbildung
ALLBUS	Allgemeine Bevölkerungsumfrage der Sozialwissenschaften
AN:	Alleanza Nazionale
AöR:	Archiv öffentliches Recht
APSA	American Political Science Association
APuZ:	Aus Politik und Zeitgeschichte
CDU:	Christlich Demokratische Union
CSU:	Christlich Soziale Union
DBD	Demokratische Bauernpartei Deutschlands
DDR:	Deutsche Demokratische Republik
EDV:	Elektronische Datenverarbeitung
FDP:	Freie Demokratische Partei Deutschlands
JULIS:	Junge Liberale
JU:	Junge Union
JuSos	Jungsozialisten
LDPD:	Liberaldemokratische Partei Deutschlands
NSB:	Neue soziale Bewegungen
ÖVP:	Österreichische Volkspartei
NDPD:	Nationaldemokratische Partei Deutschlands
PDS:	Partei des Demokratischen Sozialismus
SED:	Sozialistische Einheitspartei Deutschlands
SPD:	Sozialdemokratische Partei Deutschlands
SPÖ:	Sozialdemokratische Partei Österreichs
ZParl:	Zeitschrift für Parlamentsfragen
ZUMA	Zentrum für Umfragen, Methoden und Analysen

Abbildungsverzeichnis

Vorwort

Die Idee zu diesem Buch ist über einen längeren Zeitraum gereift, in dem ich mich wiederholt mit dem Zustand und den Zukunftsperspektiven der Parteien in Deutschland befasst habe. Einiges Unbehagen bereitete mir dabei das in der Parteienforschung stärker werdenden Ausmaß der um sich greifenden Tendenz, den hergebrachten Trägern des modernen Parteiwesens, nämlich Mitgliederparteien, ein baldiges Ende zu bescheinigen. Bei näherem Hinsehen drängten sich mir immer mehr Zweifel an den Gewissheiten auf, mit denen sowohl aus der Krisensicht als auch der Party-Change-Perspektive der unaufhaltsame Niedergang und das Verschwinden der Mitgliederparteien diagnostiziert wurde. Weil mir an der Ende-der-Mitgliederparteien-Debatte das eine und andere wenig stichhaltig und empirisch beweiskräftig erschien, ergab sich der Impuls, die Lage und Zukunftsaussichten der Mitgliederparteien genauer zu untersuchen und mit den gängigen Thesen der Ende-der-Mitgliederparteien-Debatte zu konfrontieren.

Ohne die intensiven und mitunter kontrovers geführten Gespräche mit Joachim Raschke wäre dieses Buch nie in der vorliegenden Form entstanden. Dies bezieht sich vor allen Dingen auf die begriffliche Eingrenzung und Eigenschaftsbestimmung von Mitgliederparteien. In das Buch sind zahlreiche Daten und statistische Informationen über Parteimitglieder eingeflossen, die, soweit nicht ausdrücklich anders vermerkt, auf Auskünften der Parteigeschäftsstellen fußen. Von den vielen Mitarbeiterinnen und Mitarbeitern der Parteien, die mir bei der Datenbeschaffung und bei weiteren Nachforschungen behilflich waren, seien stellvertretend Hans-Jürgen Hitzges vom SPD-Parteivorstand und Christian Roelen von der CDU-Bundesgeschäftsstelle genannt. Ihnen gilt mein besonderer Dank für die schon längere Zeit währende Unterstützung. Bei der Aufbereitung und Veranschaulichung der Daten hat sich mein Mitarbeiter, Dr. Guido Pöllmann, große Verdienste erworben. Und wie gewohnt zuverlässig hat Frau Johanna Berchtold die Reinschrift des Manuskripts übernommen.

Das Buch ist den Hunderttausenden von unverdrossenen Freiwilligen und Ehrenamtlichen in den Mitgliederorganisationen der Parteien gewidmet. Sie bürgen dafür, dass sich die von Berufspolitikern ausgeübte Parteienherrschaft nicht vollständig von ihrer gesellschaftlichen Verwurzelung und Legitimationsbasis loslöst.

München und Hamburg, im Juni 2005   Elmar Wiesendahl

1 Das Ende der Mitgliederparteien in der Diskussion

Es bedarf schon eines besonderen Begründungsaufwands, ein Buch gerade über Mitgliederparteien zu schreiben, denen von profunden Beobachtern ein dermaßen beklagenswerter Zustand bescheinigt wird, dass es sich kaum noch lohne, viele Worte über sie zu verlieren. In der Tat scheinen die Tage der Mitgliederparteien gezählt wenn nicht gar schon abgelaufen. Dies ist jedenfalls die Überzeugung einer stark angewachsenen Schar von Parteien- und Wahlkampfforschern, die bereits das Sterbeglöcklein für die Mitgliederparteien läuten hören). So ist für Lösche (2000) die Ablösung der „Mitglieder- und Funktionärspartei" durch einen neuen Parteityp eine beschlossene Sache. Dies wird auch von Andreas Dörner so gesehen, für den „die Zeit der großen Mitgliederparteien, die zugleich einen wichtigen Partizipationskanal in der Institutionenlandschaft bereit stellten, vorbei scheint" (2002: 769). Thomas Meyer bringt sogar die „Mediokratie" ins Spiel, die zur „Verdrängung von Mitgliederpartei und Mitgliederdiskurs aus dem Zentrum der Politik" geführt habe (2002: 13). Und Heinrich Oberreuter (1996: 13) bereichert das Untergangsszenario um einen weiteren Aspekt, indem er Parteien einer „älteren Gesellschaft" zuordnet, die durch „Werte- und Medienwandel" verdrängt wurde. Schließlich schickt Nickig (1998: 383) den angeschlagenen Mitgliederparteien sogar noch das Verdikt hinterher, dass sie nie etwas anderes als eine „Fiktion" gewesen wären.

Die Aussagen ließen sich beliebig fortsetzen und noch dazu durch zahlreiche Fundstellen aus der internationalen Parteienliteratur ergänzen. Doch ist auch Kritik an dieser Niedergangsdebatte laut geworden. So wird für Seyd und Whiteley (2004 355) bei den Untergangsszenarien nach dem „free-fall-decline"-Muster verfahren. Scarrow, Webb und Farrell (2000: 129) behaupten sogar, dass sich die These vom Niedergang der eng mit der Mitgliederpartei verbundenen Massenpartei und ihrer allmählichen Verdrängung durch die Wählerpartei wie ein roter Faden durch die Party-Change-Nachkriegsliteratur hindurchzöge. Und zieht man den Endpunkt der von den Anhängern der Niedergangsdebatte beschriebenen Negativentwicklung in Betracht, wird dieser nach Scarrow (2000: 79 f) mit der allgemeinen „Americanization of party life" erreicht, was mit dem complete end of locally rooted, membership-based, organizing" des Parteiwesens einhergehe.

Bemerkenswert an der Ende-der-Mitgliederparteien-Debatte ist, dass sie von Vertretern getragen wird, die von unterschiedlichen Denkschulen aus zu weitgehend übereinstimmenden Schlussfolgerungen gelangen. Zu einiger Popularität in der Parteienforschung stieg hierbei die Krisentheorie (von Alemann 2001: 178 ff) auf, deren Vertreter mit Blick auf unübersehbare Schwächen und Niedergangssymptome von Mitgliederparteien deren Zukunft und Überlebensfähigkeit bezweifeln. Ihnen allen ist ein ausgeprägter alarmistischer Zungenschlag bei der Krisendiagnose zueigen. Die Krisenliteratur ist weit abgesteckt, wobei sie neben organisatorischen auch noch elektorale, kulturelle und institutionelle Aspekte des Parteienabstiegs behandelt (Montero/Gunther 2002: 4f).

In ein nicht ganz so düsteres Licht werden die Mitgliederparteien von der Party-Change-Debatte getaucht, zumal deren Vertreter von ihrer Forschungsperspektive aus an den Anpassungsleistungen interessiert sind, durch die Parteien auf veränderte gesellschaftliche und elektorale Rahmenbedingungen reagieren. Die neue Parteienära, die sich aus diesem Blickwinkel ergibt, meint es allerdings mit dem Wohlergehen von Mitgliederparteien auch nicht gut. Denn der Epochenwechsel wird nach Auffassung der Party-Change-Anhänger von neuartigen Parteien geprägt, unter denen Parteimitglieder einen Bedeutungsverlust erleiden und in eine Randstellung abgedrängt wurden (Panebianco 1988: 266; Mair 1997: 24; von Beyme 2000: 12). In enger Nachbarschaft hierzu ist die jüngere medienzentrierte Wahlkampfforschung anzusiedeln, die mit Blick auf moderne Wahlkampftechnologien und –methoden behauptet, dass Parteimitglieder nutzlos und überflüssig geworden seien.

Zu den akademischen Vertretern der Ende-der-Mitgliederparteien-Debatte stößt schließlich auch noch der eine oder andere prominente Vertreter der Parteienpraxis hinzu, der in den Abgesang auf die Mitgliederparteien einstimmt. So ist nach Ansicht des ehemaligen Bundesgeschäftsführers der SPD, Karlheinz Blessing, die „Existenzberechtigung der Mitgliederpartei" hinfällig geworden (2002: 98). Denn angesichts des Anreizverlustes Parteimitglied zu werden, sei die „Mitgliederpartei in der heutigen Form nicht aufrecht zu erhalten" (99). Noch dezidierter für das Ende der Mitgliederparteien hat sich der ehemalige Bundesgeschäftsführer der CDU, Peter Radunski (1991) ausgesprochen. Ihm schwebte vor, sie durch eine „Fraktionspartei", bestehend aus einem Kern von ambitionierten Berufspolitikern, zu ersetzen.

Allem Anschein nach hat sich unter dem Gros der Parteienforscher die fraglose und nicht mehr diskussionsbedürftige Gewissheit eingestellt, dass das Ende der Mitgliederparteien nur noch eine Frage der Zeit ist. Für Susan Scarrow (1996: 13) gibt es unter diesen Forschern nichts mehr an der Ansicht zu rütteln, dass „Mitgliederparteien eine im wachsenden Maße gefährdete Spezies bilden, - ein weiteres Opfer der beschleunigten technologischen und gesellschaftlichen Wandlungen des 20. Jahrhunderts". Wenn sich diese düstere Sicht der Dinge bewahrheiten sollte, hätte sich die von Maurice Duverger (1959) noch in den frühen 50er Jahren in Gestalt der Massenpartei als Zukunftsmodell gepriesene Mitgliederpartei in der Tat zum Auslaufmodell, zum Fall für den Konkursabwickler entwickelt.

Bemerkenswerter Weise ist es aber um eine breitere Diskussion über diese weitreichende Auslaufthese in der gegenwärtigen deutschsprachigen Parteienliteratur schlecht bestellt, weil Einwände gegen sie kaum laut werden. Im Gegenteil bilden bislang noch prominente Gegenstimmen, die der weit verbreiteten Niedergangsthese etwas entgegenzusetzen hätten, eine krasse Ausnahme. Hier ist auf einsamer Flur allein Peter Haungs zu nennen, der schon vor einigen Jahren als bekennender Anhänger der Mitgliederpartei Anstoß an der Endzeit-Debatte nahm. Seine Kritik machte sich vor allen Dingen daran fest, dass der „Verfall" der Parteimitgliedschaft, ausgehend von einem imaginären „goldenen Zeitalter", als „nicht reversibel" hingestellt würde (1994: 111). Schon gar nicht war unter diesen Umständen bislang in der deutschsprachigen Parteienliteratur für den Gedanken viel Platz, dass bei allen offenkundigen Schwäche- und Niedergangssymptomen in Mitgliederparteien noch ein Revitalisierungspotenzial steckt, durch das sich die Entwicklung umkehren ließe. Mittlerweile scheint aber ein Punkt erreicht, wo Stimmen vermehrt vernehmbar werden, die sich mit der Abgesangstendenz nicht mehr abfinden wollen (Biehl 2004b).

In der Tat scheint es an der Zeit, sich der zur Dogmatik tendierenden Niedergangsdebatte einmal kritisch anzunehmen. Dabei ist es nicht nur der wissenschaftlich notwendigen Widerspruchsgeist allein, der zum Hinterfragen herausfordert. Vielmehr tun sich beim genaueren Hinsehen Zweifel auf, ob die These, Mitgliederparteien seien überholt und unzeitgemäß, der kritischen Diskussion und empirischen Überprüfung standhält. Verschiedenes ist in der Zusammenhangsbetrachtung der Debatte ungereimt und wird auf Prämissen abgestützt, die schwerlich mit der Wirklichkeit übereinstimmen. Vor allen Dingen wird von der Niedergangsdebatte das Verschwinden der Mitgliederparteien angezeigt, deren Eigenschaften und Charakteristika im Nebulösen verbleiben. Geredet wird inhaltsleer und formlos über ein Phänomen, von dessen genauerem Aussehen und Gestalt die Beteiligten keine rechte Vorstellung zu haben scheinen. Nicht von der Hand zu weisen ist dagegen die Tatsache des anhaltenden Mitgliederschwunds. Welche Folgen sich allerdings aus der Schwächung und Auszehrung der Mitgliederbasis der Parteien für deren weitere Funktionsfähigkeit und Fortexistenz ergeben, liegt nicht einfach auf der Hand, sondern bedarf einer sorgfältigen und ergebnisoffenen Prüfung. In Mitgliederverlusten, die Parteien immer wieder erlebt haben, die fraglosen Vorboten für das Verschwinden von Mitgliederparteien zu sehen, ist jedenfalls solange kurzschlüssig und voreilig gedacht, wie nicht genau die Folgewirkungen dieser Fehlentwicklung für die betroffenen Parteien analysiert wurden. Dies gilt insbesondere auch für die weit verbreitete These vom Funktionsverlust der Parteimitgliedschaft, die sich in ihrer empirischen Haltlosigkeit geradezu aufdrängt, um sie genauer an der Wirklichkeit zu überprüfen.

Den Maßstab hierfür bildet die bundesdeutsche, und wo angebracht, auch internationale Parteienwirklichkeit, die sich in vielschichtiger und mitunter sogar widersprüchlicher Erscheinungsvielfalt darbietet. Diese Gesamtansicht will in ihrem Facettenreichtum von Licht und Schatten erst einmal vollständig ausgeleuchtet sein, ehe es wirklich angebracht ist, ein Requiem auf etwas längst Totgesagtes abzuhalten. Neben den von den Parteien selbst bereitgestellten Zahlen und Strukturdaten zur Mitgliederentwicklung wird zudem auf die stattlich angewachsene Zahl von Mitgliederstudien in der Parteienforschung zurückgegriffen, um Licht auf die gegenwärtigen Lage der Mitgliederparteien werfen zu können. Bei der Darstellung der Befragungsergebnisse wird den Verfassern und Verfasserinnen solcher Mitgliederstudien ein besonderes Gewicht eingeräumt, die von sowohl nutzentheoretischer als auch demokratietheoretischer Warte aus in Parteimitgliedern unverzichtbare Garanten für einen lebendigen Parteienwettbewerb und für die Ausrichtung parteiendemokratischer Willensbildung sehen. Gerade um der Frage nach der Obsoleszenz von Mitgliederparteien nicht auszuweichen, wird der Rolle von Parteimitgliedern im Wahlkampf, der direkten Parteienkommunikation und bei der Parteienfinanzierung genauer nachgegangen. Herausgefunden werden soll, ob sich Mitglieder durch Medienwahlkämpfe und alternative Finanzierungsquellen tatsächlich substituieren lassen. Um sich aber überhaupt in eine differenzierte Auseinandersetzung mit der Ende-der-Mitgliederparteien-Debatte begeben zu können, muss auf jeden Fall zunächst geklärt werden, was Mitgliederparteien charakterisiert und anhand welcher operablen Kriterien sich überprüfen lässt, inwieweit ihre Weiterexistenz auf dem Spiel steht. Dann wird die Mitgliederkrise in ihrem ganzen Ausmaß aufgezeigt und eine Antwort darauf gegeben, ob der Aderlass den Fortbestand der Mitgliederparteien gefährdet. Ohne sich dann den Gründen ausbleibender Mitglieder zuzuwenden, wird es allerdings schwerlich möglich sein, die absehbaren Folgen der Mitgliedertalfahrt genauer unter die Lupe zu nehmen. Hier wird vor allem die Frage diskutiert, inwieweit die Erosion der Mitgliederbasis heutiger Parteien deshalb hinnehmbar ist, weil sich Mitglieder als nutzlos erwiesen haben. Vor der abschließenden Bilanz wird noch ein Blick auf die organisatorischen Reformanstrengungen der Parteien getan, die darüber Aufschluss geben sollen, ob es darum ging, die Mitgliederpartei zu erhalten und wieder zu beleben. Gewachsene Parteiverhältnisse verschwinden nicht einfach so, was in der Zusammenführung der Untersu-

chungsergebnisse klärungsbedürftig macht, wie sich heutige Parteien mit ausgedünnten aber immer noch in die Hunderttausende gehenden Mitgliederbeständen
arrangieren.

2 Kennzeichen und Eigenschaftsprofil von Mitgliederparteien

Das moderne Parteiwesen des massendemokratischen Zeitalters ist ohne den Aufstieg und die allgemeine Verbreitung von Mitgliederparteien nicht denkbar. Inwieweit das heutige Parteiwesen auch ohne Mitgliederparteien vorstellbar und fortbestandsfähig sein könnte, soll im weiteren Verlauf genauer untersucht werden. Zunächst einmal ist hierfür aber zu klären, was Mitgliederparteien auszeichnet und unverwechselbar macht.

Die Mitgliederpartei zählt zwar zum festen Bestandteil des alltäglichen politischen Jargons, und auch in der Parteienliteratur wird von ihr häufig Gebrauch gemacht. Doch was die Eigenschaftsbestimmung dieser Spezies angeht, handelt es sich um ein zweifellos irgendwie existentes, aber im Merkmalsprofil nicht genauer eingegrenztes und definiertes Wesen. Hieraus resultiert die allemal verwirrende und nicht haltbare Situation, dass jeder womöglich unter Mitgliederparteien etwas anderes versteht, und sich Parteien jeglicher Couleur mehr oder minder stark als Mitgliederparteien bezeichnen lassen. Der Begriff der Mitgliederpartei ist immer noch ein unscharfer und weitgehend unbestimmter Begriff der Parteienforschung. Ein Hinweis dafür liefert die Tatsache, dass er durch den Rost der gängigen Parteientypologien gefallen ist. Entweder wurde die Mitgliederpartei als Klassifikationsobjekt schlicht ignoriert, oder sie wurde im Rahmen von verbreiteten Entwicklungstypologien, aus nicht klar ersichtlichen Gründen, ausgeklammert und übersprungen.

Diese typologische Unschärfe und Heimatlosigkeit der Mitgliederpartei wird speziell dann zum Problem, wenn, wie es nicht selten üblich ist, sie mit der historischen Erscheinungsform der Massenpartei gleichgesetzt wird. Zweifellos ist, vom Entstehungshintergrund, die Mitgliederpartei mit der Massenpartei verwandt. Aber sie ist nicht mit ihr identisch. Eine Auseinandersetzung mit dem zeitgeschichtlich zu erschließenden Entstehungs- und Beziehungszusammenhang von Mitglieder- und Massenparteien hat allerdings noch nicht begonnen. Gingen Mitglieder- typologisch in Massenparteien auf, würde dies zwangsläufig darauf hinauslaufen, dass die Mitgliederparteien mit dem Epochenende der Massenparteien gleichzeitig verschwunden sein müssten. Hiergegen spricht zumindest die erst in jüngerer Zeit aufgeflammte Diskussion um den Niedergang und die Auflösung der Mitgliederparteien, während Massenparteien einer Entwicklungspha-se des modernen Parteiwesens zugerechnet werden, die spätestens mit dem Auf-stieg von Volksparteien in der Zeit nach dem Ende des zweiten Weltkriegs ihren Abschluss fand. Rückblickend ist deshalb von einem Verwandtschaftsverhältnis zwischen Massen- und Mitgliederparteien auszugehen. Doch verkörpern heutige Mitgliederparteien eine eigenständige Erscheinungsform, die sich vom überhol-ten Epochenzusammenhang der Massenparteien losgelöst hat.

Wie eine Durchsicht der Literatur deutlich macht, ist die Parteienforschung bei der Bestimmung und Abgrenzung des Eigenschaftsprofils von Mitgliederpar-teien noch nicht besonders weit vorangeschritten. Ein Weg wurde in die Rich-tung eingeschlagen, die Mitglieder selbst in den Mittelpunkt der Begriffsbe-stimmung zu stellen. Von diesem Betrachtungswinkel aus grenzt sich eine Mit-gliederpartei von anderen Parteiformen dadurch ab, dass sie eine „Partei mit Mitgliedern" (Haungs 1994: 115) ist, eine „membership-based organization" (Scarrow 2000: 80). Hinzufügen ließe sich noch, dass Mitgliederparteien über einen festen und dauerhaft organisierten Mitgliederstamm verfügen (Wiesendahl 1985: 575; 1998b: 14). Auch wenn die hier vorgenommene zaghafte und be-scheidene Begriffsbestimmung insgesamt noch stark nach Neoplasmus riecht, ist jedenfalls klar, dass es ohne das Minimalkriterium der organisierten Mitglieder notwendigerweise nicht geht, wenn man sich ein Bild von Mitgliederparteien machen will. Hinreichend ist es aber als Abgrenzungskriterium nicht. Bliebe es bei diesem singulären Kriterium, wären nämlich heutzutage nahezu alle Parteien, weil sie allesamt über eine mehr oder minder breite Mitgliederbasis verfügen (Wolinetz 2002: 141), als Mitgliederparteien zu bezeichnen.

Auch nicht viel mehr Klarheit resultiert bislang aus dem Versuch, die Mit-gliederpartei als „Partei der Mitglieder" (Abendroth 1965: 84) gegenüber ge-bräuchlichen Gegentypen wie Wählerparteien (von Beyme 2000: 105), Honora-tioren-, Funktionärs- oder Berufspolitikerparteien abzugrenzen. Einmal tendiert dieser Ansatz zur empirisch fragwürdigen Überzeichnung des Mitgliederge-wichts, wie umgekehrt nicht weniger fragwürdig anderen Teilgruppen (Honora-tiorenparteien etc.) ein alles bestimmender Einfluss über eine Partei unterstellt wird. Ob es eine Partei der Wähler oder selbst eine Partei für Wähler gibt, ist darüber hinaus noch gesondert diskussionsbedürftig.

Ein weiterer geläufiger Bestimmungsansatz geht von dem schieren Zahlen-kriterium aus. Dies hat seinen Charme, zumal bereits die Klassiker der Parteien-forschung der Macht der Zahl schon wegen der damit verbundenen Massenhaf-tigkeit etwas mythisches beimaßen. Mitgliederzahlen stehen seit geraumer Zeit auch deshalb wieder hoch im Kurs, weil starke Mitgliederverluste den Anlass dafür gaben, um die Niedergangsdebatte um die Mitgliederparteien anzufachen und fortzusetzen. Wenn man sich jedoch allen Ernstes daran versucht, Mitgliederparteien über die Quantifizierung ihres Mitgliederumfangs zu bestimmen, verheddert man sich zwangsläufig in schlechterdings unlösbare Probleme: Wie viele Mitglieder benötigt eine Partei, um zur Mitgliederpartei zu werden: Zehntausende, Hunderttausende oder eine Million und mehr? Es liegt auf der Hand, dass es an einem stichhaltigen Bezugskriterium fehlt, um hierauf eine überzeugende Antwort zu geben. Selbst wenn man das Zahlenkriterium in ein Kontinium mit den Polen Mitgliederarmut und Mitgliederreichtum überträgt, lässt der klassifikatorische Nutzen deutlich zu wünschen übrig. So hat sich diese Vorgehensweise Wolinetz (2002: 144) für die Unterscheidung von (mitgliederarmen) modernen Rahmenparteien und (mitgliederreichen) älteren Massenparteien zu eigen gemacht. Dies führt allerdings dazu, dass auf der einen Seite die schwedische Arbeiterpartei und die italienischen Kommunisten den mitgliederstarken Massenparteien zugeschlagen werden. Auf der anderen Seite finden sich dagegen die SPD und die CDU, die französischen Sozialisten und die holländischen Christdemokraten sowie die Arbeiterpartei allesamt bei den mitgliederarmen Rahmenparteien wieder.

Offenkundig wird an dieser Zuordnung nicht nur das ungelöste Problem, was denn nun mitgliederarm und mitgliederstark besagt. Im Hinblick auf die Niedergangsdebatte ist auch noch etwas anderes problematisch. Aus einem dynamischen Betrachtungswinkel heraus fragt sich nämlich, ab welcher numerischen Größenordnung durch Mitgliederverluste eine kritische Schwelle unterschritten wird, die berechtigt Anlass gibt, am Fortbestand der Mitgliederparteien zu zweifeln. Dies harrt noch einer Antwort, weil, solange nicht weitere Bewertungsmaßstäbe herangezogen werden, die Festlegung einer kritischen Mindestgrößenzahl oder –masse an Operationalisierungsschwierigkeiten scheitert.

Das Jonglieren mit Zahlenangaben ist auch noch aus einem weiteren Grund ziemlich irrelevant, weil sich über die optimale Größe einer Partei weder im Hinblick auf ihre elektorale Leistungskraft noch im Hinblick auf ihre demokratische Legitimität je ein zweifelfreies Einvernehmen erzielen lassen wird. Dies ist genau das Problem, wenn über eine ziemlich häufig eingeschlagene Vorgehensweise zur Begriffsbestimmung der Mitgliederpartei die Mitgliederzahl in Beziehung zu den Wählerzahlen gesetzt wird. So macht Manfred G. Schmidt (1995: 617) den Unterschied der Mitgliederpartei zur Wählerpartei daran fest, dass sie „einen relativ zu ihrer Wählerschaft großen Mitgliederanteil besitzt ...". Hilfreich ist dieses unbestimmte numerische Verhältnismaß in Wirklichkeit nicht. Gehen aber Parteienforscher daran, die Maßzahl genauer zu markieren, bleibt es nicht aus, dass sie in Erklärungsnot geraten, warum sie sich auf genau diese und keine andere exakte Zahlenangabe festlegen. So grenzt Jun (2004: 97) eine Mitgliederpartei dadurch ein, dass sie „quantitativ einen nicht geringen Teil der wahlberechtigten Bevölkerung umfasst, also über eine Massenbasis verfügt. Man könnte dafür etwa die Zahl 0,5 Prozent der Wahlberechtigten ansetzen". Legt man diese Verhältniszahl, durch die der so genannte Organisationsgrad errechnet wird, an die bundesdeutschen Parteien an, wären SPD, CDU und CSU als Mitgliederparteien zu bezeichnen. PDS, FDP und Grüne blieben dagegen draußen. Hiervon setzt sich in rigoroserer Form Heino Kaack (1971: 489) mit dem vor Jahren getroffenen Urteil ab, dass keine der (damaligen) Parteien die Voraussetzung erfüllen würden, um als Mitgliederpartei bezeichnet werden zu können. Der Maßstab für sein Urteil war, „wenn eine Partei den entscheidenden Einfluss auf die Wähler über die Mitglieder, das heißt ihre organisatorische Präsenz ausübt". Dies lasse sich daran überprüfen, inwieweit Parteien in allen Gemeinden einen Ortsverein aufweisen würden. Bemerkenswert ist immerhin, dass sein Bestimmungskriterium der organisatorischen Präsenz sich von der bloßen Mitgliederzahl loslöst.

Handelt es sich jedoch bei Kaack noch um ein Kriterium elektoraler Effizienz, dient die gesellschaftliche Präsenz Nickig (1998: 383) dazu, die Legitimationsbedürftigkeit von Mitgliederparteien einzufordern. Für sie müsse gelten, dass ihr „politischer Gestaltungsauftrag sich durch eine möglichst breite Verankerung in der Bevölkerung und durch eine große Zahl partizipierender Parteimitglieder legitimiert". Peter Haungs (1994: 115) misst der demokratischen Legitimation von Mitgliederparteien ebenfalls eine hohe Bedeutung bei. Die Mitglieder „(sollten) möglichst so zahlreich und qualifiziert sein, dass sie der Partei die Wahrnehmung ihrer Funktionen in einer Weise erlauben, die demokratischen Kriterien gerecht wird". Womit wir auch hier wieder bei der Frage wären, was genauer darunter zu verstehen ist und welche Größenvorstellungen und Qualitätsstandards geeignet sind, um die „demokratische Messlatte" zu überspringen.

Die bisherigen Anstrengungen zur Begriffsexplikation der Mitgliederparteien drehen sich offenbar deshalb im Kreis, weil auf miteinander korrelierende Bestimmungsgrößen zurückgegriffen wird, die sich nicht operabel fassen lassen. Auch haben sie auf die Frage, was für die organisatorische Erscheinungsform und Funktionsweise von Mitgliederparteien in Abgrenzung zu Nichtmitgliederparteien charakteristisch ist, nur Verschwommenes und Bruchstückhaftes als Antwort zu liefern. Angesichts dieses nach wie vor unbefriedigenden Zustands ist die von Peter Haungs vor mehr als 10 Jahren geäußerte Klage (1994: 111) auch heute noch aktuell, dass nämlich „keineswegs feststeht, was genau eine Mitgliederpartei ausmacht: Eine bestimmte Relation von Wählern und (individuellen) Mitgliedern? Bestimmte innerparteiliche Strukturen? Bestimmte Entscheidungskompetenzen von Parteitagen?" Befriedigende Antworten darauf gibt es nicht. Es ist vielmehr zurückzufragen, welcher der bisherigen Bestimmungsansätze dies zu beantworten fähig wäre. Nüchtern betrachtet steht jedenfalls soviel fest, dass alle mit absoluten und Verhältniszahlen operierenden Bestimmungsansätze nicht weitergeführt haben, sondern in einer Sackgasse endeten. Was aber dann, wenn immer noch klärungsbedürftig ist, was Mitgliederparteien in ihrem spezifischen Merkmalsprofil auszeichnet. Um sich von den bisherigen nicht weiter führenden Bestimmungsansätzen gänzlich loszulösen, bietet es sich an, zu dem organisatorischen Ausgangsproblem zurückzukehren, das jede Partei in ihrem politischen Machtstreben zu lösen hat:

Mit Hilfe welcher Ressourcen und Strategien lässt sich eine möglichst große Zahl von Unterstützern und Wählern mobilisieren, um durch die erfolgreiche Teilnahme an kompetetiven Wahlen die Kontrolle über Schlüsselstellungen parlamentarischer und gouvernementaler Entscheidungsmacht zu erlangen?

Die Geschichte des Parteiwesens zeigt, dass Parteien grundsätzlich alle Ressourcenquellen angezapft haben, soweit sie sich erschließen und ihrem Einfluss unterwerfen ließen. Dies beginnt bei unmittelbaren Geldzuwendungen und Spenden, dem Einsatz von selbst rekrutierten Helfern und Unterstützern, aber auch von befreundeten Organisationen, der Inanspruchnahme von Dienstleistungen externer Einrichtungen, dem Einsatz von Medienmacht und von Massenpropagandainstrumenten bis hin zum Zugriff auf staatliche Finanz- und Personalressourcen.

Die Mitgliederpartei grenzt sich von anderen Parteiformen dadurch ab, dass sie sich freiwilliger Mitglieder und der von ihnen bereit gestellten Ressourcen bedient, um den Parteibetrieb zu unterhalten und um ihre Kernaufgaben zu erfüllen. Wenn Parteimitglieder auch nicht die alleinige Ressourcenquelle stellen, investieren Mitgliederparteien zur Deckung ihres Ressourcenbedarfs gezielt in Mitglieder, ohne die sie ihre Machterwerbsziele nicht hinreichend realisieren könnten.

Von diesem Betrachtungswinkel aus eignen sich weder die Mitgliederzahl noch eine spezielle Organisationsstruktur, um Mitgliederparteien von anderen Parteitypen abgrenzen zu können. Mitgliederparteien zeichnen sich vielmehr dadurch aus, dass sie Mitglieder als *strategische Organisationsressource* behandeln. Wie es Susan Scarrow aus der Parteielitenperspektive formuliert, werden in „true membership parties" Mitglieder deshalb angeworben und in einem Netzwerk von dauerhaften Organisationsaktivitäten eingebunden, weil „leaders view members as potentially valuable electoral assets" (1996: 20). Dies und im Kern nichts anderes ist der Grund, warum Parteien sich ein Fundament aus eingeschriebenen beitragspflichtigen Mitgliedern zulegen, wobei es nicht, wie Duverger bereits betonte (1959: 91), viel Aufhebens macht, ob der Beitritt eher locker oder strikt gehandhabt wird.

Die organisationsstrategische Entscheidung, bei der Ressourcenmobilisierung auf freiwillige Mitglieder zu setzen, hat allerdings für die innere Struktur und strategische Flexibilität von Mitgliederparteien bedeutende Konsequenzen. Um Freiwillige an die Partei zu binden und zur unbezahlten Abgabe von Ressourcen zu bewegen, zahlen die Mitgliederparteien einen Preis, indem sie im Gegenzug ihren Mitgliedern in Form von nichtmateriellen organisatorischen Anreizen weitreichende Beteiligungsrechte an der Elitenauslese und an der Kursbestimmung der Partei einräumen. Diese für Mitgliederparteien charakteristische Organisationslogik von wechselseitigem Mitgliedereinsatz und Mitgliedergratifikation lässt sich auf folgende, empirisch überprüfbare Bestimmungsmerkmale hin präzisieren:

1. Parteien dieser Spielart definieren sich ihrem offiziellen Selbstverständnis und öffentlichen Äußerungen nach eindeutig als Mitgliederparteien.
2. Die Parteispitzen betreiben gezielt Mitgliederwerbung und versuchen, möglichst viele Mitglieder zu rekrutieren. Die Mitglieder werden von einem breiten Netz von lokalen Basisorganisationen erfasst und mit kontinuierlichen Organisationsleistungen versorgt.
3. Von eingeschriebenen Mitgliedern versprechen sich Mitgliederparteien die Bereitstellung folgender Ressourcen:
    a. Sie kommen für Beitragsleistungen auf, die ihrem Umfang nach für die Aufrechterhaltung des Parteibetriebs unentbehrlich sind.
    b. Sie leisten auf lokaler Ebene Wahlkampfarbeit, die sich nicht durch andere Formen und Kanäle der Kampagnenführung ersetzen lassen.
    c. Sie nehmen bei der Außenkommunikation der Partei eine unverzichtbare gesellschaftliche Multiplikator- und Botschafterrolle ein.
4. Mitgliederparteien statten ihre eingeschriebenen Mitglieder mit Privilegien aus, die sich auf folgende Bereiche erstrecken:
    a. Parteimitglieder üben ein Exklusivrecht bei der Führungsauslese von Amts- und Mandatsträgern aus.
    b. Sie verfügen über exklusive weit reichende Einflussmöglichkeiten bei der Regelung von Satzungsfragen sowie der Programmformulierung und politischen Kursbestimmung der Partei.
    c. Mitgliedern werden individuelle politische Karrierechancen eingeräumt, die Nichtmitgliedern verwehrt sind.
    d. Die auf die Parteilinie verpflichteten Amts- und Mandatsträger sind in ihrem Handeln gegenüber den Mitgliedern verantwortlich. Sie haben sich in regelmäßigen Abständen der Wiederwahl durch die Mitglieder zu stellen.
5. Neben dem Einsatz partizipatorischer Anreize greifen Mitgliederparteien auch auf ideologische Anreize zurück, um Mitglieder einzubinden und mit der Partei zu identifizieren:

a. Mitgliederparteien üben ihre Anziehungskraft auf Mitglieder als Werte- und Überzeugungsgemeinschaften aus. Mitglieder werden über gemeinsame Prinzipien und normative Politikgestaltungsideen kollektiv eingebunden.

b. Wofür Mitgliederparteien stehen und welche politischen Absichten sie verfolgen, wird in Programmen zum Ausdruck gebracht. In ihnen spiegeln sich die Überzeugungen und Policy-Vorstellungen ihrer Mitglieder wider. Programme dienen als Leitlinie und Richtschnur für das Verhalten der Amts- und Mandatsträger der Partei.

Wie sich an den Bestimmungsmerkmalen ablesen lässt, bilden bei Mitgliederparteien freiwillige Mitarbeit, demokratische Partizipation und Teilhabe, Programmorientierung und Ideologie organisationslogisch eine Einheit. Die demokratische Legitimation der Führungs-, Machtverteilungs- und Entscheidungsstruktur durch Mitgliederbeteiligung wird so zu einem Markenzeichen der Mitgliederparteien.

Abbildung 1:   Merkmalsprofil der Mitgliederpartei

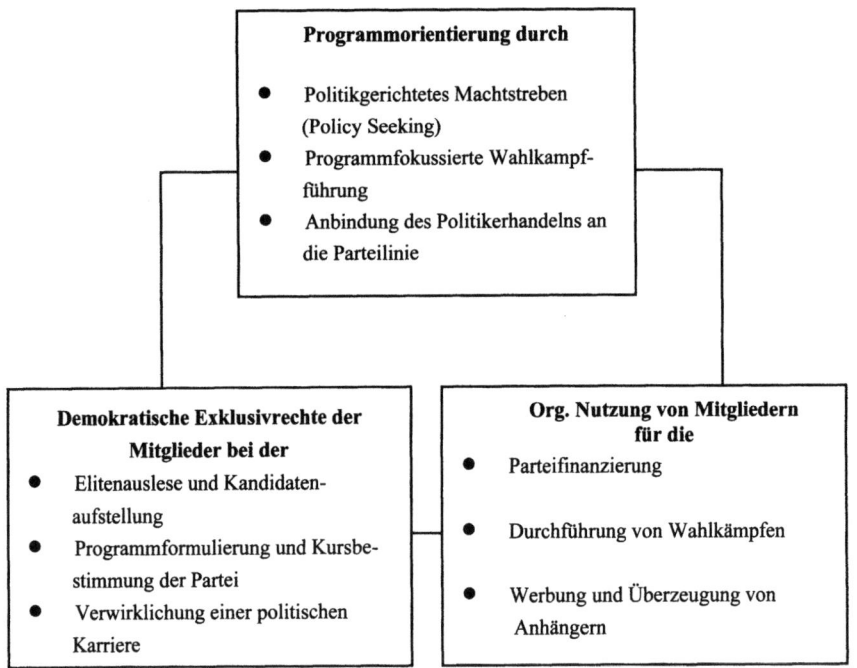

Wie immer diese demokratische Anbindung und Rückbindung der Parteiführung („Party in Central Office") und Amtsträger („Party in Public Office") formal an die Parteibasis ausgestaltet sein mag, sollten jedoch die tatsächlichen innerparteilichen Verhältnisse nicht durch übersteigerte Sollvorstellungen innerparteilicher Demokratie in Misskredit gebracht werden. In empirischer Hinsicht ist die Messlatte hoch genug, wenn Mitglieder in Versammlungen, Gremien und auf Parteitagen teilhabebetont partizipieren können. Ob dies nach dem Delegations- oder basisdemokratischen Urwahlprinzip geschieht, ist als Abgrenzungskriterium von Mitgliederparteien unerheblich.

Schon um einiges wichtiger erscheint dagegen die Begrenzung des Verhaltensspielraums und des Rollenverständnisses, das Amts- und Mandatsträger von Mitgliederparteien auferlegt werden. Von hierher rührt die Wurzel eines gelegentlich offen ausbrechenden Spannungsmoments, weil sich Parteispitzen als „delegates of well-defined interests" (Löfgren/Smith 2003: 44) in den Ziel- und Handlungskorridor einfügen sollen, der durch die Parteilinie begrenzt wird. Die wie auch immer zu definierenden Interessen der Wähler im Ganzen zum Leitmaßstab zu erheben, stößt im Rahmen von Mitgliederparteien auf enge Schranken. Umgekehrt ist die Vorstellung aber weit gefehlt, dass Parteieliten von den Mitgliedern gelenkt und an die Kandare genommen würden. Die Beziehung der Parteispitzen zur Basis ist solange spannungsfrei und intakt, wie die Parteioberen für Wünsche von unten empfänglich sind und auf das, was als unantastbare Parteiidentität gilt, Rücksicht nehmen. Letztendlich müssen aber Mitglieder die Gewissheit haben, dass es bei dem, was in der politischen Arena geschieht, um die Verwirklichung der gemeinsamen Politikziele geht und dass wichtige Entscheidungen die Handschrift der Partei tragen. Dies heißt aber so wenig oder soviel, dass Mitgliederparteien immer auch Programm- und Policy-Parteien bilden, die sich von den Politikpräferenzen ihrer Mitglieder nicht freimachen können. Insofern ist das Spannungsverhältnis zwischen Mitglieder- und Wählerorientierung Mitgliederparteien angeboren und nicht aufzuheben.

Die Crux für Parteien, die sich in Abhängigkeit von Mitgliedern als Einnahmequelle, unentgeltlichen Wahlkampfhelfern und Trägern unmittelbarer Außenkommunikation und nicht zuletzt als Quelle elektoraler Legitimationsbeschaffung begeben, ist, dass sie sich organisationslogisch ein Handicap einhandeln, wovon alle Organisationsstrategen und Wahlkampfmanager ein Lied singen können. Einmal ist der springende Punkt, dass sich anders als bei bezahlten Arbeitnehmern, die von Mitgliedern freiwillig bereitgestellten Humanressourcen nicht, wie unter Umständen erforderlich, beliebig abrufen und instrumentalisieren lassen. In Mitgliederparteien lässt sich die Mitarbeit nicht von oben diktieren und reglementieren, sondern unterliegt dem eigenen Gutdünken bzw. der Selbststeuerung des Mitglieds. Über die Beitragsleistung hinaus niemanden zur Mitarbeit verpflichten zu können, läuft für Mitgliederparteien immer auf das Risiko hinaus, das in den Mitgliedern ruhende Ressourcenpotenzial nicht bedarfsgerecht abrufen und ausschöpfen zu können. Anders als bezahlte Arbeit geht freiwillige Mitarbeit mit einem zweiten organisationsstrategischen Problem einher, mit dem sich Mitgliederparteien herumschlagen. Denn es ist kaum mit dem Engagement von Mitgliedern für Ziele zu rechnen, die sie nicht teilen oder die ihnen gar zuwider sind. Damit Aktive und Ehrenamtliche sich mit selbstlosem Einsatz für die Partei einsetzen, müssen diese mit Parteizielen und Zukunftsvorstellungen bedient werden, mit denen sie sich identifizieren und für die sie sich begeistern können. Mit anderen Worten bekommt eine Mitgliederpartei ein Motivations- und Loyalitätsproblem, wenn sie mit ihren Wahlzielen und Politikvorstellungen nicht im Einklang mit den Motiven und Gesinnungen steht, die Mitglieder zur Mitarbeit antreiben.

Aus Elitensicht lässt sich so die Mitgliederpartei für ihre Machterwerbs- und Wählergewinnziele auf eine Gemeinschaft aus Freiwilligen ein, die weder leicht und berechenbar führbar ist, noch von vornherein die Kampfmoral aufbringt, um sich bedenkenlos in die Wahlschlachten zu stürzen.

3 Die Mitgliederentwicklung der Parteien auf dem Prüfstand

Wie es um den gegenwärtigen Zustand der Mitgliederparteien bestellt ist, müsste sich noch am ehesten an ihrer Mitgliederentwicklung ablesen lassen. Eine Bestandsaufnahme hierüber zu erstellen, bietet sich auch deshalb an, weil es zuallererst die rückläufigen Mitgliederzahlen sind, auf die die Niedergangsdebatte ihr spezielles Augenmerk richtet. Der Sache nicht dienlich wäre es allerdings, wenn der Zeitrahmen der Mitgliederentwicklung von vornherein auf die in jüngerer Zeit wachsenden Mitgliederverluste eingeschränkt werden würde. Leicht unterläge man der Tendenz, durch diese Blickverengung auf die Negativzahlen unkritisch der Niedergangsperspektive anheim zu fallen. Deshalb wird im Folgenden ein Gesamtbild der Mitgliederentwicklung von 1945 an bis heute geliefert. Schon durch diese Gesamtsicht wird deutlich, dass sich die Mitgliederentwicklung nicht linear vollzog, sondern sich die Zu- und Abgänge über den ganzen Beobachtungszeitraum hinweg diskontinuierlich in einem Auf und Ab bewegten. Eine dynamische Gesamtschau wird das Zyklische des Prozesses hervorkehren. Dies zu betonen macht deshalb Sinn, weil dadurch dem vielleicht voreiligen Eindruck entgegengewirkt werden kann, als ob sich die Mitgliederverluste der letzten Jahre in einem unaufhaltsamen Abstiegsprozess vollziehen, der einem goldenen Zeitalter der Mitgliederparteien nachgefolgt ist.

Es werden auch die Parteien im Einzelnen vorgestellt, um neben einer Entwicklungsgrundtendenz durch Vergleiche sowohl auf Parallelitäten als auch auf Dissynchronitäten und abweichende Auffälligkeiten in der Mitgliederentwicklung hinweisen zu können. Schließlich könnte es sein, dass Parteien aus spezifischen, erklärungsbedürftigen Gründen mehr oder minder stark von den Zyklen profitieren oder negativ betroffen sind.

Es sind in erster Linie technische Gründe, die dem Ziel, eine Gesamtübersicht über die Mitgliederentwicklung von 1945 bis Ende 2004 zu liefern, einige Grenzen setzen. Im Gegensatz zur SPD, die von 1945 an über eine sorgfältig geführte Mitgliederstatistik verfügt, brauchte es mehr als 20 Jahre, ehe auch die bürgerlichen Parteien mit einer gründlichen zentralen Erfassung ihrer Mitgliederbestände begannen. Insofern ist für zurückliegende Zeiten verschiedentlich unbekannt oder ungesichert, wie viele (individuelle) Mitglieder Parteien in ihren Reihen organisiert haben. Mitunter gehen ältere Angaben auch ins Fantastische und lassen sich aufgrund von Geheimhaltung nicht überprüfen. Im internationalen Überblick zeigen vor allem konservative Parteien die Tendenz, Zahlenangaben auf unsicherem Grund nach oben hin zu beschönigen. Neben den skandinavischen Ländern bildet vor allem Deutschland seit Ende der 60er eine positive Ausnahme. Den Auslöser hierfür lieferte das neue Parteiengesetz von 1967 und technische Erfassungs- und Datenverarbeitungsmöglichkeiten, die die EDV bereitstellte. Infolgedessen verfügen die hier in Betracht gezogenen Bundestagsparteien ab 1968 über halbwegs zuverlässige, elektronisch gepflegte Mitgliederdateien, die eine detaillierte Auswertung der Mitgliedereintritte und -abgänge, der Bestandsentwicklung sowie eine Analyse der Daten nach sozialstatistischen Merkmalen wie Alter, Geschlecht und Beruf zulassen, und das sowohl für Neu- als auch Altmitglieder. Mitgliederzu- und –abgänge sowie Strukturdaten sind allerdings nur für SPD und CDU, die CSU teilweise eingeschlossen, verfügbar. Mitgliederzahlen aus der Zeit vor 1968 sind dagegen, gerade was die 50er Jahre angeht, lückenhaft und von ihrer Erhebungsqualität wenig verlässlich. Trotz dieser Einschränkungen lassen sich Trends aus den Angaben herauslesen.

Der Aussagewert selbst vollständig gesicherter Mitgliederzahlen wirft einige Fragen auf, die bei der Darbietung und statistischen Aufbereitung des Materials zu beachten sind. So gehen die Jahresendzahlen zum Mitgliederbestand der Parteien aus einer Aufrechnung der Eintritts- und Austrittsbewegung hervor, aus deren Differenz sich die Veränderung des Mitgliederbestandes errechnet. Das Auf und Ab dieser absoluten Bilanzzahlen lässt die Richtung der Mitgliederentwicklung über längere Zeiträume erkennen. Was sich jedoch durch diese Zahlen nicht erschließt, ist, ob die Veränderungen auf Eintritte oder Abgänge/Austritte zurückgehen. Dies zu wissen ist aber unerlässlich, um die Hintergründe von zur Debatte stehender chronischer Mitgliederverluste ermitteln zu können. So macht es einen großen Unterschied, ob sich die abbröckelnde Mitgliederbasis der Parteien aus ausbleibendem Nachwuchs oder steigenden Austritten erklärt. Im Folgenden wird es also notwendig sein, die Eintritts- und Abgangsbewegungen mit in die Analyse einzubeziehen.

Auf einen weiteren Grund ist hinzuweisen, warum die Darstellung absoluter Bestandszahlen die Reichweite der Mitgliederveränderungen nicht hinlänglich erfassen kann. Über die gesellschaftliche Verankerung und die Organisationsstärke geben diese Zahlen nämlich keine Auskunft. Es ist deshalb in der Parteienforschung Praxis geworden, die Mitgliederzahlen in Beziehung zur Zahl der wahlberechtigten Bevölkerung ab 18 Jahre zu setzen. Hieraus lässt sich der Anteil von in Parteien organisierten Wählerinnen und Wählern, der sogenannte Organisationsgrad, errechnen. Dies ist erforderlich, weil sonst unberücksichtigt bliebe, inwieweit sich neben der Veränderung der Mitgliederzahl auch die Zahl der Wähler verändert hat. Da der Organisationsgrad in unserer Analyse einbezogen wird, lässt sich zeigen, inwieweit sich fallende Mitgliederzahlen auch in einem schrumpfenden Organisationsgrad der Parteien niederschlagen. Bevor die Mitgliederentwicklung betrachtet wird, sei noch abschließend erwähnt, dass nur die im Deutschen Bundestag vertretenen Parteien seit 1945 in die Datenerhebung eingeflossen sind. Nicht berücksichtigt wurde die Mitgliederzahl von Klein- und Splitterparteien, die stark wechselhaft ist und auch schon mal bis zu Hunderttausend aufsummiert werden konnte.

3.1 Der erste Mitgliederzyklus von 1945-1965

Die Mitgliederentwicklung der Nachkriegszeit weist als Konstante ein Verteilungsgefälle auf, das von der Mitgliedergröße her dazu führt, Parteien mit großer und mit kleiner Mitgliederzahl zu unterscheiden. Wie Abbildung 2 verdeutlicht, teilen sich Parteimitglieder im Nachkriegsdeutschland in erster Linie auf die Großparteien SPD und CDU/CSU auf, während die FDP nie über den Status einer Mitgliederkleinpartei hinauswuchs.

Abbildung 2: Mitgliederentwicklung der Bundestagsparteien 1946-2004

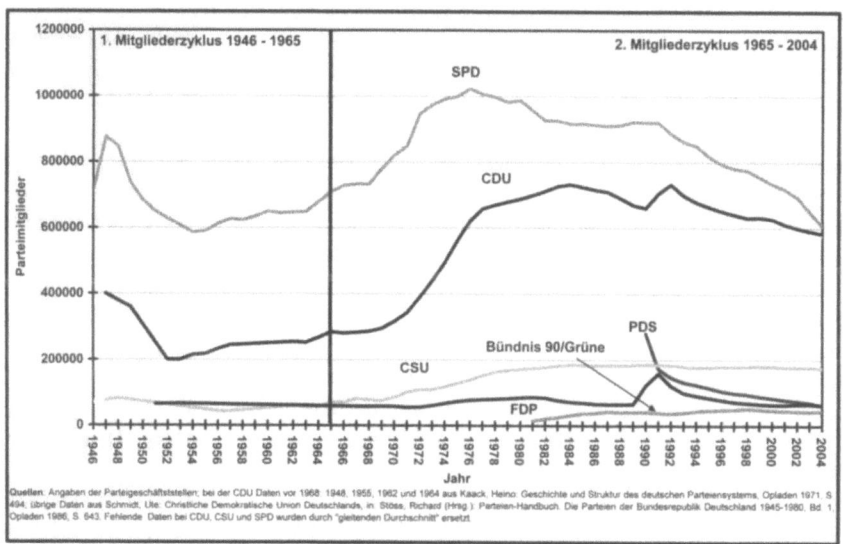

Die ab 1980 aufkommenden Grünen organisierten von Anfang an eine noch bescheidenere Mitgliederzahl und bilden bis heute das Schlusslicht. Die 1990 hinzukommende PDS startete mit einem imposanten Mitgliederbestand, der aber aus Auflösungsgründen die Partei in der Rangfolge bald an die FDP herangeführt haben wird.

Über die ganze Länge der Nachkriegsentwicklung betrachtet, lässt sich schon auf den ersten Blick erkennen, dass es in der Vergangenheit kein goldenes Zeitalter der Mitgliederparteien gab, dem dann ein längerer linearer Abwärtstrend gefolgt wäre. In Wirklichkeit vollzog sich die Gesamtmitgliederentwicklung über einen zweigipfeligen zyklischen Prozess, bei dem nach kurzen Zeiten des Aufschwungs längere Jahre des Mitgliederniedergangs folgten. Ausgehend von diesem charakteristischen Gesamtverlauf lässt sich der erste Zyklus auf die Zeit zwischen 1945 und Mitte der 60er Jahre begrenzen, während der zweite Zyklus in der zweiten Hälfte der 60er Jahre einsetzte und nach seinem Abflauen ab den 80ern bis heute noch nicht seine endgültige Talsohle erreicht hat. Diese konjunkturzyklische Auf- und Abbewegung in den Mitgliederzahlen der Nachkriegszeit ist nicht wirklich neu, zumal schon während der krisenhaften und hoch politisierten Anfangsjahre der Weimarer Republik die damaligen Parteien einen eklatanten Mitgliederboom erlebten. Thomas Nipperdey (1961: 398) schätzt, dass 1920 zwischen 4 bis 4,5 Millionen Reichsdeutsche Parteimitglied waren und damit die Parteien zwischen 14,1 und 15,9 Prozent der Wähler in ihren Reihen organisiert haben. Danach trat eine anhaltende Mitgliederebbe ein, so dass für 1928 nur noch ein Organisationsgrad zwischen 5 und 7,5 Prozent (1,5 bis 2 Millionen Mitglieder), von den Parteien erreicht wurde.

Nimmt man den ersten Mitgliederzyklus von 1945 bis Mitte der 60er näher in Augenschein, dann begannen die ersten Jahre nach 1945 für die wieder gegründete SPD und auch die neu gegründeten Schwesterparteien CDU und CSU recht hoffnungsvoll, da ihnen ein gesellschaftliches Politisierungshoch einen bemerkenswerten Mitgliederzuwachs bescherte. Dieser durch eine Aufbruchsstimmung beflügelte Boom hielt jedoch nur eine kurze Weile an und löste sich auf, als mit der Währungsreform von 1948 wichtige Weichenstellungen für die Wiederaufbauphase in Westdeutschland vorgenommen waren. Das Ende der temporären, hoch politisierten Aufbruchphase der unmittelbaren Nachkriegszeit nahm der Mobilisierungskonjunktur nicht nur den Auftriebsschwung, sondern führte schon ab 1949 zu einer Erosion der gerade neu aufgenommenen Mitgliederbestände. Als Gründe für den einsetzenden Aderlass nach 1948 wurden die finanziellen Folgen der Währungsumstellung genannt (Kaack 1971: 493). Nicht abwegig ist aber auch die Vermutung, dass nach den ersten Bundestagswahlen von 1949 und der Bildung einer Bürgerblockregierung unter Adenauer der zuvor noch heftig ausgetragenen wirtschafts- und gesellschaftspolitischen Richtungsdebatte über das zukünftige demokratische Nachkriegsdeutschland der Boden entzogen war und sich infolgedessen Demobilisierungseffekte unter der Aktivbürgerschaft beider Parteilager einstellten.

Über die Adenauerära hinweg ergab sich zunächst ein Niedergang und dann eine Stagnation in der Mitgliederentwicklung, was angesichts ausbleibender Frischzellenzufuhr zu einer stark selbstbezogenen Isolation und Erstarrung des Binnenlebens der Parteien führte. SPD-Strukturdaten aus der damaligen entpolitisierten Wiederaufbauzeit indizieren, dass die Partei vor allem stark im Funktionärskörper alterte und ihre Vitalität am eingefahrenen Versammlungsritualismus erstickte (Lösche/Walter 1992: 140 ff). Vermutlich wird bei den bürgerlichen Parteien, deren Mitglieder vielfach auf Weimarer Parteierfahrungen zurückblickten, dieser innerparteiliche Alterungs- und Austrocknungsprozess kaum anders verlaufen sein.

Den ersten Mitgliederzyklus der Nachkriegszeit prägt mit seiner kurzzeitigen Aufschwung-, dann raschen Abschwung- und schließlich langen Stagnationsphase bis über den Beginn der 60er Jahre hinaus ein charakteristisches Gesicht, das sich auch im Organisationsgrad der Parteien widerspiegelt. Nach Berechnungen von Jürgen Mirow (1976: 52) belief sich der Anteil von in Parteien organisierten Wahlberechtigten in Westdeutschland 1947 auf über 4,3 Prozent. Danach entwickelte sich der Organisationsgrad bis 1954 auf 3,7 Prozent zurück und erreichte um 1960 herum mit 3,0 Prozent seinen Tiefstpunkt. Seit den frühen 60ern ist schließlich wieder eine leichte Aufwärtsentwicklung auf 3,2 bis 3,3 Prozent zu verzeichnen, die Ende der 60er in einen rasanten Sprung nach oben übergeht.

Trotz augenscheinlicher Synchronität lassen sich in der Mitgliederentwicklung der einzelnen Parteien einige Besonderheiten festhalten. Die SPD begann als erklärte Mitgliederpartei mit ihrem Organisationsleben dort, wo sie vor ihrem Verbot durch Hitler und der folgenden Exilzeit aufgehört hatte. Zunächst wuchs ihre Mitgliederzahl 1947 auf 875.479 Mitglieder an, dies noch in der Erwartung, dass ihr die Rolle der führenden Kraft bei der Gestaltung Nachkriegsdeutschlands zufallen würde. Nach der verlorenen ersten Bundestagswahl 1949 zerstob diese Illusion, und für die Partei begann eine Zeit herber Mitgliederverluste. 1954 war mit 585.479 Mitgliedern der Tiefstpunkt erreicht. Danach verzeichnete sie leichte und stetige Zugewinne, die den Mitgliederbestand bis 1963 wieder auf knapp 650.000 anhoben. Die Neueintritte dümpelten in den 50er Jahren jährlich bei rund 40.000. Während dieser Zeit machte in der Partei das Wort von der Vergreisung die Runde. Seit 1964 setzte, mit von Jahr zu Jahr stark ansteigenden Eintrittszahlen, eine Wende ein, die im Mitgliederboom der frühen 70er münden sollte.

Die Mitgliederentwicklung der Neugründung CDU ist nicht lückenlos dokumentiert, weist aber darauf hin, dass sie ähnlich wie die SPD, jedoch auf weitaus niedrigeren Ausgangsniveau, eine sich rasch verflüchtigende Mitgliederkonjunktur bis zur Währungsreform erlebte. Bis dahin stiegen die Mitgliederzahlen der CDU auf rund 380.000 an, um dann bis zur Mitte der 50er auf einen Talsohlenwert von ca. 220.000 zurückzufallen. Danach ging es wieder leicht aufwärts mit einem Zwischenstand von ca. 250.000 im Jahre 1962. Bis Ende der 60er erlebte die Partei eine leichte Belebung des Mitgliederzulaufs, so dass es ihr schließlich 1969 gelang, die 300.000-Marge zu überschreiten. In Bayern kam es 1945 zur Gründung der CSU, die mit einem ungefähren Anfangsbestand von 80.000 Mitgliedern startete. Dann fiel die Partei bis Mitte der 50er auf rund 35.000 Mitglieder zurück, um dort zu verharren. Doch die unter Franz Josef Strauß eingeleitete, grundlegende Strukturreform der Partei gab den Anstoß dazu, aus einer verschlafenen, ländlichen Honoratiorenpartei eine durchorganisierte und verapparatete Mitgliederpartei zu machen (Mintzel 1976: 17). Für die FDP geben frühere Mitgliederangaben nicht viel her. Obgleich die Partei von einer zentralen Mitgliedererfassung weit entfernt war, wurden von 1950 an konstant um die 80.000 Mitglieder angegeben.

Die Parteien haben in der über die Mitte der 60er hinausreichende Wiederaufbauzeit eine Mitgliederentwicklung durchgemacht, die in ihrem Verlauf dagegen spricht, von einem frühen, längst zurückliegenden goldenen Zeitalter der Mitgliederparteien sprechen zu können. Allein die SPD begann nach ihrer Wiederbegründung als Mitgliederpartei. Nur fehlte ihr angesichts der demobilisierenden 50er bzw. frühen 60er Jahre und ihres Organisationstraditionalismus die Resonanz, um ihre überalterten Mitgliederbestände erweitern und erneuern zu können. Im Gegenteil: sie ging als Mitgliederpartei in einen vom pulsierenden Leben abgekoppelten introvertierten Dämmerzustand über. Zudem lässt sich für die damalige Zeit auch deshalb nicht von einem entwickelten System von Mitgliederparteien sprechen, weil die Parteien des bürgerlichen Lagers noch stark von honoratiorenparteilichen Strukturen geprägt waren und ihnen die strategische Positionierung als Mitgliederpartei noch fern lag. Identität und Legitimation bezogen die Unionsparteien durch ihren ausgeprägten Erfolg als elektorale Sammlungsbewegung des katholischen Milieus und des bürgerlich - konservativen Lagers. Die Vernachlässigung der Mitgliederbasis und gesellschaftlichen Verwurzelung hielt für die CDU als Kanzlerwahlverein (Becker/Wiesendahl 1972) solange an, wie trotz der Organisationsschwäche unter Adenauer und Erhard satte Wahlerfolge eingefahren werden konnten. Die FDP legte ihren Charakter als mitgliederschwache Honoratiorenpartei nie wirklich ab, wobei ihr die Rolle als einflussreiche Regierungspartei und wirtschaftsfreundliche Klientelpartei dabei half, dauerhaft einen wichtigen Platz im bundesdeutschen Parteiensystem einzunehmen. Erst mit der seit Mitte der 60er einsetzenden gesellschaftlichen Unruhe- und Aufbruchzeit sollten sich die Vorzeichen für die Genese eines Mitgliederparteiensystems grundlegend wandeln.

3.2 Der zweite Mitgliederzyklus 1965-2004

Für die weitere Mitgliederentwicklung der bundesdeutschen Parteien sind die Jahre zwischen 1965 und 2004 deshalb so interessant, weil sich in dieser Zeit Mitgliederboom und Mitgliederrezession der Parteien die Hand geben. Sie haben während dieser Phase eine Mitgliederkonjunktur erlebt, die in ihrem Aufschwung- und Abschwungverlauf, sowohl was das Volumen als auch die Länge des Zyklus angeht, ein unvergleichliches Ausmaß aufweist (Abb. 3).

Abbildung 3: Mitgliederentwicklung der deutschen Bundestagsparteien
1968 - 2004

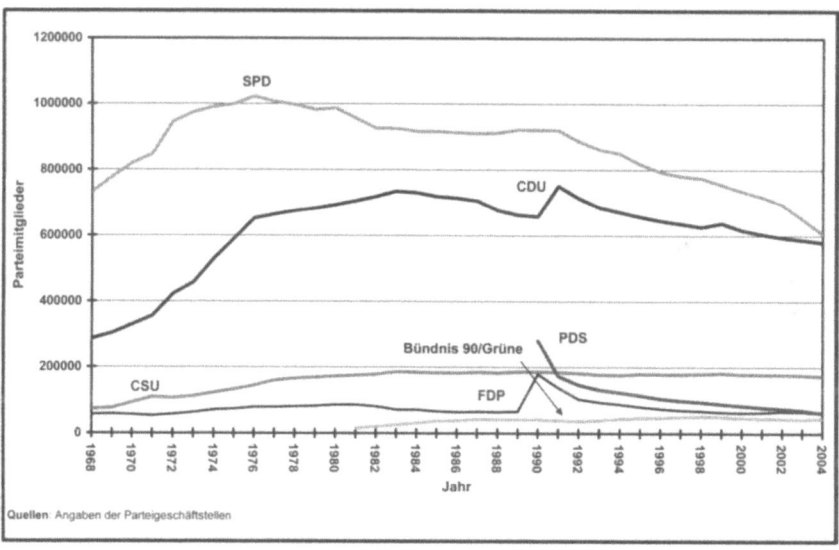

Die letzten dreieinhalb Jahrzehnte sind also von einem zweiten Mitgliederkonjunkturzyklus geprägt, dessen rezessive Abschwungphase bis heute noch keinen Abschluss gefunden hat. Zur eigenen Überraschung der davon profitierenden Parteien setzte dieser Zyklus mit einer rasant sich hochschaukelnden Beitrittswelle ein, durch die sich Hunderttausende von Neumitgliedern in die Parteien ergossen. Die Flut hielt jedoch nur eine zeitlang an, ihren Gipfelpunkt bereits Mitte der 70er Jahre erreichend. Danach, spätestens seit 1983, setzte die Talfahrt ein, die nur durch die deutsche Einheit temporär aufgehalten wurde. Von einem leicht erhöhten Sockel aus begann sich dann ab 1991 die Rezession in der Mitgliederentwicklung, bis heute anhaltend, deutlich zu verschärfen.

3.2.1 Eintrittsschwemme und Mitgliederboom

Die Mitgliederentwicklung in den 70ern und frühen 80ern gleicht in ihrem Verlauf der Aufschwungphase eines charakteristischen Mobilisierungszyklus (Wiesendahl 1990: 4ff). Sie ist auf die stark polarisierenden Konkurrenzsituation zwischen dem sozialliberalen Regierungslager und dem oppositionellen Unionslager zurückzuführen. Die dynamischen Kräfte des Mitgliederzulaufs, die dabei freigesetzt wurden, bescherten den Großparteien eine „goldene Zeit der Mitgliederrekrutierung" (Gabriel/Niedermayer 1997: 280). Zeitlich lässt sich diese stürmische Boomphase, soweit auf gesicherte Zahlenangaben der Parteien zurückzugreifen ist, auf die Jahre zwischen 1968 und 1983 eingrenzen. Die Flut an Neumitgliedern, die sich während dieser Hochzeit in die Parteien ergoss, verlor allerdings nach anfangs überschäumender Wucht ziemlich rasch an Schwung, um zum Ende der Wachstumsjahre ihre Aufschwungenergie verbraucht zu haben. Die eigentliche Zeit der Mitgliederschwemme mit exorbitant hohen Zuwächsen ist sogar auf die Jahre zwischen 1968 und 1976 zu begrenzen. Allein im Dreijahreszeitraum zwischen 1969 und 1972 wuchs der Mitgliederbestand der SPD von 732.446 auf 954.394 Mitglieder, also um fast ein Drittel. Die CDU konnte sogar die Zahl ihrer Mitglieder innerhalb von acht Jahren zwischen 1968 und 1976 von 286.541 auf 652.010 Organisierte erhöhen und damit deutlich mehr als verdoppeln. Allein im Wahljahr 1972 führte der Zulauf zur Steigerung des CDU-Bestandes um 19 Prozent.

Die Ernte, die die Beitrittsschwemme zwischen 1968 und 1976 den Parteien insgesamt bescherte, führte zur Aufstockung ihres Bestandes von 1.149.639 auf 1.897.796 Mitglieder, eine Steigerung von 50 Prozent. Die schwindende Wachstumsdynamik schlug sich danach in gesunkenen jährlichen Zuwachsraten von 2,3 Prozent nieder. Gleichwohl erhöhte sich bis zum Wendepunkt des Booms 1983 in der Gesamtbilanz die Zahl der in den Bundestagsparteien Organisierten von 1,15 Millionen (1968) um fast 800.000 auf den Spitzenwert von 1,94 Millionen, ein Plus von 69 Prozent.

Bei der Verteilung dieses enormen Mitgliederzuwachses auf die einzelnen Parteien zeigen sich einige Besonderheiten. Die SPD ist diejenige Partei, die als erstes von einer wahren Eintrittsflut überrascht wurde. Allein in den Wahljahren

1969 und 1972 füllten sich ihre Reihen um 100.000 bzw. 150.000 Neumitglieder. Allerdings endete für sie die schon vor 1970 einsetzende Mobilisierungskonjunktur bereits im Spitzenjahr 1976, in dem sie auf einen Höchststand von 1.022.191 Mitglieder anschwoll. Insgesamt gelang es ihr zwischen 1968 und 1976 die Organisiertenzahl um 40 Prozent zu steigern. Danach, unter der Regierungsära Schmidt, begannen für sie lange Jahre der Talfahrt. Für die CDU hielten dagegen die Auftriebskräfte weit länger an, so dass sie den Gipfelpunkt des Mitgliederbooms erst in ihrem Bestjahr 1983 mit dem Spitzenwert von 734.555 Mitgliedern erreichte. Das stürmische Mitgliederwachstum setzte mit dem sozialliberalen Machtwechsel 1969 ein. Dabei spielten die damaligen Aufbruch- und Reformjahre den Unionsparteien die Chance zur Gegenmobilisierung zu, die sie weidlich zu nutzen wussten (Wiesendahl 2002b: 250 ff). Gezielte Rekrutierungskampagnen ließen die Mitgliederzahlen der CDU allein zwischen 1969 und 1972 auf 422.968 Mitglieder hochschnellen. Der Eintrittsboom verstärkte sich in den Ausnahmejahren bis 1976 noch, so dass es der Partei mit mehr als 656.000 Organisierten gelang, ihren Bestand um 114 Prozent mehr als zu verdoppeln. Ab 1983 in der Regierungsära Kohl begann dann auch für sie die Zeit des Abstiegs. Aufzuweisen hatte sie aber bis zu diesem Zeitpunkt eine einzigartige Erfolgsbilanz, die alles andere an Mitgliedergewinnen in den Schatten stellte. So gelang es ihr, ihre Ausgangszahl 1968 von 286.541 Mitgliedern bis 1983 um 256 Prozent zu steigern.

Die sich über CDU und CSU ergießende Neumitgliederflut löste eine Metamorphose aus, die aus zunächst noch honoratiorenparteilich geprägten Schwesterparteien kampfstarke Mitgliederparteien machte. Deren Basis bildete eine fast vollständig erneuerte Mitgliedschaft, die weit überwiegend erst ab 1970 und später zur CDU gestoßen war (Falke 1982: 63). CDU und CSU nahmen in den 70ern den Charakter von Mitgliederparteien an, mit dem sie der SPD ihre bisherige Alleinstellungsposition als Partei auf breiter Mitgliederbasis erfolgreich streitig machten. Für beide bürgerlichen Parteien war dies das Ergebnis eines strategischen Umgestaltungs- und Neupositionierungsprozesses, der darauf zielte, die in die Opposition abgedrängte Union als kampagnenfähige Mitgliederparteien von der Fläche und den vitalen Basiseinheiten her wieder mehrheitsfähig zu machen.

Parteientypologisch ist dieser erst in den 70ern vollzogene Transformationsprozess hin zur Mitgliederpartei deshalb so interessant, weil er im Widerspruch zu allen Wandlungsprognosen steht, die vom Aufstieg von nicht mehr mitgliederorientierten „Catch-all"-Parteien (Kirchheimer 1965) oder „Electoral-Professional Parties" (Panebianco 1988) ausgingen. Den Modernisierern speziell in der CDU war dagegen klar, dass der Weg zur Rückeroberung der Macht nur über den Wandel zur Mitgliederpartei glücken könne. Die dahinter stehende strategische Organisationsleistung ist zu Recht als „nachgeholte Parteibildung" der CDU bezeichnet worden (Scheer 1977).

Für das westdeutsche Parteiensystem insgesamt ergab sich damit als Ausfluss des Mitgliederbooms der 70er ein Novum. In der Tat lässt sich von da ab von der Existenz eines kräftemäßig halbwegs ausgewogenen und gesellschaftlich breit verankerten Mitgliederparteiensystem sprechen. Der Grund hierfür war, dass der traditionellen Mitgliederpartei SPD nun von bürgerlicher Seite eine Parteienformation aus CDU und CSU entgegen wuchs, die in der Mitgliederstärke und von daher rührenden Mobilisierungskraft der SPD in nichts mehr nach stand.

3.2.2 Mitgliederentwicklung in der Talfahrt

Über eine Wegstrecke von 37 Jahren zwischen 1968 und 2004 haben die Parteien erst west- und dann gesamtdeutsch einen Mitgliederzyklus hinter sich gebracht, der mit einer trüben Bilanz endet.

Abbildung 4:   Mitgliederzyklus der Bundestagsparteien 1968 - 2004

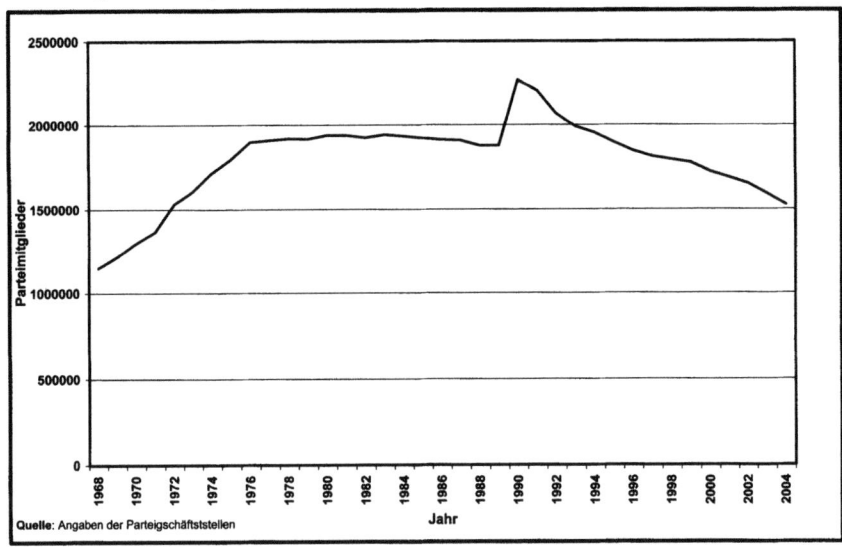

Die positive Aufwärtsentwicklung der Boomjahre bis 1983 liegt mittlerweile schon so lange zurück, dass von der eklatanten Aufstockung des Mitgliederbestandes um insgesamt 69 Prozent nicht mehr viel übrig geblieben ist. Türmten sich die Mitgliederzuwächse der Parteien während der Aufschwungphase noch zu einem imposanten Berg, ist die Zeit nach 1983 dadurch geprägt, dass mit den Jahren des Abstiegs und Mitgliederschwunds der Mitgliederberg zunächst zu bröckeln begann, um schließlich von Jahr zu Jahr immer mehr abgetragen zu werden. Hatte die Mitgliederentwicklung 1983 ihren absoluten Gipfelpunkt mit 1.942.291 Registrierten erreicht, geht es seitdem wieder abwärts.

Mit der Erschöpfung des Mitgliederzulaufs stellte sich nach 1983 eine negative Kehrtwende ein, die bis Ende 1989, dem letzten Jahr vor der deutschen Einheit, in einem Verlust von 65.242 Mitgliedern endete. Mit Minus 3,4 Prozent fällt dieser Schwund zwar mäßig aus, markiert aber den gemächlichen Übergang in die nach unten gerichtete Talfahrt. Diese wurde im Einheitsjahr 1990 temporär durch einen Sprung nach oben gestoppt, weil damals vor allem die Fusion der CDU und FDP mit gewendeten DDR-Blockparteien und dem Hinzutreten der PDS eine Mitgift aus Altmitgliedern noch aus DDR-Zeiten einbrachten. Dieser Buchungsgewinn ließ die erstmalige deutsche Mitgliederbilanz innerhalb eines Jahres von 1989 auf Ende 1990 um 389.000 (20,7 Prozent) auf 2.266.049 Registrierte anschwellen. Doch die gesamtdeutsche Scheinblüte währte nur kurz, so dass sich die Talfahrt in der Mitgliederentwicklung in den 90ern sogar verstärkt und deutlich beschleunigt weiter fortsetzte.

Während der letzten 15 Jahre herrschte in Deutschland Mitgliederrezession, wobei die massiven Verluste sich bis Ende 2004 auf ein Fehl von 740.239 Mitglieder aufsummiert haben. Dadurch wurde mit jetzt noch verbleibenden 1.525.810 Organisierten Ende 2004 nach der deutschen Einheit eine Lücke von 32,7 Prozent in den Ausgangsbestand von 1990 gerissen. Die Abschwungphase des Mitgliederzyklus hat so, trotz der trügerischen Einheitsprämie aus Blockparteienmitgliedern, eine Talfahrt ausgelöst, die die Parteien gesamtdeutsch wieder auf das Mitgliederniveau heruntergedrückt haben, von dem aus die westdeutschen Parteien einstmals die Aufschwungphase antraten.

Allerdings übertrieben wäre es zu behaupten, dass bis heute die exorbitant hohen Mitgliedergewinne in der Wachstumsära 1968 bis 1983 durch kumulierte Mitgliederverluste vollständig wieder aufgezehrt worden wären. Gesamtdeutsch sind die Parteien zwar Ende 2004 hinter das Mitgliederniveau von 1972 zurückgefallen, das sie damals allein auf westdeutschem Gebiet erreicht hatten. Vom Ausgangspunkt des Mitgliederbooms sind die Parteien heute gleichwohl noch ein ganzes Stück entfernt, zumal sie im Vergleich zu 1968 Ende 2004 noch mit ihrer Mitgliederzahl um 360.000 und damit um ein Plus von 32,7 Prozent über die Anfangszahlen hinausragen. Eine Entwarnung im Hinblick auf das Ende des Mitgliederniedergangs ist allerdings nun wirklich nicht aus dieser Besserstellung um ein Drittel herauszulesen.

Abbildung 5: Prognose der Mitgliederentwicklung bis 2015

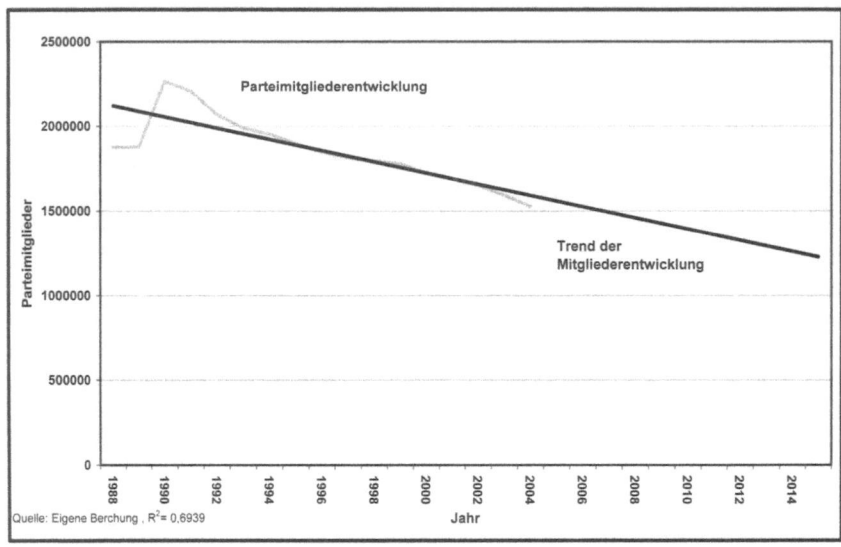

Ganz im Gegenteil kommt die Talfahrt nach den letzten Verlustzahlen erst noch richtig in Fahrt. Infolgedessen ist es nur noch eine Frage der Zeit, bis der im Aufschwung aufgeschichtete Mitgliederberg bis auf den Rumpf vollständig wieder abgetragen sein wird. In Zahlen ausgedrückt lässt sich nach dem bisherigen Trendverlauf ein weiterer Schwund prognostizieren, so dass vermutlich bis zum Jahr 2015 die Zahl der Parteimitglieder von ehemals 2,26 Mio. Mitgliedern im Jahr 1990 auf insgesamt 1, 25 Mio. zurückgehen wird.

Bei genauerem Hinsehen ergibt sich, dass sich der Mitgliederniedergang nicht gleichmäßig über alle Parteien verteilt hat. Zudem nehmen in diesem Abstiegsprozess die neuen Bundesländer eine Sonderstellung ein, ohne dass sich die Verluste allesamt auf dem Konto der ostdeutschen Gliederungen der Parteien verbuchen ließen. Dies schon deshalb nicht, weil die bilanzierten Mitgliederzahlen der Bundestagsparteien nicht allesamt gleichermaßen stark nach unten weisen und Geleitzug mäßig einem Abstiegstrend folgen. Genauer besehen gibt es Hauptbetroffene des Mitgliederniedergangs, während andere Parteien sich vom Trend abgekoppelt und sogar antizyklisch entwickelt haben.

Mit Abstand am stärksten betroffen vom Mitgliederschwund ist die SPD, die dabei ist, ihren Premiumsplatz als Partei mit breiter Mitgliederbasis an die CDU abzutreten. Ausgehend von ihrem Spitzenjahr 1976 mit über einer Million

Mitgliedern erlebte sie danach einen fast ununterbrochenen Aderlass, der sich in jüngerer Zeit gefährlich auf ein Ausbluten der Partei zuspitzt. Die Verlustjahre begannen schon nach 1976 zu einem Zeitpunkt, als die CDU noch über weitere sieben Jahre hinweg ihre Mitgliederreihen auffüllen konnte. Selbst nach der Übernahme der Oppositionsrolle 1982/83 konnte die von den innerparteilichen Auseinandersetzungen der Schmidt-Ära stark gezeichnete Partei das Blatt nicht zum Positiven wenden. Allein 1988/89 gelang es ihr, den Abstiegsprozess durch leichte Zugewinne aufzuhalten. Bis zum Jahr vor der deutschen Einheit summieren sich die seit 1977 zu verschmerzenden Verluste auf insgesamt 11,3 Prozent. Mit diesem Fehl musste die SPD damals schon im Vergleich zu allen anderen Parteien die meisten Federn lassen. Ihrer alten Stammgebiete in Ostdeutschland über mehr als ein halbes Jahrhundert beraubt, konnte sie obendrein nach der deutschen Einheit im Osten nicht wieder an längst verloren gegangenes Terrain anschließen. Als kapitaler Fehler stellte sich zudem im Nachhinein heraus, ehemaligen Mitgliedern der SED strikt den Eintritt in die Partei verwehrt zu haben. Stattdessen fusionierte sie mit der neu gegründeten Splitterpartei SDP, die ihr mit rund 25.000 Mitgliedern keinen nennenswerten Einheitsgewinn einbrachte. Im Westen gingen gleichzeitig die Verluste unverdrossen weiter. Von 1990 bis 1998 hat sie insgesamt eine deutlich angestiegene Verlustrate von 17 Prozent zu verkraften. Zwischen dem Spitzenjahr 1976 und dem Jahr der Regierungsübernahme 1998 sind ihr 247.159 Mitglieder (minus 24,6 Prozent) verloren gegangen. Das bittere Ende sollte jedoch erst noch kommen. Denn die Regierungsära unter dem sozialdemokratischen Kanzlers Schröder hat sie mit einem Desaster in der Mitgliederentwicklung zu bezahlen. Von 1998 an bis Ende 2004 muss die SPD weitere Verluste in Höhe von 169.229 Mitgliedern verkraften. In einem knappen Dreißig-Jahreszeitraum sind der einstmals kraftstrotzenden Einmillionenpartei (1976 1022191 Mitglieder) 416384 Mitglieder abhanden gekommen (minus 40,7 Prozent). Dies wirft sie in ihrer mehr als 140jährigen Geschichte auf ein Niveau zurück, das sie zuletzt bereits 1967 und davor im Kaiserreich 1910 erreicht hatte. Und die Gefahr ist nicht einmal gebannt, dass sich weitere in die Hunderttausende gehende Verluste einstellen werden.

Längst nicht so stark gebeutelt wie die SPD glückte es der CDU, die Zeit des Mitgliederabschwungs zu überstehen. Zwar blieb sie ebenfalls zwischen ihrem Spitzenjahr 1983 und dem Vorjahr zur deutschen Einheit nicht von merklichen Verlusten verschont, die sich bis 1989 auf 10,2 Prozent addierten. Die Wende zum Positiven trat dann aber 1991 ein, als sie durch Einverleibung von ehemaligen Blockparteienmitglieder ihre Verluste wieder wettmachen und sogar in ein Plus umwandeln konnte. Lange hielt der Mitgliederzuwachs 1991 von 92.752 (14,1 Prozent) nicht vor, sondern die Partei wurde genauso wie die SPD in den

Sog der Mitgliedertalfahrt gerissen. Konnte sie 1991 noch 751.163 Mitglieder verbuchen, ist die CDU Ende 2004 bei einer Zahl von 579.526 gelandet. Dies sind 83.000 weniger als sie noch 1989 vor dem Einheitszuwachs an Mitgliedern verfügte. Die Einheitsgewinne eingerechnet, hat sie zwischen 1991 und 2004 171.637 Mitglieder (minus 22,9 Prozent) verloren. Trotz des gesamtdeutschen Zugewinns ist sie damit auf eine Stärke zurückgefallen, über die sie bereits vor 1975 inmitten des Booms verfügte. Der Niedergang der CDU ist zwar nicht gestoppt. Doch indizieren die jährlichen Verlustraten einen weiteren moderaten Schwund, der längst nicht so krass ausfällt wie der bei der sozialdemokratischen Konkurrenz. Trotz der Tristesse werden die weiteren Aussichten der CDU dadurch versüßt, dass sie voraussichtlich bereits in 2005 die SPD vom ersten Platz als stärkste Mitgliederpartei in Deutschland verdrängen wird.

Um das ganze Ausmaß dieser als historisch zu bezeichnenden Kräfteumkehrung ermessen zu können, ist es erforderlich, die Mitgliederentwicklung der CSU mit in die Betrachtung einzubeziehen. Die bayerische Regionalpartei hebt sich aus der allgemeinen Mitgliedermisere dadurch ab, dass sie sich bis Ende der 90er dem Abwärtssog von CDU und SPD entziehen konnte. Zunächst profitierte sie besonders stark vom Mitgliederboom und konnte zwischen 1968 und dem Bestjahr 1983 ihre Mitgliederzahlen von 76.618 auf 185.428 Registrierte hoch stocken. In den 90ern erlebte sie ein stagnatives Auf und Ab, was 1999 mit der Bilanz von 181.873 Organisierten endete. Nach der Millenniumswende begann auch für die CSU der über so lange Zeit stabile Mitgliedersockel zu bröckeln mit dem Effekt, dass Ende 2004 die Partei nur noch 173.328 Mitglieder verbuchen kann. Der Verlust von 12.100 (minus 6,5 Prozent) Mitgliedern im Vergleich zum Spitzenjahr 1983 ist für die CSU allerdings verkraftbar. Denn durch dieses Minus wird ihre singuläre Ausnahmestellung in Bayern nicht angetastet, zumal die Landesverbände der Konkurrenzparteien in Bayern in den 90ern massive Mitgliedereinbrüche zu verzeichnen hatten. Als Grund für die herausgehobene Mitgliederstärke der CSU wird deren tiefe politisch-kulturelle „Verwurzelung in der regionalen Identität" Bayerns angegeben (Kießling 1999: 71). Förderlich wirkt sich obendrein die überwiegend ländlich-dörfliche Prägung Bayerns mit einem immer noch intakten Vereins- und Vergemeinschaftungsleben aus, mit dem die Partei engmaschig verwoben ist (Kießling 2004: 73ff).

Zum vorläufigen Zwischenstand der Abschwungphase in ihrer Mitgliederentwicklung bringen CDU und CSU zusammen eine Mitgliederstärke auf, die die der SPD Ende 2004 um 147.047 Organisierte (24,3 Prozent) überflügelt. Dagegen konnte 1968, 36 Jahre zuvor, die traditionelle Mitgliederpartei SPD vor dem Beginn des großen Booms CDU und CSU noch mit einem Mehr von 372.287 Mitgliedern (plus 103,4 Prozent) auf die Plätze verweisen. Augenscheinlicher könnte die spektakuläre Umwälzung in der Mitgliederkräfteverteilung nicht zum Ausdruck kommen.

Mit zum mittlerweile mitgliederreichen bürgerlichen Lager ist auch noch die FDP hinzu zu zählen. In den Veränderungen ihres traditionell schmalbrüstigen Mitgliederstocks spiegeln sich ihre zweimaligen koalitionspolitischen Wenden (Vorländer 1992: 307). In der sozialliberalen Ära erlebte die Partei nach einem kleinen Einbruch einen stetigen Mitgliederzulauf, der ihr bis 1981 eine Bestandsverbesserung auf 86.600 Mitglieder eintrug. Den Koalitionswechsel von 1982 hatte sie dann bis 1989 mit einem Verlust von 22.183 Mitgliedern (minus 25,6 Prozent) zu bezahlen. Nach der Einheit löste die Einverleibung der alten LDPD- und NDPD-Mitgliederlisten eine Scheinvermehrung aus, die ihre Zahlen auf 178.625 Organisierte hoch katapultierten. Umso rasanter ging es danach wieder abwärts. Ende 2004 ist die Partei wieder auf einen Bestand von 61.146 Mitglieder zurückgefallen und hat damit zwei Drittel ihres gesamtdeutschen Anfangsbestandes wieder eingebüßt.

Die Bündnis-Grünen stießen erst 1980 zum etablierten Parteiensystem, ohne als traditionell mitgliederarme Partei für eine nennenswerte Veränderung der Gesamtentwicklung zu sorgen. Der basisdemokratischen Partei fehlte lange Zeit eine organisatorische Zentralinstanz, die gezielte Mitgliederrekrutierungskampagnen hätte betreiben können. Zudem herrschte in dem bewegungsnahen Anhängerumfeld eine Parteibuchaversion, was den Aufbau einer breiten Mitgliederbasis zusätzlich behinderte (Poguntke 1993: 306f). Mitte der 80er waren die Grünen soweit auf niedrigem Niveau konsolidiert, dass sie bis 1990 gegen den allgemeinen Trend Mitgliederzugewinne verzeichnen konnten. In Zahlen ausgedrückt wuchs der Bestand zwischen 1983 und 1990 von 25.222 auf 41.316 Mitglieder. Nach einem temporären Schwächeanfall gingen die Zahlen wieder nach oben, so dass die Partei Ende 1999 ihr Bestjahr mit 49.488 Mitgliedern erzielte. Der danach einsetzende Schwund führte die Partei, wie alle anderen Parteien auch, in die Verlustzone. Mit 44.250 Mitgliedern organisieren die Grünen Ende 2004 nur drei von 100 Parteimitgliedern in Deutschland. Die PDS vermittelt da dem Anschein nach ein besseres Bild, soll aber mit Blick auf die ostdeutsche Mitgliederentwicklung gesondert abgehandelt werden.

3.2.3 Die Mitgliederkrise in Ostdeutschland

Mit der deutschen Einheit brach das von der SED beherrschte Blockparteiensystem der ehemaligen DDR zusammen und entließ die DDR-Bevölkerung in die Freiheit. Teil der Hinterlassenschaft des gescheiterten Regimes waren 2,8 Millionen DDR-Bürgerinnen und –Bürger, die zuvor als Mitglied der SED oder einer der anderen Blockparteien registriert waren. Trotz der Einverleibung der Mitgliederbestände der Ost-CDU und des DBD durch die West-CDU und der LDPD und NDPD durch die West-FDP sollte von diesem Erbe keine reiche Ernte gemacht werden. Gleiches gilt für die PDS, die sich als Erblasserin der SED eine potempkinsche Zahl von 2.3 Millionen SED-Mitgliedern als Startkapital einverleiben konnte.

Der posttotalitäre Umgewöhnungsprozess an die westdeutsch dominierte Parteiendemokratie ließ jedoch den in die neue Zeit hinüber geretteten Parteimitgliederbestand wie Schnee im April schmelzen. So gingen zwar die ostdeutschen Parteiverbände mit reichlich gefüllten Mitgliederdateien an den Start. Hinter dem Zahlenwerk verbargen sich aber Mitgliederscheinbestände, die sich rasch durch Austritte und Karteibereinigungen in Luft auflösten. Neueintritte waren dagegen kaum zu verzeichnen. Nach Schätzungen von Suckut (1990: 138) beliefen sich im Frühjahr 1990 in den ostdeutschen Landesverbänden der Stamm an organisierten Mitglieder noch auf rund 820.000. Ende 1992 waren hiervon nur noch 313.115 Registrierte übrig geblieben.

Abbildung 6: Parteimitgliederentwicklung in den neuen Bundesländern
1989-2004

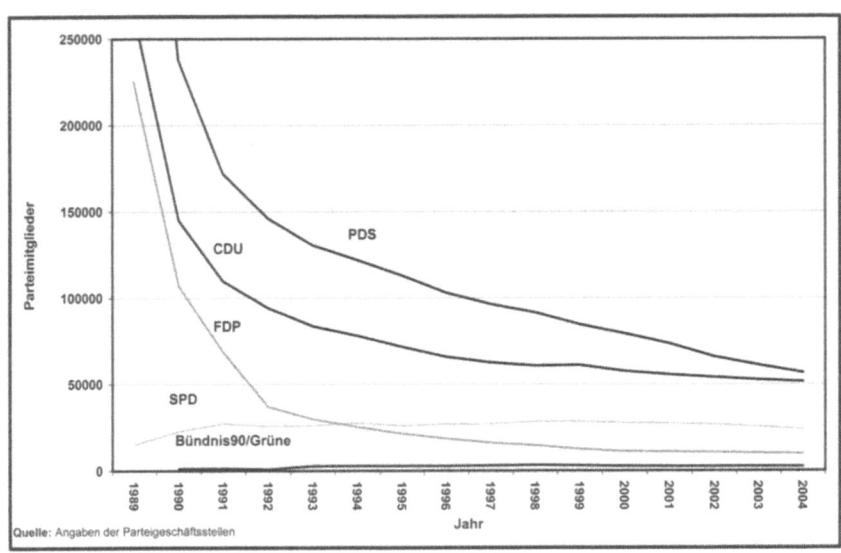

40

Wie Abbildung 6 aufzeigt, waren vom Mitgliederaderlass neben den Einheitsgewinnern CDU und FDP vor allem die PDS betroffen. Auf ihren Status, immer noch die mitgliederstärkste Ostpartei darzustellen, konnte die Partei in Wirklichkeit nicht viel geben, weil sie mit ihrem dramatischen Mitgliederabsturz konkret der Gefahr der Auflösung der Partei ins Auge blickt. Ende 1993 bei rund 130.000 Mitgliedern angelangt, sind es 10 Jahre später Ende 2004 nur noch die Hälfte (56753). Als Crux kommt hinzu, dass die Partei in ihrem ostdeutschen Stammland wie festgenagelt erscheint, während sich in ihren westdeutschen Landesverbänden nur einige wenige Unverdrossene unterhalb der 2.000-Marge sammeln. Ein ähnliches Schicksal, nur mit umgekehrten Vorzeichen, hat die Bündnis-Grünen ereilt, die als Westpartei in ihren ostdeutschen Gliederungen nie eine solide Mitgliederbasis aufbauen konnte. Erreichte die dortige Mitgliederzahl 1998 noch einen Höchststand von 3.250, waren danach nur noch Minuszahlen angesagt, so dass die Bündnis-Grünen bis Ende 2004 auf 2.400 Mitglieder (minus 26,1 Prozent) zurückfielen. Bei dieser Mitgliedertalfahrt stehen die ostdeutschen CDU-Gliederungen sogar noch ein Stück schlechter da, weil sie von einem weitaus höheren Anfangsniveau einen viel tieferen Absturz zu verkraften hatten. Von den 145.000 CDU-Mitgliedern aus dem Jahre 1990 sind 2004 nur noch 51622 (minus 64,3 Prozent) übrig geblieben. Es ist allerdings nur noch eine Frage der Zeit, bis die PDS mit ihrer ausgeprägteren Schwindsucht in ihren Mitgliederzahlen hinter die der CDU zurückfällt. So steht den Christdemokraten die Aussicht ins Haus, wenigstens als stärkste Ostpartei die oberste Sprosse auf der Abstiegsleiter der Mitgliederentwicklung einnehmen zu können.

Den mit Abstand größten Substanzverlust hat allerdings die FDP zu verschmerzen, die von 106.966 Mitgliedern 1990 bis 2004 auf einen Restbestand von 9767 Organisierte (minus 90,9 Prozent) abgesackt ist. So wie für die anderen Parteien auch ist für sie bei dieser rasanten Talfahrt noch nirgendwo die Talsohle zu erblicken.

Die SPD in den neuen Bundesländern kam mit ihrer rudimentären Mitgliederbasis und organisatorischen Verankerung nie über einen prekären Aufbaustatus hinaus. Im Gegenteil muss sie angesichts ansteigender Verluste befürchten, ohne selbst tragenden Mitgliederbestand hinter die kritische Linie einer Splitterpartei zurückzufallen. Umso mehr schmerzt es trotz aller westdeutschen Aufbauhilfe die Partei, dass sie nach ihrem Höchststand von 1998 mit 28.394 Mitgliedern bis Ende 2004 4540 Mitglieder (minus 16 Prozent) wieder abschreiben musste. Mit dieser desaströsen Mitgliederschwäche hinkt sie weit hinter der Organisationskraft von CDU und PDS hinterher und hat sich, falls sich ihre Lage nicht bessert, bald mit einem Platz auf Augenhöhe mit der Ost-FDP abzufinden.

Was 1990 als Scheinkonjunktur durch einverleibte Restbestände der untergegangenen DDR-Parteien begann, hat in Ostdeutschland mit der Entleerung der Parteien längst den Charakter einer chronischen Schwindsucht angenommen. Mittlerweile hat der Verfall der Mitgliederzahlen ein Ausmaß erreicht, so dass sich von den Anfangszahlen in Höhe von 513.732 Organisierten 1990 bis Ende 2004 hiervon 369.339 (minus 72 Prozent) wieder verflüchtigt haben. Als Folge des Schrumpfungsprozesses leiden die ostdeutschen Parteiverbände an chronischer Mitgliederauszehrung und Atrophie. Das Ende flächendeckender Mitgliederparteien außerhalb einiger Großstadtreviere ist hierdurch vorgezeichnet. Dieser demokratische Niedergang und die Schwächung der Ostparteien ist keineswegs gewollt. Deshalb bezeichnet Grabow (2000: 230) die Ostparteien auch als „Rahmenparteien wider Willen", die, so muss man ergänzen, hilflos ihrem weiteren Ausbluten entgegensehen. Die Mitgliederkrise ist Ausdruck einer tiefsitzenden Organisationsdistanz der neuen Bundesbürger, aus der der krasse Verfall des parteiförmigen politischen Engagements hervorgeht. Ob Parteien, Bürgerinitiativen, Verbände oder kommunale Vereine, - Ostdeutschland scheint sich im posttotalitären Reflex auf die deutsche Einheit hin zur Beteiligungswüste entwickelt zu haben (Misselwitz 1994: 4).

Zieht man eine Gesamtbilanz der Mitgliederentwicklung seit der deutschen Einheit, hat der im Vergleich zu Westdeutschland übermäßige Mitgliederabgang die Ostparteien substantiell in eine Randlage abgedrängt. Denn während der Anteil ostdeutscher Parteimitglieder an der Gesamtmitgliedschaft 1990 noch bei 22,7 Prozent lag, ist er Ende 2004 auf 9,4 Prozent abgesunken. Angesichts dieser prekären ostdeutschen Entwicklung wäre es aber verfehlt, für den allgemeinen Niedergang allein die Ostparteien verantwortlich zu machen. Wie Abbildung 7 verdeutlicht, machte zuvor die alte absteigende westdeutsche Mitgliederentwicklung durch die einheitsbedingten Zuwächse 1990 einen gesamtdeutschen Sprung, wobei jedoch das kurze Zwischenhoch sowohl in Ost- als auch Westdeutschland in ein Dauertief überwechselte.

Rechnet man die ostdeutschen Zahlen aus der Bilanz heraus, ergibt sich allein für Westdeutschland zwischen 1990 und 2003 ein Schwund von 307.575 Verlorengegangenen, die in der alten Bundesrepublik die Parteimitgliederzahlen um minus 17,6 Prozent auf 1.444.742 herabgedrückt haben. Dies ist ein Rückfall auf einen Stand, den die westdeutschen Parteien bereits vor 1972 erreicht hatten. Zum Niedergang des parteipolitischen Engagements in Deutschland tragen also beide Seiten ihr Scherflein bei. Genauer noch geht der Gesamtverlust von 612.676 Organisierten zwischen 1990 und 2003 anteilig zu 60 Prozent auf das ostdeutsche und zu 40 Prozent auf das westdeutsche Konto.

Abbildung 7: Parteimitgliederentwicklung in West- und Ostdeutschland
1990 - 2004

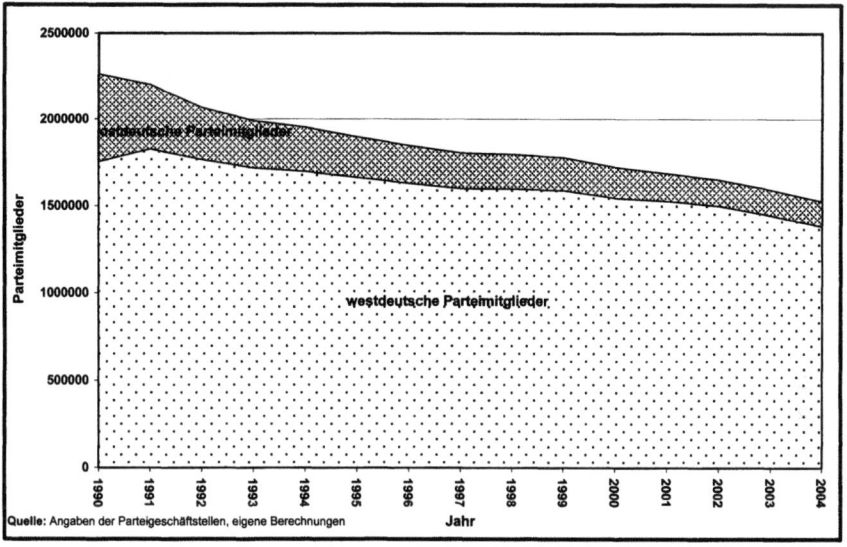

4 Nahaufnahme der Mitgliederkrise der Parteien

Die dargestellten Zahlen bilden eine Wirklichkeit ab, die schon vom Oberflächlichen her erahnen lässt, wie sehr der chronische Schwund Lücken in die Reihen der Parteimitglieder in Deutschland gerissen hat. Mehr als den Niedergang der Organisationszahlen gibt die bisherige Darstellung aber nicht her, so dass jetzt die Entwicklung der Mitgliederzahlen in Beziehung zur Zahl der Wahlberechtigten gesetzt werden soll. Rechnerisch geht es darum zu ermitteln, wie groß der Anteil unter den Wahlberechtigten ist, der in Parteien organisiert ist. An solch einer Verhältnisbestimmung kommt man vor allen Dingen dann nicht vorbei, wenn sich, wie im Falle der deutschen Einheit, die Bevölkerungsbasiszahlen stark verändert haben. Dem als Mitglieder-Wähler-Quotient errechneten Organisationsgrad ist zweierlei zu entnehmen: Einmal die Fähigkeit von Parteien, in ihren Reihen einen möglichst großen Anteil von Wählerinnen und Wählern zu organisieren. Je größer der Organisationsgrad, desto höher ist die Organisationsstärke der Parteien zu veranschlagen. Und dann gibt er Auskunft über die Verwurzelung von Parteien in der Gesellschaft. Je mehr Menschen Mitglied von Parteien sind, desto umfangreicher und feinmaschiger ist das Wurzelwerk, über das Parteien in gesellschaftlichen Lebenszusammenhängen verankert sind und aus ihnen hervorgehen. Ist der Teil der Organisierten sehr hoch, stärkt das die Legitimität von Parteien, als Interessenrepräsentationsinstanz für die Stammgruppen zu sprechen, die in greifbarer Größe in ihnen organisiert sind.

Schaut man sich die Entwicklung des Organisationsgrads von Beginn der 70er Jahre bis Ende 2003 genauer an (Abbildung 8), ergibt sich, noch stärker als bei der Darstellung der absoluten Zahlen, das charakteristische Bild eines noch nicht ganz abgeschlossenen Konjunkturzyklus. Durch die Eintrittsschwemme verursacht, schnellte der Organisationsgrad zwischen 1970 und 1976 rapide von 3,1 auf 4,4 Prozent hoch, um bis 1980 auf diesem Gipfelplateau zu verweilen. Bis 1989 zum Vorabend der deutschen Einheit begann dann aber der Organisationsgrad bis auf 3,9 Prozent wieder abzubröckeln. Mit der Eingliederung des ostdeutschen Wahlgebiets 1990 stieg die Zahl der Wahlberechtigten gesamtdeutsch deutlich an, was den Anteil der Parteimitglieder im Jahr der deutschen Einheit zunächst noch nicht auffällig minderte. Mit umso größerer Beschleunigung setzte dann ab 1991 der Abstieg ein, so dass Ende 2003 nur noch 2,6 von 100 wahlberechtigten Deutschen über ein Parteibuch verfügten. 1980 vor Beginn des Konjunkturabschwungs waren es dagegen in Westdeutschland noch 4,4 von Hundert.

Abbildung 8: Die Entwicklung des Organisationsgrades der Bundestagsparteien 1970 - 2003

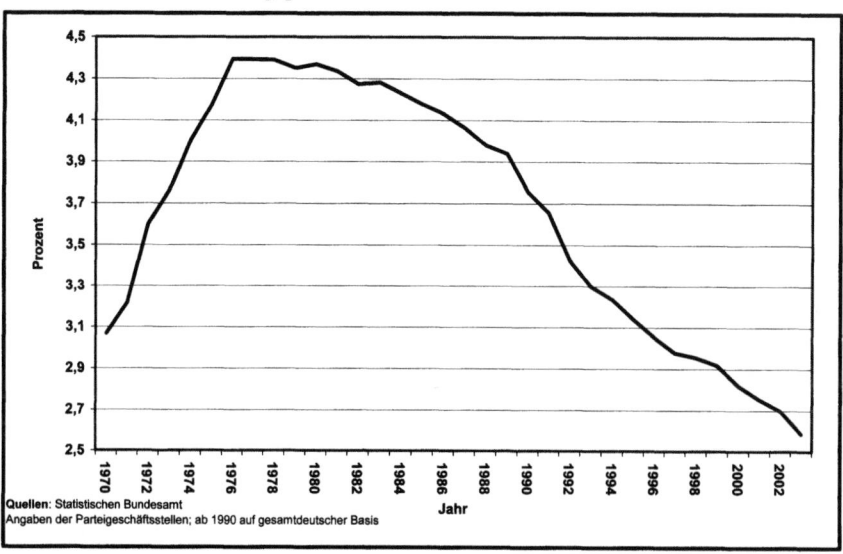

Mit diesem vorläufigen Zwischenstand fällt der Organisationsgrad der Parteien deutlich unter den Ausgangswert zurück, den er bereits 1970 zu Beginn des Mitgliederbooms in Westdeutschland aufwies. In der Bilanz ergeben sich damit für die Parteien aus 35 Jahren Mitgliederentwicklung insgesamt nicht von der Stelle weggekommene, verlorene Jahre. Eine Zeitreise von bewegten Jahren liegt hinter ihnen, bei derem Abschluss sie, so die trostlose Bilanz, wenig Boden gut, kaum Substanzfortschritte machen konnten. Gesamtdeutsch sind sie auf Zeiten zurückgefallen, die sie bereits vor Beginn des großen Booms in Westdeutschland erlebt haben. Nicht zu unterschlagen ist jedoch dabei, dass sie in absoluten Zahlen Ende 2004 mit 1,5 Millionen Mitgliedern in ihrer Substanz um rund ein Drittel besser ausgestattet dastehen als vor Beginn des Zyklus. Doch gemessen an den in Parteien organisierten Wählerinnen und Wählern hat sich das in den Siebzigern über die Parteien hereinbrechende Organisationswachstum wieder verflüchtigt. Einem kurzen Jahrzehnt der Prosperität folgten lange Jahre ausdauernder organisatorischer Schwächung. Ab Mitte der Achtziger setzte eine Phase ein, die mit chronischer Mitgliedererosion und wachsender Rekrutierungsschwäche einher-

45

ging. Nichts zu beschönigen gibt es daran, dass die Parteien in ihrer Organisationskraft angeschlagen sind und ohne Aussicht auf Besserung an Rekrutierungsschwäche leiden. Nicht einmal zu Wahlzeiten ist es den Großparteien vergönnt, den weiteren Aderlass an Mitgliedern merklich zu bremsen, geschweige denn in frische Blutzufuhr umzukehren. Noch dazu hat das Schwächeln alle Parteien erfasst, so das Regierungs- und Oppositionsparteien gleichermaßen Mitglieder verlieren. Ein früher wirksamer oppositioneller Mobilisierungseffekt scheint Eintrittswillige nicht mehr besonders zu beeindrucken.

Das Ende ist das allerdings noch nicht, weil nirgendwo bei den Parteien die Lichter ausgehen und sie einfach von der Bildfläche verschwinden werden. Begonnen hat aber längst ein gesellschaftlicher Loslösungsprozess und ein Anschlussverlust an eine Bürgerschaft, die mit Parteien nicht mehr viel im Sinn hat.

4.1 Nachwuchskrise und Rekrutierungsschwäche der Parteien

Wenn eines unstrittig ist, dann die Tatsache, dass die Parteien seit Jahren schon an Mitgliederverlusten leiden, die an die Substanz gehen. Wie allerdings die Verluste zustande gekommen sind, lässt sich an dem bisher Gesagten und den Zahlenangaben nicht ablesen. Die Darstellung hat sich nämlich bislang nur auf Jahresendzahlen der Parteien abgestützt, bei denen, ausgehend vom Mitgliederbestand des Vorjahres, die Eintritte und Abgänge (Austritte, Tod, Karteibereinigungen) gegeneinander verrechnet wurden. Ersichtlich wird so, ob sich Jahr für Jahr ein Mitgliederplus oder –minus ergibt. Was jedoch verborgen bleibt, ist die Antwort auf die Frage, ob sich der dargestellte Negativtrend in der Mitgliederentwicklung aus sinkenden Eintritts- oder steigenden Abgangszahlen ergibt. Dies zu wissen ist aber notwendig, um zum Kern des Problems vordringen zu können. Schließlich macht es sowohl vom Erklärungshintergrund als auch möglichen Gegenmaßnahmen einen großen Unterschied, ob Parteien schrumpfen, weil ihnen der Nachwuchs ausbleibt, oder ihnen die Mitglieder davonlaufen. Schlimmstenfalls ist von Beidem auszugehen.

Fast lückenlose und detaillierte Zahlenangaben der Großparteien CDU und SPD erlauben es, über einen längeren Beobachtungszeitraum hinweg die Eintritts- und Abgangsbewegungen präziser zu untersuchen und der hier aufgeworfenen Frage genauer auf den Grund zu gehen. Blickt man zunächst zurück, ist das Ende der stagnativen Jahre in den Sechzigern und der damit einsetzende Mitgliederboom eindeutig einer Mitgliederschwemme, d.h. Mitgliederneueintritten zu verdanken. So sind die Erneuerung und Aufstockung der Mitgliederbestände bei der SPD mit einer zeitlich eng begrenzten Eintrittswelle um 1972 herum verbunden. Ab 1973 war der durch den sozialliberalen Regierungsantritt und die vorgezogenen Bundestagswahlen von 1972 erzeugte Mobilisierungs-schub (Wiesendahl 2002b: 141 ff) größtenteils schon wieder verpufft, so dass in den Nachfolgejahren die Eintrittszahlen deutlich zurückgingen. Allerdings lösten die Bundestagswahljahre zwischen 1968 und 1976 noch kleinere Eintrittswellen aus. Zwischen 1968 und 1976 drangen insgesamt über 1¼ Millionen Neumit-glieder in die beiden Großparteien hinein, wovon auf die SPD der größere Anteil von 56 Prozent fiel. Diesem enormen Zuwachs stehen etwa größenmäßig die Hälfte an Abgängen gegenüber.

Abbildung 9:   Mitgliederzu- und –abgänge von SPD und CDU 1970 - 2004

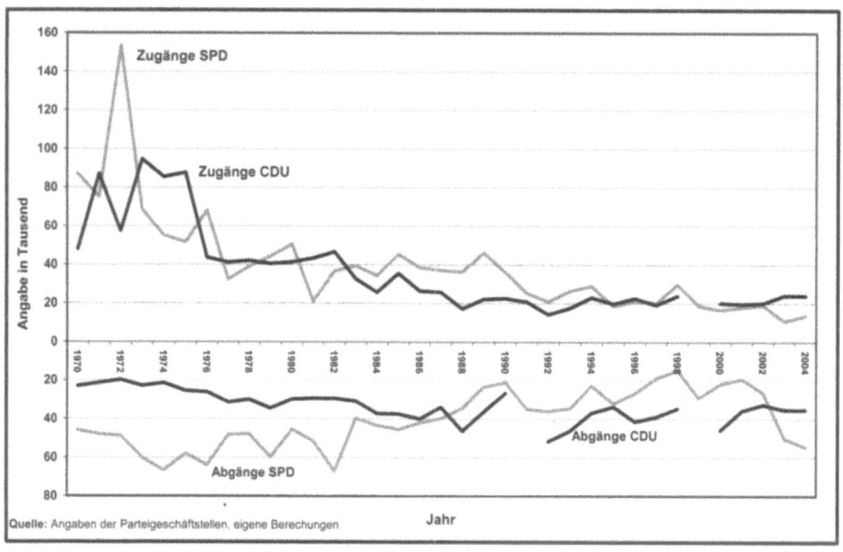

Anders als bei der SPD hält nach 1976 bis 1983 der Mitgliederzulauf für die CDU noch an, ohne dass er durch deutlich anwachsende Abgänge aufgefressen worden wäre. Dagegen sackten die SPD-Zugänge im gleichen Zeitraum auf nur noch ein Drittel der vergangenen Hochmobilisierungszeit ab, und die Abgänge begannen die Eintritte um 27 Prozent zu überrunden. Wie Abbildung 9 zu ent-nehmen ist, tendieren die weiteren SPD-Neuzugänge, unterbrochen von kleine-ren Mobilisierungszyklen in den Wahljahren, bis Ende 2004 stetig nach unten.

Genauer besehen sind der SPD zwischen 1990 und 1998 noch 215.750 Neumitglieder beigetreten, während ab 1999 bis Ende 2004 in der Regierungsära Schröder die Eintrittszahlen auf 96.646 abgesackt sind. Über einen Zeitraum von

35 Jahren betrachtet, erzielt die SPD Gesamteintritte in Höhe von 1.551.885 Neulingen. Bemerkenswert hieran ist, dass 61,2 Prozent aller Eintritte auf ihre erste Regierungszeit zwischen 1968 und 1982 fallen. Dagegen haben in der Zeit zwischen 1990 und 1998 haben nur noch 14,2 Prozent den Weg in die SPD gefunden, und die nach 1998 Eingetretenen bilden nur noch eine Restgröße von 6,4 Prozent. Der einstmals mächtige Eintrittsstrom ist zu einem Rinnsal verkümmert.

Die Lage spitzt sich für die Sozialdemokraten noch dadurch zu, dass sich gleichzeitig mit den stark rückläufigen Nachwuchsraten in letzter Zeit die Abgänge dramatisch nach oben hin entwickelt haben. Zunächst einmal gab es noch bis 1976 ein altersbedingtes Abgangshoch, während sich dann die Abgänge mit Ausnahme des Krisenjahres 1982 wieder auf einem wesentlich niedrigeren Niveau einpendelten. Erst zur Millenniumswende begannen die Abgänge exorbitant zu steigen. Teilt man die Gesamtabgänge, genauso wie die Zugänge, in Entwicklungsabschnitte auf, zeigt sich, dass 53,3 Prozent auf die Brandt- und Schmidtära von 1968 bis 1982 fallen. In der Zeit zwischen 1983 und 1989 sind dann 15,9 Prozent zu verzeichnen. Und auf die zweite Regierungsära der SPD unter Schröder von 1999 bis 2004 fallen 15,3 Prozent der Abgänge. Für diesen letzten Abschnitt sind die absoluten Abgangszahlen mehr als doppelt so hoch als die SPD gleichzeitig Eintritte zu verzeichnen hat.

Abgesehen von den Schröderjahren kann aber im Ergebnis die Mitgliederkrise der SPD über die Gesamtlänge der Zeit nicht auf einen kontinuierlichen Anstieg der Abgänge zurückgeführt werden. Inwieweit Austritte unter den Abgängen in größerem Umfang eine Rolle spielen, lässt sich nur für die letzten Jahre genauer überprüfen. Belegt ist der seit 1998 ansteigende Trend von Austritten. So sind von den über 100.000 Verlusten, die die SPD allein zwischen 1998 und 2000 zu verzeichnen hatte, rund zwei Drittel auf die Rückgabe des Parteibuchs zurückzuführen (Machnig 2001: 8) Seit 2002 steigen die Austritte nochmals bedrohlich an, so dass bis Ende 2004 weitere 110.000 Genossinnen und Genossen der Partei den Rücken gekehrt haben. Insgesamt bleibt es aber bei dem Befund, dass sich die über lange Jahre steigenden Bestandsverluste der SPD in erster Linie aus der Rekrutierungsschwäche der Partei und aus ausbleibendem Nachwuchs erklären.

Die Entwicklung der Zu- und Abgänge bei der CDU zeigt in der Nahaufnahme einen Verlauf, der sich von dem der SPD erkennbar abhebt. Wie Abbildung 9 dokumentiert, zieht sich die Eintrittsboomphase um einiges länger hin, und auch die Abgänge liegen bis Ende der Achtziger auf einem deutlich niedrigeren Niveau als bei den Sozialdemokraten. Doch nach einem Einbruch 1976 bei den Neueintritten weist der weitere Zulauf auch bei der CDU stetig nach unten. Wahljahre bringen ihr jeweils ein temporäres Plus an Beitritten. Von den 1.305.271 Beitritten des gesamten Beobachtungszeitraums konzentrieren sich

42,3 Prozent allein auf die Eintrittshochphase 1969 bis 1976. Auf den Zeitabschnitt 1977 bis 1989 entfallen 33,7 Prozent des gesamten Beitrittsaufkommens. Und während der Zeit nach der deutschen Einheit (1990-2004) haben 24 Prozent zur CDU gefunden. Auffallend ist, dass von der Übernahme der Oppositionsrolle 1998 keine Eintritte steigernden Mobilisierungseffekte ausgingen. Insofern schlägt die Zeit danach auch nur noch mit 10 Prozent aller Neueintritte zu Buche.

Trotz einiger Datenlücken lässt sich erkennen, dass in der Zustroms-Hochzeit bis 1983 den 840.000 Eintritten nur 398.000 Abgänge gegenüber stehen. Erst im Zuge der deutschen Einheit und der Erosion der ostdeutschen Landesverbände steigen die Abgänge in krasser Form an, scheinen sich aber im 35.000er Bereich pro Jahr zu konsolidieren. Macht man beim Einheitsjahr 1990 einen Schnitt, verteilen sich die Abgänge von insgesamt 1.202.771 im Verhältnis von 52 zu 48 Prozent auf die Zeit vor und nach der Einheit. Obgleich die CDU seit Ende der Achtziger mehr Abgänge als die SPD zu verkraften hat, steht die Partei mit ihrem Mitgliedersubstanzverlust besser da, weil sie noch von ihrem bis 1983 zugelegten Mitgliederpolster zehren kann. Auch für die CDU gilt allerdings, dass sie die Verluste ihrer eigenen Mobilisierungsschwäche und ausbleibenden Mitgliedern zuzuschreiben hat.

Der Problemkern des allgemeinen Mitgliederschwunds ist, dass es in immer stärkerem Maße zu einem Fehl an Neumitgliedern kam, ohne die Abgänge kompensieren zu können (Wiesendahl 1997: 354 ff). Der Mitgliederniedergang muss also, bis auf das jüngere Sonderphänomen von Austritten bei der SPD, auf ausbleibende Neueintritte zurückgeführt werden. Dies lenkt die Analyse der Ursachen der Mitgliederkrise auf das Problem, warum, anders als in der Boomphase, Mitgliedernachwuchs ab den 1980ern den Parteien fernblieb.

4.2 Das Jungmitgliederdefizit

Wie zu sehen war, ließ ausbleibender Nachwuchs die Parteien schrumpfen. Schaut man sich nun die Nachwuchsebbe genauer an, so entpuppt sich das Fehl an nachwachsenden Neumitgliedern als Ursache für eine kapitale Jungmitgliederkrise der Parteien. Einschränkend ist es aber nicht so, dass Menschen, die sich Parteien als Mitglieder anschließen, alle im jugendlichen Alter wären. Allerdings trifft der überwiegende Teil der Neumitglieder die Eintrittsentscheidung schon in einem noch relativ jungen Lebensalter. Der daraus resultierende Jungmitgliederzustrom ist für jede Partei elementar, weil durch frische Blutzufuhr der Überalterung Einhalt geboten wird. Noch junge Mitglieder besetzen den Platz, den die Alten mit ihrem Austritt oder Tod freimachen. Ohne diesen zwingend erforderlichen Nachrückvorgang in der Generationsabfolge kann keine Partei ihren Führungsnachwuchs rekrutieren und als mitten im Leben stehende Organisation überleben. Hält deshalb die jugendliche Nachwuchsflaute über einen längeren Zeitraum an, ist mit einer Reproduktionskrise zu rechnen, die schlimmstenfalls in der biologischen Auflösung und dem Verschwinden von Parteien enden könnte.

Blickt man auf die Jungmitgliederentwicklung der Parteien während der letzten 35 Jahre zurück, zeigen die gut dokumentierten Altersstrukturdaten von SPD, CDU und CSU in dieser Hinsicht auf, dass ausbleibender Nachwuchs immer größere Lücken in die Jungmitgliederbestände dieser Parteien gerissen hat.

Die größte Schwemme an jugendlichen Neumitgliedern erlebte zunächst die SPD, in die zwischen 1969 und 1976, ihrem Mitgliederbestjahr, mehr als 400.000 junge Menschen zwischen 16 und 30 Jahren zumeist aus dem Gymnasial- und Universitätsbereich eintraten. War diese Altersgruppe nach 1959 vor dem großen Boom mit 27,7 Prozent unter den Neumitgliedern vertreten, machte deren Anteil dann zwischen 1968 und 1976 einen Sprung von 40 auf 50 Prozent, um dann in den Neunzigern wieder auf unter 30 Prozent zurückzufallen.

Die Vorzeichen für eine Jungmitgliederkrise der SPD deuteten sich darin an, dass unter den jährlichen Neubeitritten die jüngeren Altersklassen immer weniger vertreten waren. Während in der absoluten Boomphase des Mitgliederzulaufs zwischen 1969 und 1976 der Anteil der unter Dreißigjährigen unter den Zugängen auf über 50 Prozent anstieg, fiel diese Quote danach ständig zurück, um in den 90ern die 30 Prozent zu unterschreiten. Da sich gleichzeitig die Neueintritte insgesamt stark rückläufig entwickelten, fiel die absolute Zahl der Jüngeren unter 29 Jahren, die den Weg in die SPD fanden, auf eine Größenordnung zurück, die alle Alarmglocken hätte schrillen lassen müssen. Waren es nämlich 1972 fast 80.000 dieser Altersgruppe, die der SPD beitraten, konnte die Partei nach der Jahrhundertwende froh sein, wenn sie noch 5.000 Eintritte pro Jahr aus dieser Altersgruppe in ihren Reihen verbuchen konnte. Bei den Mitglieder-Neuaufnahmen ist die Partei in der zentralen Altersgruppe der 16- bis 30jährigen seit Beginn der Neunziger weit unter die Anteilswerte zurückgefallen, die sie bereits in den Fünfzigern aufwies.

Bei der CDU sind Altersangaben über die Neubeitritte erst ab 1980 verfügbar. Ersichtlich wird an ihnen, dass auch sie das gleiche Schicksal wie die SPD ereilte. Doch halbierte sich die Gruppe der bis 29jährigen unter den Zugängen von anfangs über 50 Prozent nicht nur, sondern näherte sich nach 2000 auch noch der 20-Prozent-Marke. In absoluten Zahlen war diese Gruppe im Bestjahr 1982 mal 23.043 Neueintritte stark. Ab 2000 fiel sie dann unter 4.500 Registrierte zurück, zeigt aber jüngst wieder einen leichten Anstieg.

Die über die Jahre rückläufige Zahl von Zugängen jüngeren Lebensalters bewirkte, dass Jungmitglieder unter den Organisierten insgesamt auf eine immer kleinere Schar zurückschrumpfen. Dies lässt sich an den Jungmitgliederzahlen der CDU verdeutlichen.

Abbildung 10: Entwicklung der Jungmitgliederzahlen in der CDU
1984 bis 2004

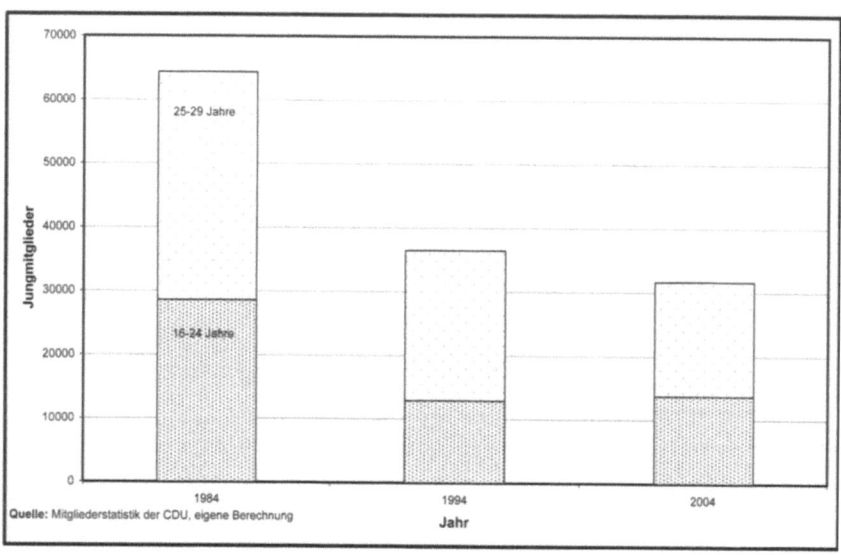

Im Zeitraum zwischen 1984 und 2004 hat die Partei eine Halbierung ihrer Jungmitglieder beider Altersklassen zwischen 16 bis 24 Jahre und 25 bis 29 Jahre zu verzeichnen. Dies schlägt sich auch im Anteilswert der bis 29jährigen unter den CDU-Mitgliedern nieder, der zwischen 1984 und 2004 von 8,4 auf 5,4 Prozent herabgesunken ist.

Für die SPD ergaben sich im Zeitraum zwischen 1974 und 2004 folgende Zahlenveränderungen:

Abbildung 11: Entwicklung der Jungmitgliederzahlen in der SPD 1974 bis 2004

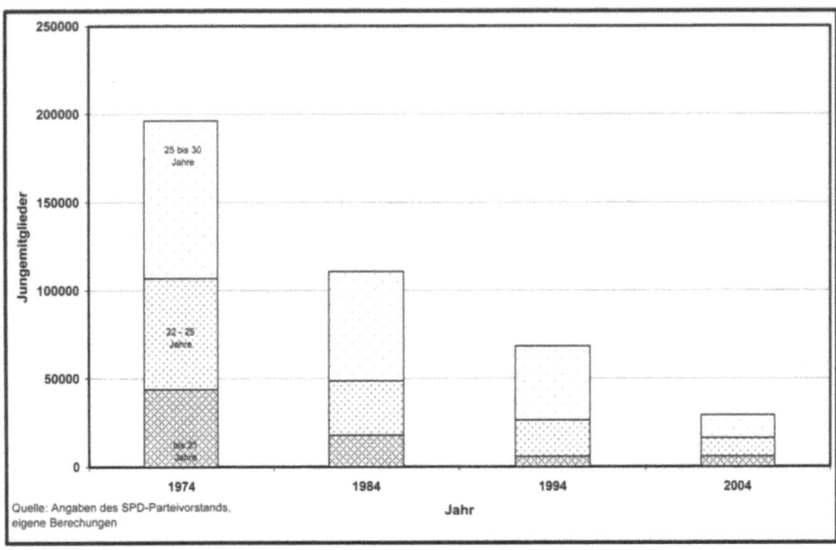

Schon ein oberflächlicher Zahlenvergleich lässt erkennen, dass es die Sozialdemokratie nach ihrem enorm hohen Jungmitgliederzuwachs im Jahre 1974 in den
darauf folgenden Jahren umso stärker beutelte. So reduzierten sich die Jüngsten
unter den Jungmitgliedern bis 21 Jahre zwischen 1974 und 2004 um fast 90
Prozent. Die Altersgruppe der 22 bis 25jährigen hat sich zwischen 1974 und
2004 auf ein Sechstel verflüchtigt. Und von den 25 bis 29jährigen ist noch ein
Siebtel übriggeblieben. Insgesamt ist der SPD von ihrem Ausgangsbestand an
bis 29jährigen noch ein Rest von 15 Prozent erhalten geblieben. Wie sehr beide
Großparteien zusammen vom Zustrom jugendlichen Nachwuchses abgeschnitten
wurden, zeigt sich daran, dass im Vergleich zu 1984 nur noch ein Drittel unter
den Eingetretenen nicht die 30 Jahre überschreitet.

Die langjährige Erosion der Jungmitgliederzahlen unter den Eintritten wirkt
sich zwangsläufig auf die Altersschichtung der Parteien aus, zumal sie sich in
kümmerlicher werdenden Form auf Mitglieder noch jungen Alters abstützen.
Diesen Prozess der Jungmitgliederausdünnung bringt die Abb. 12 zum Ausdruck.

Abbildung 12: Entwicklung des Jungmitgliederanteils der Bundestagsparteien
1980 - 2004

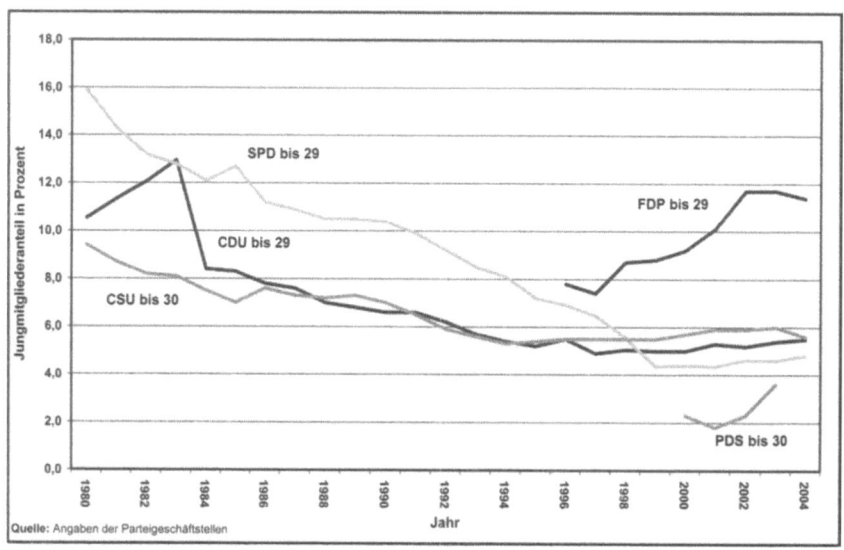

Besonders stark ins Auge springt der dramatische Substanzverlust der SPD, bei
der zwischen 1974 und 2004 die Anteilswerte für die bis 25jährigen unter den
Mitgliedern von 10,8 auf 2,7 und für die bis 29jährigen von 19,8 auf 4,6 herabgesunken sind. Die Auflösung der Jungmitgliederanteile ging so weit, dass sie
als ehemalige Partei der Jugend Ende der 90er mit der CDU einen Kampf austragen muss, wer bei den Jungmitgliedern die Nase vorn hat. Die Substanzverluste
der CDU stellen sich wesentlicher mäßiger dar, weil sich zwischen 1984 und
2004 die Werte für die 16- bis 24jährigen von 3,9 auf 2,4 Prozent und die für die
bis 29jährigen von 10,5 auf 3,1 Prozent reduziert haben. Punktuell vorliegende
Angaben von 1970 und 1980 indizieren, dass es der Partei auch schon in den
Jahren 1970 und 1980 nicht geglückt ist, den Anteil der 18-29jährigen über einen
Wert von 10,7 Prozent zu hieven (Schönbohm 1985: 195). Anders als bei der
SPD war damit der Ausgangssockel nur halb so hoch, von dem der Abstieg in
der Jungmitgliederentwicklung angetreten werden musste. Sehr ähnlich entwickelten sich die Verhältnisse bei der CSU, deren Jungmitglieder sich zwischen
1974 und 1995 anteilsmäßig von 12 auf 5,4 Prozent verringerten. Jüngere Zahlen
fehlen. Umgekehrt legt in letzter Zeit auch die FDP Altersstrukturdaten vor, die
insofern überraschen, weil sie entgegen dem Großparteientrend eine Wende zum
Positiven signalisieren. So stiegen die Jungmitgliederzahlen (bis einschließlich

24 Jahre) seit 1998 an, was sich auch in einer Anteilsverbesserung dieser Altersgruppe unter den FDP-Mitgliedern bekundet.

Wie Abb. 12 aufzeigt, beeindruckt vor allem am Verjüngungsprozess der FDP-Mitgliedschaft der Anstieg der bis 29jährigen, der sich im Anteilsanstieg dieser Altersgruppe zwischen 1996 und 2004 von 7,8 auf 11,4 Prozent ausdrückt. Inwieweit bei diesem gegenläufigen Steigerungseffekt rechnerisch auf die stark sinkende Gesamtmitgliederzahl der FDP zu achten ist, lässt sich nicht genauer untersuchen. Schließlich ist noch auf die PDS-Zahlen hinzuweisen, bei der sich die bis 30jährigen anteilsmäßig zwischen 2000 und 2004 von 2,3 auf 3,6 Prozent vermehrten. Für die Grünen sind keine Zahlen verfügbar.

Die Lichtblicke bei der FDP können das Gesamtbild kaum aufhellen, dass nämlich Jungmitglieder in den Parteien zu einem raren Gut geworden sind. So hat sich die Zahl der bis 25jährigen SPD-Mitglieder zwischen 1974 und 2004 von 106.741 auf 16.178 Registrierte (minus 95 Prozent) verringert. Die gleiche Altersgruppe hat sich in CDU und SPD zusammen zwischen 1984 und 2004 von 77.186 auf 29.947 Mitglieder (minus 39 Prozent) verkleinert.

Schreitet diese Negativentwicklung weiter fort, ist den Parteien das Schicksal von „jugendfreien" Organisationen beschieden. Nachwuchs zu gewinnen ist für Parteien aus Selbsterhaltungsgründen so elementar, dass sie sich mittlerweile ausnahmslos Jugendorganisationen zugelegt haben. Sie sollen als Rekrutierungskanal und Karrieresprungbrett für in die Politik drängende Jugendliche dienen (Bösch 2003: 73). Diese unverzichtbare Aufgabe wird jedoch in dem Maße in Mitleidenschaft gezogen, wie auch die Jugendorganisationen der Parteien von der Nachwuchskrise erfasst wurden.

Wie sehr die Parteijugend aber die letzten 30 Jahre für nachwachsende Generationen an Anziehungskraft verloren hat, wird an Abb. 13 deutlich.

Am schlimmsten stellt sich die Lage für die Jungsozialisten dar, in denen alle Jungmitglieder der SPD bis 35 Jahre erfasst sind. Reichten 1974 die Juso-Mitgliederzahlen noch über 300.000 hinaus, hat der massive Aderlass sie bis Ende 2004 auf eine Restgröße von 48.653 (minus 84,2 Prozent) von Übriggebliebenen schrumpfen lassen. Das Häuflein der Aktiven soll nicht mehr als 7.000 Personen umfassen, wobei allerdings Zahlen über Jusos ohne SPD-Parteibuch von der Parteizentrale noch nicht erfasst werden. Faktisch ist es längst so, dass die Jusos in ihrer gegenwärtigen Verfassung als Nachwuchsreserve der SPD eher hinderlich sind und dazu beitragen, das Nachwuchsterrain der Partei weiter auszutrocknen. Es zahlt sich heim, dass sich die Jusos von einem mitgliederstarken Sprachrohr der politisierten Jugend in den Siebzigern zu einem theoretisierenden Debattierclub verwandelt haben, der bei Jugendlichen an Anziehungskraft einbüßte. Zwar reagierte die Parteispitze bereits 2000 mit einem „Red Net" auf das von den Jusos mit zu verantwortende Nachwuchsfehl, das aber noch nicht den erhofften Rekrutierungserfolg zeigt.

Abbildung 13: Mitgliederentwicklung der Parteinachwuchsorganisationen 1974 -2004

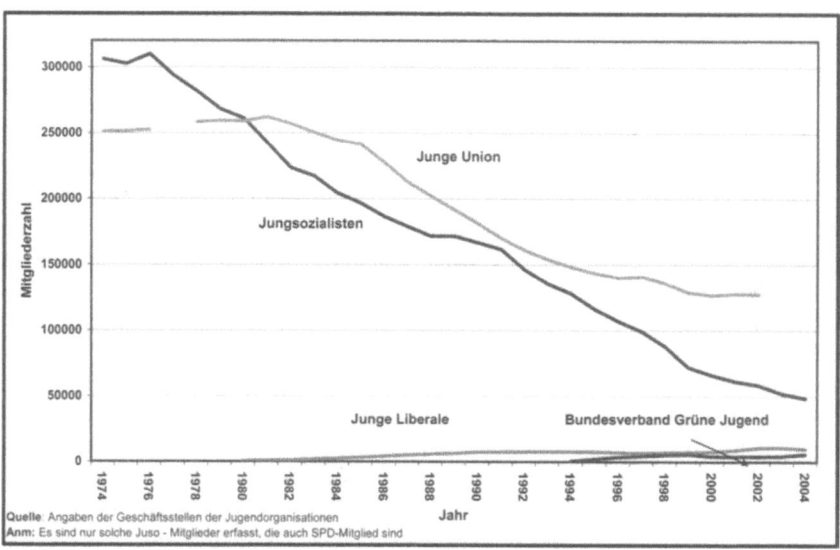

Wie Abb. 13 dokumentiert, hat die Junge Union als eigenständige Nachwuchsorganisation der CDU und CSU ebenfalls einen verlustreichen Abstiegsprozess hinter sich gebracht, der sich aber in zweierlei Hinsicht positiv von dem der Jusos abhebt. Zunächst einmal setzte der Weg nach unten erst in den Achtzigern ein, als die Juso-Zahlen schon hinter die der JU zurückgefallen waren. Und dann ist der Abstiegsprozess auch noch seit Mitte der Neunziger fast zum Stillstand gekommen, so dass die JU'ler seit der Jahrhundertwende bei runden 127.000 Mitgliedern verharren. Im Vergleich zum Bestjahr 1983 mit 261.984 Angehörigen hatte die Junge Union ihrerseits Ende 2004 einen Substanzverlust von 51,4 Prozent zu verkraften. Trotz der Halbierung bildet sie aber schon seit Jahren den stärksten parteipolitischen Jugendverband in Deutschland. Damit hält sie die weit abgeschlagenen Jusos mit einem Kräfteverhältnis von 2,6 zu 1 auf deutlichem Abstand. Mit einiger Sorge hat die CDU der Entwicklung ins Auge zu sehen, dass sich mit weiter fallender Tendenz nur noch 3 von 10 JU-Mitgliedern für eine Mitgliedschaft in der Mutterpartei entscheiden.

Abweichend vom Großparteientrend nehmen die 1980 gegründeten Jungen Liberalen (Julis) heutzutage eine Ausnahmestellung ein, da sich deren Mitgliederentwicklung seit Ende der Neunziger ins Positive kehrte. Wenn auch auf niedrigem Niveau, konnte der FDP-Jugendverband zwischen 1997 und 2004 seine Mitgliederzahlen von 6.643 auf 9.718 steigern. Auch die 1994 gegründete „Grüne Jugend" hat in jüngster Zeit mit im Jahre 2004 5.616 Organisierten Boden wieder gut gemacht, den sie zu Beginn des neuen Jahrhunderts räumen musste. Der negative Großtrend bei der Mitgliederentwicklung der Parteijugend in Deutschland bleibt hiervon jedoch unberührt, zumal sich die Gesamtzahl der jugendverbandlich Organisierten zwischen 1976 und 2004 von 561.030 auf 191.405 Registrierte und damit auf ein Drittel des Höchstbestandes reduzierte.

Um die ganze Reichweite des Jungmitgliederdefizits für die Vitalität und den Fortbestand der Parteien ermessen zu können, muss die Zeitspanne des Jungmitgliederschwunds genauer unter die Lupe genommen werden. Sowohl Abb. 12 als auch Abb. 13 zeigen an, dass die Nachwuchskrise aus einem Abstiegstrend hervorgegangen ist, der in der zweiten Hälfte der 70er Jahre einsetzte und bis heute anhält. Allerdings haben Ende der Neunziger die Verlustraten einen Tiefpunkt erreicht, der seitdem nicht mehr unterschritten wurde. In diesen dreißig Jahren des Niedergangs haben mindestens zwei Nachwuchsgenerationen das Erwachsenenalter erreicht, zu denen die Parteien faktisch den Anschluss verpasst haben. Dies spricht dafür, dass die Parteien stark an Anziehungskraft gegenüber Jugendlichen nach der 68er Generation eingebüßt haben (Wiesendahl 2001a: 13 ff). Die Organisationsunlust Jugendlicher paart sich offenbar mit einer handfesten Jungmitgliederkrise der Parteien. Durch dieses chronische Fehl an jungem Nachwuchs konnte in den Parteien keine Elterngeneration mehr heranwachsen, die, wie es früher einmal üblich war, ihre Parteizugehörigkeit an ihre Kinder hätten weitergeben können. Wie bei einem Teufelskreis wachsen durch diese Generationslücke die Nachwuchsprobleme der Parteien weiter an. Wie sehr das Jungmitgliederdefizit eine wachsende Rekrutierungsschwäche der Parteien bedingt, wird noch an einem weiteren Aspekt erkenntlich. Immer kleiner wird nämlich die Zahl der in Parteien organisierten Jugendlichen, die in ihrem Lebensumfeld oder Freundeskreisen Nachwuchs für die Parteien rekrutieren könnte. Der bleibt zukünftig wohl auch deshalb noch stärker aus, weil die jetzt erwachsen werdenden Geburtsjahrgänge zu schrumpfen beginnen und sich dadurch die Nachwuchslage der Parteien voraussichtlich auch dadurch weiter verschlechtern könnte.

4.3 Überalterung und Regenerationskrise der Parteien

Von ausbleibendem jugendlichen Nachwuchs ist es nur noch eine Frage der Zeit, bis Parteien zu altern beginnen und sich nach Jahren der Atrophie schlimmstenfalls biologisch auflösen. Für die Großparteien setzte dieser Prozess bereits vor 25 bis 30 Jahren ein und hat sich in Form einschneidender Umschichtungen in ihrem Altersaufbau niedergeschlagen. SPD und CDU, für die sich dieser Prozess lückenlos rekonstruieren lässt, erlebten zunächst in den Sechzigern durch die Mitgliederschwemme eine Auffrischungskur, die zur Verjüngung und Erneuerung der überalterten und ausgetrockneten Mitgliederbestände führte. Mit dem Auslaufen des Beitrittsbooms blieb dann, wie aufgezeigt, Jungmitgliedernachwuchs immer mehr aus, so dass der natürliche Alterungsprozess in der von Blutzufuhr abgeschnittenen Mitgliedschaft einsetzte.

Abbildung 14: Alterszusammensetzung der SPD-Mitgliedschaft 1975 - 2004

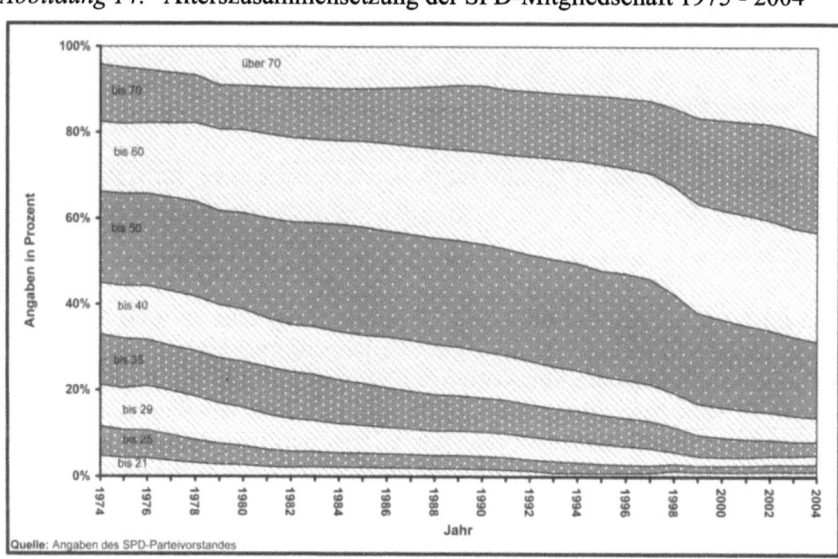

Dies lässt sich sehr gut an der sich über drei Jahrzehnte hinziehenden Alterung der Parteien ablesen. Wie Abb. 14 aufzeigt, vollzog sich bei der SPD ein schieflastiger Prozess, durch den die Altersschichtung immer mehr von Altersgruppen über 50 Jahre dominiert wurde. Aber nicht nur die Altersklasse der über 50jährigen dehnte sich aus, sondern es ist das Wachstum der über 60- und über

70jährigen, durch das der Alterungs- und absehbare Vergreisungsprozess der SPD bestimmt wird. Die Gruppe der Vorruheständler und Rentner über 60 Jahre ist zwischen 1975 und 2004 von 17,1 auf 42,7 Prozent angestiegen, ein Plus von 250 Prozent.

Abbildung 15: Alterszusammensetzung der CDU-Mitgliedschaft 1975 -2004

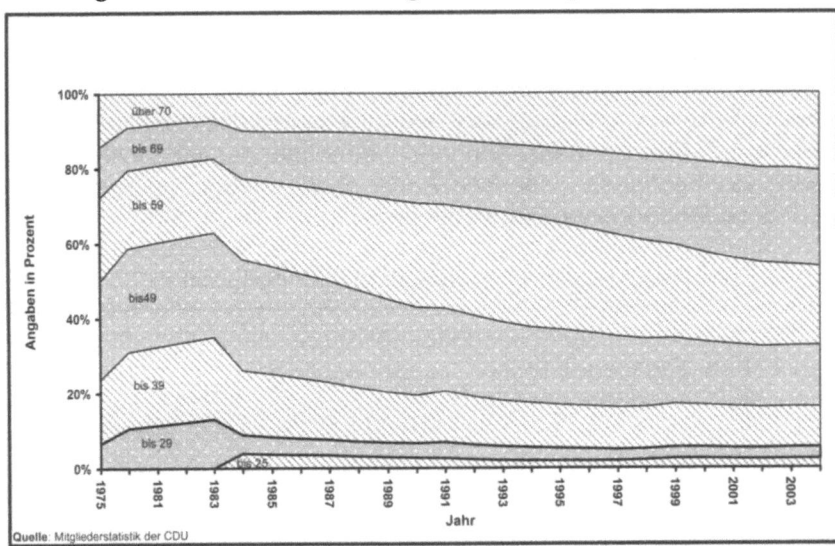

Eine ähnliche Alterung hat auch die CDU erfasst, zeigt aber ein paar Besonderheiten. Zunächst hielt bis 1983 bei ihr der Verjüngungsprozess noch an, weil sich der bis dahin fortsetzende Mitgliederzulauf in einem Wachstum der Altersgruppen bis 49 Jahre bemerkbar machte (Abb. 15). Das Ende des Booms zu Beginn der Regierungsära Kohls leitete dann einen Umschichtungsprozess ein. Seitdem befinden sich die über 50jährigen unaufhaltsam auf dem Vormarsch. So ist die Gruppe ab 60 Jahren, die zwischen 1983 und 2004 von 17,3 auf 46,6 Prozent angestiegen ist, konsequent dabei, die Vorherrschaft in der Partei zu übernehmen. Der Weg hin zur Seniorenpartei zeigt sich auch darin an, dass sich das Durchschnittsalter der CDU-Mitglieder in der gleichen Zeit von 48,7 auf 55,2 Jahre erhöht hat.

Das ganze Ausmaß der Alterung der beiden Großparteien erschließt sich erst dann, wenn man sich die Scherenbildung (Abb. 16) vor Augen führt, mit der sich die Gruppenstärke der bis 30jährigen und der der Mitglieder ab den Sechzigern auseinander entwickelt hat.

Abbildung 16: Anteil der unter 30- und über 60jährigen unter den Mitgliedern von CDU und SPD 1975 - 2004

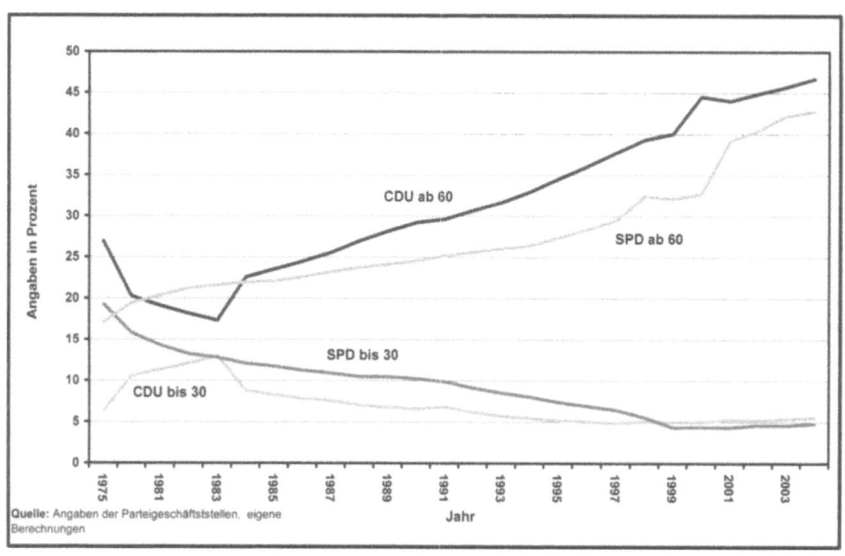

Während sich bei beiden Parteien ein Schrumpfen der Jungmitgliederanteile ergab, wuchsen gleichzeitig die Altenanteile in die Höhe. Die CDU ist seit 1984 schneller und stärker als die SPD ergraut, was letzterer aber wenig Trost zu spenden vermag. Bewegen sich doch beide Parteien auf Altenheime zu, in denen die wirklich betagten Mitglieder über 70 einen wachsenden Anteil des schrumpfenden Mitgliederbestands ausmachen. So war die wirkliche Parteijugend bis 21 Jahre bei der SPD 1974 noch 43.717 Personen stark, während die 70jährigen und Älteren auf die Zahl von 38.738 Registrierten kamen. Ende 2004 beträgt das Verhältnis 5.752 zu 127.574. Das heißt die SPD verfügt über 22 Mal so viele Betagte über Siebzig als Jugendliche bis 21 Jahre. Für die CDU ergab sich 1984 eine Zahlenrelation zwischen den 16 bis 24jährigen und 70jährigen und Älteren von 28.564 zu 72.540 Mitgliedern. Ende 2004 hat sich das Verhältnis auf 13.769 zu 119.953 umgedreht. Einem Jungmitglied bis 24 Jahre stehen neun Mitglieder über 70 Jahre gegenüber. Die ungebremste Überalterung veränderte so sehr das Gesicht von CDU und SPD, dass sie dem Umstand durch Einrichtung von Altenzirkeln Rechnung trugen. Die CDU gründete 1988 als erste ihre „Seniorenunion", während die SPD 1994 mit ihrer AG „60 plus" nachzog. Selbst die Bündnisgrünen erkannten die Zeichen der Zeit und schufen sich Mitte 2004 den Verein „Grüne Alte".

Die regelrechte Umwandlung zur Seniorenpartei scheint dagegen bei der PDS bereits abgeschlossen. Nicht nur weist sie mit 80 Prozent von über 60jährigen eine Existenz gefährdende Überalterung auf, sondern basiert dazu noch zu 87 Prozent auf SED-Altmitgliedern, die vor 1990 bereits über ein Mitgliedsbuch verfügten (Chrapa/Wittich 2001: 22, 25 f). Die bis 40jährigen repräsentieren Ende 2003 in der Partei eine kleine Minderheit, die mal gerade an 7,2 Prozent der Mitglieder heranreicht.

Die Verzerrung des Alterskegels zu Gunsten der Alten und ganz Alten konfrontiert die Parteien mit dem Problem, ihr physisches Überleben zu sichern. Denn die seit Jahrzehnten anhaltende Nachwuchskrise der Parteien lässt die vor langer Zeit Eingetretenen Jahr für Jahr älter werden, bis sie bei ihrem Lebensabend anlangen. Infolgedessen haben ganze Gruppen mittlerweile ein dermaßen weit fortgeschrittenes Lebensalter erreicht, bei dem die Parteien über kurz oder lang mit deren Ableben rechnen müssen. Zukünftig wird sich die Zahl der Abgänge wegen der sich häufenden Todesfälle deutlich erhöhen. Die, die zuhauf in den 70ern und frühen 80ern den Parteien beigetreten sind, verschwinden jetzt Schritt für Schritt durch natürliche Abgänge von der Bildfläche. Infolgedessen laborieren die überalterten Parteien längst an einem Bestandsproblem, weil sie die sich lichtenden Reihen durch dafür notwendigen Nachwuchs nicht wieder zu schließen vermögen.

Die Regenerationskrise greift im Binnenleben der Parteien auch deshalb Platz, weil ihr Mitgliederstamm mehrheitlich aus Altmitgliedern besteht. So bildet jene Generation die bei weitem stärkste Gruppe in der SPD, die vor 20 Jahren und früher der Partei beigetreten ist (Polis 2000: 4). Bei der CDU können Ende 2002 47 Prozent der Mitglieder auf eine Verweildauer in der Partei von über 20 Jahren zurückblicken. Ohne das Nachrücken einer genügend großen Nachfolgegeneration blieb die längst ergraute Eintrittsgeneration aus den hochpolitisierten Aufbruch- und Unruhejahren der späten 60er und dann 70er unter sich. Für die Lebendigkeit und geistige Frische der Parteien hat dies fatale Folgen. Halten doch die Altgedienten lebensgeschichtliche Erfahrungen und Orientierungsmuster wach, die sie noch in der damaligen Hochmobilisierungszeit der längst vergangenen 70er und 80er Jahre gesammelt haben. Sowohl SPD als auch CDU verkörpern Generationsparteien, die für einen überholten Abschnitt westdeutscher Nachkriegsentwicklung stehen.

Die Parteien stellen sich nach dem Auslaufen des großen zweiten Mitgliederzyklus in einer Verfassung dar, die allen Anlass zur Besorgnis gibt. Dem nicht zu leugnenden Niedergang und der Auszehrung an Mitgliedern steht aber die Tatsache gegenüber, dass die Parteien gegenwärtig immer noch deutlich mehr Menschen in ihren Reihen organisieren als zu Beginn der Zeitreise ihres zweiten Mitgliederzyklus. Beruhigen kann dies indessen nicht, weil die Alterung der Parteien über kurz oder lang dazu führt, dass auch noch die letzten Reste des in den 70ern aufgetürmten Mitgliederbergs abgetragen sein werden. Neumitglieder bleiben aus und Altmitglieder sterben ihnen weg, und nirgendwo ist ein Wendepunkt in Sicht, der ein Turnaround im Mitgliederniedergang anzeigen würde. Nicht einmal absehbar ist, wann und an welchem kritischen Punkt die Mitgliederauszehrung Halt machen wird. Stattdessen nähern sich die durch Schwund und Nachwuchsebbe gebeutelten Parteien erst noch einer veritablen Regenerations- und Bestandskrise. Die Alterung setzt speziell den Großparteien zu, und mit ihrer Sklerotisierung stehen sie vor der Gefahr, als lebendige Mitgliederparteien zu kollabieren. Noch viel schlimmer ist, dass der Altenheimcharme der Parteien auf die sowieso im Argen liegende Jungmitgliederrekrutierung eine abschreckende Wirkung entfaltet (Wiesendahl 2003. 33 f). Mit diesem Teufelskreis folgt auf die physische auch noch die innere geistige Erstarrung der Parteien. Längst sind sie wegen der Kohortenverengung ihres Mitgliederbestandes auf eine überalterte Eintrittsgeneration dem Problem ausgesetzt, auch gesellschaftlich ins Hintertreffen zu geraten. Denn verengt auf Ältere und ganz Alte degenerieren die Parteien zu Altenparteien. Wohl bilden sie damit das wachsende Altensegment der Gesellschaft ab, verfügen aber in ihrem Inneren nicht mehr über eine für den überfälligen Generationswechsel erforderliche Repräsentationsspanne. Infolgedessen werden in den bald mehrheitlich von Senioren und Altmitgliedern dominierten Parteien überständige Zeit- und Erfahrungshorizonte perpetuiert, die wie Filter wirken, um gewandelte Realitäten und Lebensverhältnisse, Problemlagen und Konflikte der Gegenwart aufgeschlossen und unverzerrt gewahr zu werden und zu verarbeiten.

5 Hintergründe des Mitgliederschwunds

Die Parteien sind mit einer bei weitem noch nicht ausgestandenen Krise ihrer Mitgliederentwicklung konfrontiert, die geradezu danach verlangt, auf ihre Hintergründe und Ursachen hin ausgeleuchtet zu werden. Eine genauere Identifikation der Krisengründe könnte nämlich darüber Aufschluss geben, wie sich die Dinge weiter entwickeln werden und ob sich der Abstiegstrend noch stoppen lässt. Zudem ließe sich an der Art der Ursachen ablesen, inwieweit die Mitgliederrezession für die Parteien beeinflussbar ist, oder aber sie ihr hilflos ausgeliefert sind, weil die hauptsächlichen Ursachen gesellschaftlicher Natur sind und außerhalb ihres Einflussbereiches liegen. Trotz einer schon länger geführten Debatte unter Parteien- und Partizipationsforschern fällt die Suche nach den signifikanten Ursachen der Mitgliederkrise nicht leicht, weil sich wechselseitig überlagernde interne und externe, endogene und exogene Ursachen ineinander greifen und sich infolgedessen simple monokausale Erklärungen des Krisenphänomens von vornherein verbieten.

Die Suche nach den Ursachen führt auf ein verschlungenes Gebiet, auf dem bisher noch keine wirklich gesicherten Erkenntnisse zu Tage gefördert wurden. So löste etwa der dramatische Mitgliederverfall der dänischen Parteien seit den Siebzigern eine breitere Ursachendebatte aus, die sich in voneinander isolierten sozialstrukturellen, massenkommunikativen und anreiztheoretischen Erklärungsansätzen erschöpfte (Sundberg 2002: 195). Die Hintergrundanalyse wird aber auch, wenn man die Krise der deutschen Parteien untersucht, dadurch erschwert, dass der Mitgliederniedergang jetzt schon ein viertel Jahrhundert anhält. Es kann deshalb bei einem dermaßen langen Zeitabschnitt davon ausgegangen werden, dass sowohl stabile gesellschaftliche Langfristtrends als aber auch sich ablösende oder überlagernde Kurzzeitfaktoren bei der Verursachung des Schwunds eine Rolle spielen müssten. Weiterhin ist zu beachten, inwieweit zeitlich länger zurückliegende und aus einem bestimmten akademischen Diskussionszusammenhang heraus entstandene Erklärungsansätze mit den gewandelten gesellschaftlichen Gegebenheiten noch übereinstimmen oder durch den über sie hinweggegangen Gezeitenwechsel an Erklärungskraft eingebüßt haben. Diskussionsbedürftig ist obendrein, ob sich bei dem charakteristischen Auf und Ab in der zyklischen Mitgliederentwicklung der letzten vierzig Jahre die Frage nach den Hintergründen des Schwunds überhaupt losgelöst von den Gründen des vorangegangenen spektakulären Mitgliederbooms beantworten lässt. Und bei den unterschiedlichen Rahmenbedingungen der Mitgliederkrise der West- und Ostparteien in Deutschland werden dementsprechend unterschiedliche Erklärungsfaktoren heranzuziehen sein.

Gerade wenn all dem Rechnung getragen würde, ist die Gefahr, dass sich die Ursachensuche ins Uferlose ausdehnt, solange nicht gebannt, wie nicht genauer eingegrenzt wird, was an der Mitgliederkrise erklärungsbedürftig ist. Denn das in nackte Zahlen oder Anteilswerte gekleidete Phänomen des Mitgliederschwunds ist viel zu unbestimmt, um es auf seine Hintergründe ausleuchten zu können. Nach Lage der Dinge geht es nicht um die Erklärung der Mitgliederverluste schlechthin, sondern darum, warum im Vergleich zu den späten Sechzigern und Siebzigern seit den 80er Jahren Bürgerinnen und Bürger in geringerer Anzahl den Schritt zum Parteieintritt vollzogen haben und sich stetig immer weniger in Parteien politisch engagieren.

Verengt man die Ursachenanalyse auf dieses zentrale Beitrittsproblem, geht es, genauer besehen, um die Hintergründe eines der Veränderung unterworfenen Verhaltens, nämlich dem Eintritt in Parteien. Nun handelt es sich bei der Zielgruppe, die für solch einen Parteibeitritt in Frage kommt, um eine relativ kleine Minderheit, zumal sich, wenn es den Menschen freigestellt ist mitzumachen, immer nur wenige unter den Bürgerinnen und Bürgern sind, die sich für einen Parteieintritt erwärmen können. Für den Fokus der Ursachenanalyse bedeutet dies, den Erklärungszusammenhang auf den Kreis der Beitrittswilligen einzugrenzen und zu fragen, warum unter diesen immer weniger tatsächlich das Mitgliederbuch einer Partei erworben haben. Auch aus dem Blickwinkel der Parteien kommt es auf die Analyse dieser Beitrittsgeneigten an, die für sie einen überlebensnotwendigen Nachwuchspool und ihre natürliche Rekrutierungsreserve bilden. Pragmatisch betrachtet handelt es sich um ein erwartungsgemäß kleineres Bevölkerungssegment, das für sich eine Parteimitgliedschaft nicht ausschließt. Wie leider nicht fortgeführte Umfragedaten des Instituts für Demoskopie Allensbach bis 1993 belegen (Wiesendahl 1997: 355), ist für etwa rund 15 Prozent der Bundesbürger ein Parteieintritt denkbar. Geht es um die Übernahme eines politischen Amts, ist solch ein Schritt nach neueren Befragungsbefunden, bezogen auf die Jahre zwischen 1998 und 2003, sogar für 29 bis 19 Prozent der erwachsenen Bevölkerung vorstellbar (Forschungsgruppe Wahlen 2004. 80 ff).

Grundsätzlich verfügen Parteien also über ein von der Größenordnung nicht unerhebliches Nachwuchspotential an Eintrittsgeneigten, die allerdings über die unverbindlich erklärte Bereitschaft hinaus diesen Schritt auch wirklich vollziehen müssen. Wird dies in gesteigerter Form unterlassen, ist nach den Gründen zu suchen, warum sich zwischen der Gruppe der Eintrittswilligen und den tatsächlich in Parteien Organisierten eine wachsende Rekrutierungslücke auftut. Dies genau bildet den Kern des Problems, seitdem die Parteien eine Eintrittsebbe erleben, die sich zu einer Nachwuchskrise auswuchs.

Für die Erklärung der Rekrutierungskrise der Parteien lassen sich zahlreiche und verschiedenartige Gründe anführen, die sich auf das veränderte Beitrittsverhalten der Eintrittsinteressierten unmittelbar und mittelbar auswirken. Im Folgenden werden gängige Erklärungsansätze für den Mitgliederniedergang der Parteien vorgestellt, die es in der breit angelegten Ursachendebatte zu einiger Relevanz gebracht haben. Sie werden auf ihre Prämissen, Aussagenlogik und empirische Substanz hin untersucht, weil zu prüfen und zu beantworten ist, ob sie auch wirklich zur Erklärung des Schlüsselproblems des Mitgliederschwunds, nämlich der Nachwuchs- und Rekrutierungskrise der Parteien, beitragen.

Um Übersicht in das ganze Bündel von Erklärungsfaktoren für die Mitgliederkrise der Parteien zu bringen, unterscheiden Seyd und Whiteley (2004: 357) nach einer Anregung von Scarrow (2000: 83) nachfrage- und angebotsbezogene Ursachen. Dabei zugrunde gelegt wird die Idee eines politischen Marktes, auf dem Parteien unter Konkurrenzbedingungen nach Mitgliedern nachfragen würden. Umgekehrt verkörperten die Bürger die Angebotsseite des Marktes, deren Eintrittsentscheidungen von gesellschaftlichen Einflussfaktoren bestimmt würde. Hier wird aber dieses diskussionsbedürftige Angebots-Nachfrage-Modell nicht weiter verfolgt, weil es von der Nachfrageseite der Parteien her mit Prämissen wie dem Nutzenverlust von Parteimitgliedern oder der Erschließung alternativer Geldquellen operiert, die in Wirklichkeit zur Erklärung ausbleibender Mitglieder wenig beitragen. Sinn macht es dagegen sicherlich, Gründe danach aufzuschlüsseln, inwieweit sie einerseits auf die Nachfrage bzw. Neigung zum Parteibeitritt und andererseits auf das durch die Parteien bereit gestellte Angebot an Mitwirkungsmöglichkeiten einwirken. Der Fokus der Analyse würde dann aber nicht mehr auf einem schlichten mikroökonomischen Nachfrage-Angebots-Modell, sondern auf dem Zusammenspiel zwischen organisatorischen Anreizen und den individuellen Beweggründen zum Parteibeitritt fußen.

Bevor jedoch die endogenen und exogenen Erklärungsansätze im Einzelnen zu Worte kommen, soll zunächst noch ein Blick auf die Mitgliederentwicklung in den europäischen Nachbarländern geworfen werden. Zu prüfen ist nämlich, inwieweit Parteien über nationalstaatliche Grenzen hinweg einem synchronen Niedergangsprozess ausgesetzt waren, was auf ein allgemeingesellschaftlich bedingtes Abstiegsphänomen der Mitgliederparteien hindeuten würde.

5.1 Mitgliederniedergang im europäischen Vergleich

Die Parteien in Deutschland haben zwischen 1968 und 2004 einen Konjunktur-zyklus in ihrer Mitgliederentwicklung hinter sich gebracht, der nach einem kurzen Boom in den 70ern von den 80ern an in einen Abstieg in die Mitgliederzahlen und einer deutlichen Beschädigung der Organisationsstärke der Parteien endete. Die Suche nach den Hintergründen dieses Niedergangs wirft die Frage auf, inwieweit sich dieser Prozess auch bei den Parteien in den europäischen Nachbarländern in vergleichbarer Form abgespielt hat. Gäbe es einen allgemeinen synchronen Niedergangstrend, könnte daraus mit großer empirischer Evidenz auf eine Krise der Mitgliederpartei schlechthin geschlossen werden. Immerhin wird diese allgemeine Krise der Parteien auf Massenmitgliederbasis von Epstein (1979: 127) bereits Mitte der 60er prognostiziert, zumal diese ihre Hochzeit längst hinter sich gebracht hätten. Zudem würde solch ein gleichgerichteter Trend darauf hindeuten, dass dabei generell Kräfte am Wirken sind, die losgelöst von nationalen Besonderheiten den Mitgliederparteien zusetzen.

Es bietet sich also geradezu aus einer europäischen Vergleichsperspektive an zu prüfen, ob es bei dem Mitgliederschwund um ein säkulares Abstiegsphänomen der Mitgliederparteien geht, von dem Parteien, welcher nationalen Einbettung auch immer, gleichermaßen ergriffen wurden. In die Vergleichsbetrachtung fließen einerseits absolute Mitgliederzahlen ein. Diese machen speziell für Einzelparteidarstellungen Sinn, um deren Mitgliederentwicklung über einen längeren Zeitraum, und das im Vergleich zu anderen, nachzuvollziehen. Die Größe der absoluten Zahlen sagt aber solange nicht viel über den gesellschaftlichen Stellenwert von Parteien aus, wie nicht als Bezugsgröße die Zahl potenzieller Mitglieder, also die wahlberechtigte Bevölkerung eines Landes, mit in die Untersuchung einbezogen wird (Poguntke 2000: 218 f). Deshalb hat sich in der komparativen Parteienforschung als gebräuchlichster Vergleichsmaßstab der Organisationsgrad der Parteien durchgesetzt (Katz/Mair 1992: 331), der sich aus der Relation von absoluten Mitgliederzahlen und der Zahl der Wahlberechtigten errechnet.

Da es hier aber nicht um den Vergleich von Parteifamilien, sondern um die vergleichende Analyse länderspezifischer Trends in den Parteimitgliedschaften geht, wird ein spezielles Augenmerk auf den Mitglieder/Wähler Organisationsgrad der nationalen Parteisysteme als Ganzes gerichtet. Dieser Wert ist auch als Basis in die Abbildung 17 hinein geflossen.

Abbildung 17: Organisationsgrad politischer Parteien in Westeuropa
1960 - 2003

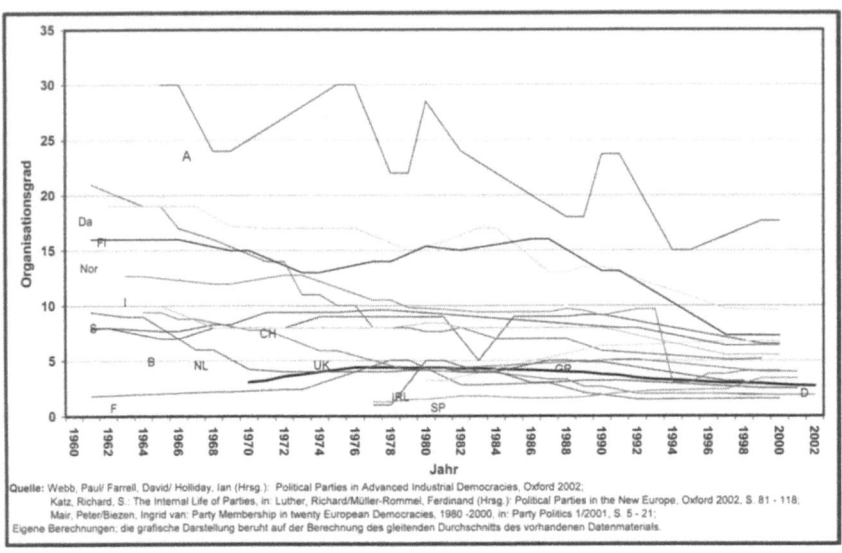

Quelle: Webb, Paul/ Farrell, David/ Holliday, Ian (Hrsg.): Political Parties in Advanced Industrial Democracies, Oxford 2002;
Katz, Richard, S.: The Internal Life of Parties, in: Luther, Richard/Müller-Rommel, Ferdinand (Hrsg.): Political Parties in the New Europe, Oxford 2002, S. 81 - 118;
Mair, Peter/Biezen, Ingrid van: Party Membership in twenty European Democracies, 1980 -2000, in: Party Politics 1/2001, S. 5 - 21;
Eigene Berechnungen; die grafische Darstellung beruht auf der Berechnung des gleitenden Durchschnitts des vorhandenen Datenmaterials.

Schon ein kurzer Blick auf die Entwicklung der Organisationsstärke der Parteien
in verschiedenen europäischen Nachbarländern zeigt an, dass die Fähigkeit, die
Wählerschaft in den eigenen Reihen zu organisieren, stark variiert und sich über
eine große Spannweite erstreckt. So wird das Ranking von den Parteien Österreichs angeführt, die im Jahre 2000 einen Organisationsgrad von 17,7 Prozent
aufweisen, gefolgt von Finnland mit 9,6 Prozent. Im Mittelfeld liegen Norwegen
(7,3), Griechenland (6,8), Belgien (6,6), die Schweiz (6,4) und Schweden (5,5).
Die Schlussgruppe bilden schließlich die Bundesrepublik Deutschland (2,8), die
Niederlande (2,5), Großbritannien (1,9) und Frankreich (1,6). Zudem sperren
sich die einzelnen Entwicklungslinien der Länder gegen den Befund, dass die
Parteien über die ganze Länge des Beobachtungszeitraums von 1960 bis 2002
einen gleichgerichteten synchronen Abstiegsprozess durchgemacht haben, der in
einer allgemeinen Mitgliederkrise endete. Hiergegen sprechen schon die auffallend zyklischen Verlaufsmuster. Aus diesem Grund lässt sich auch nicht die von
Vertretern der Ende-der-Mitgliederpartei-Debatte vorgebrachte Vorstellung
bestätigen, dass es für Parteien ein goldenes Zeitalter der Mitgliederentwicklung
gab, dem dann über einen linearen Abstiegsprozess eine Zeit des Niedergangs
und des Elends folgte.

Auch lässt sich augenscheinlich nicht das für Deutschland typische Muster eines Konjunkturzyklus mit anfänglich starkem Aufschwung und dann lang anhaltendem Abschwung in der Mitgliederentwicklung für Europa verallgemeinern. In der Tat gelangte Katz (1990: 147 f) bei der Analyse des Organisationsgrads von 29 Parteien verschiedener nationaler Herkunft über einen 40-Jahreszeitraum von 1945 bis 1984 hinweg zu dem Ergebnis, dass sie in ihrem Verlauf nach bestimmten Mustern differieren. Bei einer Siebenergruppe sei über die letzten 40 Jahre ein stetiger Niedergang zu beobachten. Bei einer weiteren Zwölfergruppe habe sich der Organisationsgrad zyklisch mit einer Aufstiegs- und Abstiegsphase vollzogen. Eine dritte Sechsergruppe hätte einen stetigen Zuwachs zu verzeichnen. Und eine letzte Restgruppe, darunter die deutschen Parteien, hätten einen mäßigen Mitgliederabstieg mit einem dann folgenden Anstieg der Zahlen erlebt. Mit Blick auf die zweite Hälfte des Beobachtungszeitraums vermutet Katz den Beginn einer allgemeinen Abstiegstendenz, zumal in dieser Zeit 20 von 29 Parteien einen Mitgliederschwund erlitten hätten. Allerdings seien die belgischen und deutschen Parteien als abweichende Fälle von diesem Trend ausgenommen.

Ein neuerlicher Vergleich von sechs europäischen Ländern durch Mair (1994: 5) spricht aber für eine uneinheitliche Entwicklung der Parteimitgliederzahlen. Mit Blick auf die gleichen Zahlen lässt sich nach Widfeldt (1995: 138 f) sehr zurückhaltend eine Stagnation bzw. ein leichter Rückgang der Organisierten für die 80er Jahre feststellen. Nach Tan (1997: 366) lässt sich aus der Mitgliederentwicklung der westeuropäischen Parteien in den 80ern die Abschwungphase eines Zyklus, der in den 70ern mit einem Aufschwung begann, herauslesen.

Bei der Mitgliederentwicklung in den 90ern zeigt sich nach weit verbreiteter Auffassung eine Angleichungstendenz in den absoluten Zahlen, durch die die Parteien in ganz Westeuropa in einen beträchtlichen Abwärtssog hineingezogen worden seien (Mair/van Biezen 2002: 6; Scarrow 2000: 88 f). Auch die Entwicklung des Organisationsgrads der Parteien (Abb. 17) weist in die gleiche Richtung. Demnach würde das 20. Jahrhundert für die Mitgliederparteien Europas in einer allgemeinen Mitgliedertristesse enden. Jedenfalls bildet der nicht zu übersehende Negativtrend in den 90ern den Ausgangspunkt, um den Mitgliederorganisationen der Parteien generell einen Niedergang zu bescheinigen (Mair 1997: 124). Grabow (2000: 289) schließt sich diesem Urteil an, zumal der „Trend ... klar in Richtung der Auflösung der Massenmitgliedschaft" weise. Und was die Konsequenzen dieser Abwärtsentwicklung angeht, sehen Mair und van Biezen (2001: 6) hierin die Vorboten für ein „widespread disengagement from party politics".

Was diese Trendaussage jedoch außer Acht lässt, ist, dass sich hinter dem allgemeinen Sog weiterhin erklärungsbedürftige Sonderentwicklungen verbergen. So zeigen die skandinavischen Länder einen nicht gleichgerichteten Entwicklungsprozess, zumal Dänemark mit seinem frühen Kollaps der in Parteien Organisierten aus dem Trend herausbricht. Schweden ereilt das gleiche Schicksal seit Ende der 80er Jahre (Sundberg 2002: 196). Die traditionell hohen Mitgliederzahlen der norwegischen Parteien haben sich zwischen 1980 und 1999 insgesamt von 461.000 auf 237.000 Organisierte zurückentwickelt (Heidar/Saglie 2003b: 224). Während der Zeit jedoch, als die schwedischen, norwegischen und finnischen Parteien noch Zugewinne zu verzeichnen hatten (Sundberg 1987: 19), hatten die einstmals starken dänischen Parteien ihr Hoch längst hinter sich und seit den 1950ern einen massiven Mitgliederschwund zu verkraften (Togeby 1992: 3 f). Deren Organisiertenzahl sank zwischen 1960 und 1990 von 600.000 auf 220.000, um im Jahre 2000 bei 180.000 zu enden. Waren 1947 noch 27 Prozent der Dänen Mitglied einer Partei, ist der Anteil Ende der 80er auf 7 Prozent und schließlich 2000 auf 5 Prozent herabgesunken (Togeby 1992: 1 ff; Bille 1994: 137; Pedersen u.a. 2004: 368).

Gegenläufig zum Trend haben sich die Mitgliederzahlen auch bei der britischen Labour Party entwickelt. In England erlebten sowohl die Konservativen als auch Labour über die letzten 35 Jahre einen krassen Auflösungsprozess ihrer Mitgliederbasis (Webb 2002: 24; Seyd/Whiteley 2004: 356). Dann trat mit New Labour unter Blair ab 1995 eine positive Wende ein, die die individuellen Mitgliederzahlen bis 1998 um ein Drittel auf über 400.000 nach oben steigen ließen. Dieser Höhenflug hielt allerdings nicht lange an, so dass Ende 2002 die Zahlen mit rund 250.000 wieder hinter diejenigen zurückgefallen sind, die 1990 den Krisentiefstpunkt der Partei markierten (Jun 2004: 183).

Ein Land wie Spanien steht für einen weiteren gegenläufigen Trend, zumal sich zwischen 1980 und 2000 die Parteimitgliederzahlen spektakulär um mehr als das Eineinhalbfache vermehrten. Dies hatte die Verdopplung des Organisationsgrads von 1,7 auf 3,4 Prozent zur Folge (van Biezen 2003; Holliday 2002: 257). Noch als weiterer Sonderfall sei Italien erwähnt, bei dem nach dem Legitimitätsverfall des alten Parteiensystems die traditionell hohen Mitgliederbestände der Kommunisten, Christdemokraten und Sozialisten zunächst implodierten (Bardi 2002: 54). Bis zum Ende der 90er gelangt es dann jedoch der Alleanza Nationale (AN) und der Forza Italia ihre Mitgliederbestände beachtlich zu erhöhen. In der Nahaufnahme nimmt sich die Wirklichkeit jedenfalls viel differenzierter und komplexer aus, als einem pauschale Trendaussagen Glauben machen wollen.

Der Blick auf die europäischen Vergleichszahlen hat jedenfalls erbracht, dass Deutschland, sowohl was Zeit und Verlauf des Mitgliederzyklus von 1968 bis 2004 als auch die Höhe des Organisationsgrads angeht, eine Ausnahmestellung einnimmt. So wurden die westdeutschen Parteien zu einem Zeitpunkt von einer wahren Eintrittsschwemme überrascht, zu dem in den allermeisten europäischen Ländern gerade ein länger anhaltender Niedergangsprozess einsetzte. Und auch beim Abstieg tanzen die westdeutschen Parteien aus der Reihe, weil bei ihnen der Mitgliederschwund deutlich vor der Zeit einsetzte, zu der anderswo die Mitgliederzahlen zu erodieren begannen. Selbst Ähnlichkeiten mit dem weiteren Sonderfall Belgien halten sich in Grenzen, zumal die belgischen Parteien zwischen 1961 und 1991 eine bemerkenswerte Konstanz ihrer Organisationsstärke um die 9 Prozent herum beibehalten konnten. Im Unterschied zu Deutschland verkehrte sich die Mitgliederentwicklung erst in den 90ern ins Negative (Deschouver 1994: 102; 2002: 163).

Von einem gleichgerichteten epochalen westeuropäischen Abstiegstrend seit den 90ern, in den Deutschland hineingezogen wurde, lässt sich deshalb als Erklärungshintergrund schwerlich ausgehen, weil der Mitgliederabschwung schon in den frühen 80ern einsetzte. Angesichts des stark streuenden Organisationsgrads der westeuropäischen Parteien (Katz/Mair 1992: 333 f) und der teils asynchron und teils nicht gleichgerichteten Mitgliederentwicklung in Europa, sind Zweifel an der These angebracht, dass sich Mitgliederverluste allein auf allgemeingesellschaftliche Wandlungsfaktoren zurückführen lassen, die für alle europäischen Nachkriegsgesellschaften gleichermaßen Wirkungskraft entfalten würden.

Seit den 90ern ist Deutschland allerdings integraler Bestandteil eines allgemeinen Mitgliederkrisenphänomens, das die Frage nach dem Fortbestand von Parteien auf breiter Mitgliederbasis aufwirft. Die Mitgliedererosion setzt den meisten Parteien in Europa kräftig zu. Nur geben die absoluten Zahlen und die Organisationsgrade, und das gilt auch für Deutschland, noch nicht genügend her, um von Auflösungserscheinungen sprechen zu können. Die kritische Marge für angehäufte Mitgliederverluste setzen Katz und Mair (1992: 332) bezeichnenderweise so hoch, dass hierunter nur Großbritannien und Dänemark als Extremfälle fallen, die einen Mitgliederkollaps erlitten hätten.

Deutschland bildet vor diesem Hintergrund auch deshalb einen Sonderfall, weil, mit Ausnahme deutscher, spanischer und griechischer Parteien, alle anderen europäischen Parteien Ende der 90er im Vergleich zu den 60ern Verluste hinzunehmen hatten (Katz 2002: 101). Trotz der immer noch 1,5 Millionen Parteimitglieder in Deutschland bleibt das Land gleichwohl nicht krisenverschont, zumal die Verluste von 740.239 Parteimitgliedern seit 1990 die ohnehin im internationalen Vergleichsmaßstab schwache Organisationspotenz der deutschen Parteien weiter unterminieren. Schließlich führt das vereinigte Deutschland Ende der 90er mit einem Organisationsgrad unter 3 Prozent in Europa eine Länderschlussgruppe an, in der nur noch die Niederlande, Großbritannien und Frankreich schlechter dastehen (Mair/van Biezen 2001: 9). Angesichts der niedrigen

Ausgangsniveaus der gesellschaftlichen Verankerung der Parteien in Deutschland spielt sich deshalb der auf den ersten Blick so imposant wirkende Mitgliederzyklus der 70er Jahre in einem Größenordnungsbereich ab, der schon vom Organisationsgrad her von den allermeisten Ländern Westeuropas weit überschritten wurde.

Für die weitere Ausleuchtung der Hintergründe der Mitgliedermisere ergibt sich die Konsequenz, dass sich das, was sich in den letzten 35 Jahren in Deutschland vollzogen hat, weder ohne weiteres auf die Entwicklung in anderen Ländern übertragen, noch sich aus den Ursachen allgemeiner Trends allein erklären lässt. Zu berücksichtigen wird sein, dass es um den Wirkungszusammenhang mehrerer Faktoren geht, und das auf jeden Fall unter Einschluss nationaler Besonderheiten und Traditionen.

5.2 Anreizschwäche der Parteien

Mitgliederparteien stehen unter Druck, weil sie sich, wenn sie um Mitglieder werben, mit einigen schwierigen Schwellenproblemen herumzuschlagen haben. Diese Hürden sind generell so hoch, dass es nur eine vergleichsweise kleine Zahl von Menschen ist, die sich überhaupt zur Mitarbeit in Parteien bereit findet. Wenn Interessierte den Schritt zum Eintritt in eine Partei vollziehen, ist aus anreiz-beitrags-theoretischer Sicht zu vermuten, dass dieser Entscheidung einige Vorüberlegungen vorangegangen sind, die sich darauf beziehen, was einen als Parteimitglied alles erwartet und welchen Sinn und Nutzen man aus einer Mitarbeit ziehen könnte.

Es spricht jedenfalls vieles dafür, dass man sich sehr gut überlegt, warum man sich einer Partei anschließen sollte. Geht man individualpsychologisch von der These aus, dass Menschen nur Dinge aus freien Stücken tun, die für sie lohnenswert sind, ist auch der Parteieintritt so zu behandeln. Dieser Logik folgend wäre ein Parteieintritt Ausfluss eines durchdachten Entscheidungsprozesses, bei dem ein mit dem Gedanken an einen Beitritt Spielender zuvor mögliche Vor- und Nachteile einer Parteimitgliedschaft gegeneinander aufgewogen hat. Und eine Eintrittsentscheidung fiele nur dann positiv aus, wenn bei der Abwägung von Vorteilen und Nutzen einerseits und Aufwendungen und Kosten andererseits die Vorteile klar überwiegen würden. Ökonomisch betrachtet wird in eine Mitgliedschaft nur dann investiert, wenn der erwartete Nutzen subjektiv eine Rendite abwirft, so dass sich das Engagement „rechnet" bzw. lohnt.

Solch eine anreiz-beitrags-theoretische Perspektive hat für die Erklärung der Eintrittsebbe der Parteien durchaus ihren Reiz, weil sich das Meiden von Parteien mit einem Anreiz- und Attraktivitätsverlust der Mitarbeit in Beziehung bringen lässt. Auf jeden Fall haben gerade Mitgliederparteien, deren erklärtes Ziel es ist, Freiwillige zum Eintreten und Verbleiben oder speziell auch zur Abgabe von Ressourcen, also Beiträgen und Mitarbeit zu bewegen, von ihnen kontrollierte organisatorische Anreize bereitzustellen, damit sich die individuellen Aufwendungen der Mitglieder lohnen (Wilson 1973: 31).

Das Anreiz- oder Gegenleistungsproblem haben Mitgliederparteien für sich in konstitutiver Hinsicht dadurch gelöst, indem sie denen, die zu ihnen stoßen, Exklusivrechte bei der Elitenauslese und politischen Kursbestimmung der Partei einräumen. Konkreter finden Interessierte ein kontinuierliches Binnenleben der Parteien vor, bei dem sie in erster Linie auf Ortsebene im Kreis von Gleichgesinnten Informationen austauschen, politische Probleme debattieren und Lösungsansätze entwickeln und beschließen können, Programmarbeit leisten, und durch Teilnahme an Personalauswahlen und politischen Richtungsentscheidungen Einfluss ausüben können. Auch eine eigene politische Karriere könnte verfolgt werden. Mit höheren und höchsten Amts- und Mandatsträgern lässt sich auf unmittelbare Art und Weise kommunizieren. Dieses organisatorische Anreizspektrum ist so breit angelegt, dass sich hierdurch Gesinnungs- und Daseinsbedürfnisse, persönliches Nutzenstreben und ideologische Ausdrucks- und Verständigungswünsche befriedigen lassen (Whiteley/Seyd 2002: 52 f).

Unbestreitbar fallen mit dieser breit gefächerten Anreizstruktur einem Parteimitglied dauerhafte exklusive Partizipations- und Einflussmöglichkeiten zu, die in dieser Fülle und substantiellen Reichweite keine andere politische Organisation auch nur annäherungsweise bieten kann. Bei soviel Attraktivität wirft das nur die Frage auf, warum von diesem exklusiven Partizipationsangebot nur so wenige Gebrauch machen. Die Antwort ist in den Ansprüchen an die Mitgliedschaftsrolle zu suchen und in den innerparteilichen Bedingungen, unter denen sich die Verlockungen der Mitarbeit real einlösen lassen.

Wiegt man die potenziellen Anreize gegen die Ansprüche an eine Parteimitgliedschaft auf, so verkörpert Mit-*Arbeit* in Parteien das Gegenteil von dem, was mit freizeitlicher Kurzweil und Zerstreuung, mit anspruchslosgedankenloser Entspannung assoziiert wird. Das alles, was stattdessen an Aufwand für ein Parteiengagement zu erbringen ist, haben Whiteley und Seyd (2002: 1) anschaulich auf den Begriff der „high intensity political participation" gebracht. Es ist nun mal so, dass es sich bei Mitarbeit in Parteien um freiwillig und entgeldlos erbrachte Dienstleistung und politische Beteiligung handelt, die materiell für die Allermeisten grundsätzlich nichts hergibt. Wer Berufs-, Patronage- und Geschäftsanbahnungsinteressen verfolgt, muss dabei Erfolg haben. Und das innerparteiliche Status- und Karrieresystem steht nur ganz wenigen Ambitionierten offen (Panebianco 1988: 27 f; Wiesendahl 2004a: 137 ff). Ansonsten sind psychologische und instrumentelle Gegenleistungen nur schwer greifbar und persönlich zurechenbar. Da es sich bei einem Parteieneintritt um einen Überzeugungs- und politischen Bekenntnisakt handelt, ist dies mit ein weiterer Hindernisgrund, warum man sich sichtbar für die Linie einer Partei exponieren sollte. Wer es dennoch aus innerer Überzeugung und Identifikation mit den Parteizielen und Prinzipien tut, ist nicht vor der frustrierenden Erfahrung gefeit, bei Wahlen um die Früchte der Anstrengungen, die man selbstlos in die Partei investiert hat, gebracht zu werden. Ist man als Wahlkampfhelfer aktiv, hat man sich mit prestigearmer Hilfsarbeit abzufinden. Andersherum muss schon ein ausgeprägtes Faible für die Rituale der innerparteilichen Versammlungskultur vorhanden sein, in der es nicht um etwas handgreifliches und praktisches geht, sondern um das Reden und den Austausch von abstrakten Vorstellungen, Ideen, Wünschen, Zielen und Überzeugungen, kurz: immateriellen symbolischen Gütern. Deshalb heißt in Parteien mitzuwirken, größtenteils eine stark kopfgesteuerte, abstrakt-geistige und kommunikationslastige Freizeitaktivität auszuüben. Teilnahme am Binnenleben der Parteien setzt kognitive, intellektuelle und kommunikative Kompetenzen voraus, die eine hohe individuelle Ressourcenausstattung verlangen. Und der hohe Zeitverbrauchsfaktor ist auch noch in Rechnung zu stellen. In diesem Zusammenhang hat Ulrich Pfeiffer (1997: 392 ff) die Zeitbarriere aktiver Mitarbeit in Parteien zu Recht moniert, zumal nur „Zeitreiche" sich die zeitaufwändigen innerparteilichen Diskussions- und Debattenprozesse leisten könnten.

Dies alles liefert Stoff genug, um sich die hohen Eintrittshürden von Parteien trotz einer Menge formal gewährter Einflussnahmeprivilegien plastisch vor Augen führen zu können. Doch es muss noch mehr geschehen sein, um erklären zu können, warum ein weiterer Attraktivitätsverlust den sowieso schon begrenzten Kreis an Neumitgliedern nochmals unter ein für die Nachwuchslage kritisches Maß heruntergedrückt hat. Seit Jahren schon werden von Parteienforschern aus der Anreizperspektive verschiedene Gründe angeführt, die sich in einer grassierenden Beitragsunlust niederschlagen würden. Jun (2004: 98) hat aus der Literatur vier Faktoren herauskristallisiert, die sich um die Anziehungsschwäche der Parteien ranken. Einmal sei die Gratifikationsarmut für Mitarbeit zu nennen, dann die eingeschränkten Partizipationsmöglichkeiten, schließlich der abstoßende innerparteiliche Versammlungsritualismus und last but not least die Inflexibilität der Parteien gegenüber veränderten individualistischen Partizipationspräferenzen. Jun trifft damit genau den Tenor einer Debatte, die den Parteien aufgrund ihrer Gratifikations- und Erlebnisarmut sowie ritualisierten Erstarrung innerparteilicher Willensbildung bescheinigt, als Organisationsdinosaurier mit ihrem „unzeitgemäßen Formprinzip" nicht mehr in die gewandelte Partizipationslandschaft zu passen (Wiesendahl 1990: 13). Dieser populären und auch nicht unzutreffenden These bleibt indessen der Einwand nicht erspart, nur begrenzt zur

Erklärung der Mitgliedermisere der Parteien beitragen zu können. In Zweifel zu ziehen ist nämlich, ob das, was Parteienforscher aus anreiz-beitrags-theoretischer Sicht so alles an Kosten-Nutzen-Kalkülen umtreibt, wirklich auch Neumitglieder bei ihrer Beitrittsentscheidung durch den Kopf geht. Realiter steht ein Eintrittswilliger vor viel zu hohen Informations- und Abschätzungsbarrieren, um die Anreizstruktur der Parteien erfassen und noch dazu eine Aufwands-Ertragsrechnung anstellen zu können. Bei der Erklärung des Mitgliederschwunds sollte deshalb nicht in übersteigerter Form von mikroökonomischen Rationalitäts- und Selbstnutzenannahmen Gebrauch gemacht werden.

Wenn also die Anreiz-Beitrags-Theorie zur Erhellung ausbleibender Mitglieder nicht all zuviel beitragen kann, hat sie eher dort ihren Wert, wo es um die Erklärung des innerparteilichen Rückzugs und womöglich Austritts von enttäuschten Mitgliedern geht (Müller/Traub 2004: 31). Warum aber Hunderttausende gerade in den 70ern in die so anreizschwachen Parteien strömten, während dann, ohne dass sich im Innern der Parteien Wesentliches änderte, der Strom seit den 80ern zu versiegen begann, dazu bleibt die Anreiztheorie eine plausible Antwort schuldig.

Unrecht täte man der Theorie jedoch aber dann, wenn ausgeschlossen würde, dass die Anreizstruktur von Mitgliederparteien für ihre Wettbewerbsstellung auf einem ausgeweiteten Beteiligungsmarkt wichtig ist, und das Beitrittsinteressierte mit ihrem Beitritt selbst in Unkenntnis der tatsächlichen Binnenverhältnisse Wünsche und Erwartungen verbinden, die sie verwirklicht sehen möchten. Selbst eine enge nutzentheoretische Erklärung des Mitgliederniedergangs macht in solchen Fällen Sinn, bei denen sich mit der Parteimitgliedschaft konkrete persönliche Nutzen- und Patronageerwartungen verbinden. So lässt sich der noch in den 80er Jahren exorbitant hohe Organisationsgrad der österreichischen SPÖ und ÖVP (26 Prozent) mit den Vorteilen erklären, die sich Organisierte hiervon in beruflicher und privater Hinsicht (Wohnungsvergabe) versprechen konnten (Müller 1994: 61ff). Nur wird sich der rasche Verfall der Organisationsstärke der österreichischen Parteien in den 90ern (siehe Abbildung 17) schwerlich allein auf einen individuellen Nutzenverlust des Parteibuchs zurückführen lassen.

Ein Anreizverlust ließe sich aus Parteien als Tendenzbetrieben herleiten, welche gerade solche Menschen ansprechen, die sich mit den von Parteien hoch gehaltenen Prinzipien, Überzeugungen und Zielen identifizieren. Geht von diesen ideologischen Anreizen der Parteien jedoch nichts mehr an Verheißungsvollem und Begeisterungsfähigem aus, fällt ein wichtiger Anziehungspunkt für Gesinnungs-Aktive weg, um sich für eine Partei zu engagieren. Auch für potenzielle Mitglieder, für deren Eintrittsbeweggründe partizipatorische Mitgestaltungswünsche ausschlaggebend sind, kann das Außenbild von Parteien abschreckende Wirkungen entfalten. Generell nachteilig für die Nachwuchslage ist nämlich ein Glaubwürdigkeitsproblem. Dies stellt sich immer dann, wenn die hehren Ziele zwar Parteiprogramme und Resolutionen schmücken, aber mit dem, was Parlamentarier und Regierungsvertreter der Partei davon praktisch umsetzen, in Widerspruch stehen. Erkennbar wird für Eintrittswillige daran, dass die Kluft zwischen Worten und Taten ihrem innerparteilichen Mitgestaltungswunsch Hohn spricht. Die ideologische Anziehungskraft von Parteien lässt unter diesem Blickwinkel auch deshalb nach, weil heutige Catch-all-Parteien unter dem Primat der Stimmenmaximierungsstrategie, um keine Wählergruppe abzuschrecken, Profilverwässerung und Programmangleichung betreiben. Der für elektorale Zwecke in Kauf genommene Verlust an Zielklarheit, Alleinstellung und Unterscheidbarkeit macht den für normative Organisationen wichtigen Anreiz zunichte, Anhänger und Mitglieder über ideologische Gratifikationsversprechen für die Partei zu gewinnen. Unter diesen Umständen gehen Parteien so genannte Policy-Seekers (Wiesendahl 1998b: 162 ff) als Nachwuchsreserve verloren. Dadurch schrumpft das Nachwuchsreservoire im Wesentlichen auf die kleine Gruppe der Karrieristen zusammen, die sich vom Parteieintritt einen Aufstieg auf der politischen Karriereleiter versprechen. Insofern gibt die Anreiz-Beitrags-Theorie hinsichtlich des Verschleißes der ideologischen Anziehungskraft heutiger Parteien etwas her, die als mittige Allerweltsparteien unter einer selbst verschuldeten Anreizschwäche leiden.

Einen viel umfassenderen allgemeingesellschaftlichen Erklärungshintergrund leuchten indessen jene Ansätze aus, die jetzt im Folgenden dargestellt werden.

5.3 Individualisierung und Milieuerosion

Neben innerorganisatorischen Gründen lassen sich auch gesellschaftliche Ursachen zur Erklärung der Nachwuchskrise der Parteien heranziehen. Sie werden in dem Moment relevant, wo sich Menschen unter dem Einfluss des gesellschaftlichen Wandels Parteien nicht mehr zuwenden und ihnen nicht mehr beitreten. Es werden dabei verschiedene Einflussfaktoren diskutiert, die allesamt aus einer modernisierungstheoretischen Perspektive hervorgehen. Für das Nachwuchsproblem der Parteien sind gesellschaftliche Modernisierungsprozesse von Belang, weil sie verändernd auf das rekrutierungsfreundliche Anhängerumfeld einwirken und sich infolgedessen hinderlich oder erschwerend auf die Mitgliederwerbung auswirken können. Der Analysefokus liegt bei der wachsenden Organisationsdistanz und Organisationsunlust der Bürger, was mit gesellschaftlichen Wandlungsfaktoren erklärt wird.

Einen der wichtigsten Gründe für ausbleibenden Parteinachwuchs wird in der Individualisierung und der Erosion von gesellschaftlichen Milieus gesehen. Der säkulare Prozess gesellschaftlicher Individualisierung liefert insofern einen weitläufigen Erklärungshintergrund, weil sich hierüber im Sinne eines strukturellen Dealignments die nachlassende Prägekraft sozial strukturell verwurzelter Cleavages und damit generell die Erosion von soziokulturell homogenen Vergemeinschaftsprozessen auf Klassen- und Religionsbasis erklären lässt (Bürklin /Klein 1998: 81). Individualisierung und Milieuerosion greifen Hand in Hand, wobei der Wandel der Sozialstruktur und der postindustrielle Wandel beide Prozesse induzieren.

Vor diesen tief greifenden gesellschaftlichen Strukturwandlungen läuft eine Ära aus, in der Parteien noch als milieuverwurzelte Solidargemeinschaften und Lagerparteien betrachtet werden konnten. Zu jener Zeit ging von gewachsenen und stabilen Milieuverhältnissen eine kollektive Prägekraft aus, in die, unterstützt von einem geschlossenen Gruppennetzwerk und Vereinswesen, die nachwachsenden Generationen hineinsozialisiert wurden. Darüber wurden auch Bindungstraditionen zu Lagerparteien sozial vererbt und von Generation zu Generation weitergegeben.

Zum Verständnis dieses Wirkungszusammenhangs muss weit bis auf die Anfänge des modernen Parteiwesens im letzten Drittel des 19. Jahrhunderts zurückgeblickt werden, das gleichzeitig die Geburtsstunde der Massenparteien erlebte. Die damalige industriegesellschaftliche Umbruchzeit löste grundlegende Spannungenen zwischen alten und neu hervorgebrachten Gesellschaftsgruppen aus (Lipset/Rokkan 1967: 1ff), die sich im Kaiserreich auf den Klassenkonflikt und den Religionskonflikt zuspitzten. Parteien gingen langlebige historische Allianzen mit den sich gegenüberstehenden gesellschaftlichen Konfliktgruppen ein und machten sich zu ideologischen Vordenkern und strategischen Wortführern der auf politische Durchsetzung drängenden Kollektivinteressen. Hieraus erwuchs die SPD zum politischen Arm und Vertretungsorgan der Arbeiterbewegung. Und das Zentrum übernahm im Kulturkampf die Rolle der politischen Schutzmacht für die katholische Wählergemeinschaft. Liberale Parteien empfahlen sich als Sprachrohr der Interessen des liberalen städtischen Bürgertums.

Diese engen Allianzen hatten bis nach dem Zweiten Weltkrieg Bestand, weil die Parteien mit den sich herausbildenden sozial-moralischen Milieus enge symbiotische Verflechtungen eingingen, die sie fest mit den Vereins- und Gesellungsstrukturen der Milieus vernetzte (Lepsius 1973 : 56ff). Insofern bildeten Parteien gesinnungsmäßig und von der sozialen Lagerung mit den Milieus eine Einheit. Aus der Machterwerbsperspektive stellten die Milieuangehörigen für die Lagerparteien Wählermassen dar, die zu Stammwählern geformt und bei Wahlen als Massenfaktor möglichst vollständig auszuschöpfen waren. Als treue Anhänger und Parteigänger fiel ihnen zugleich die Rolle als Nachwuchsreserve der Parteien zu, wobei Milieuvereinigungen im Jugendbereich Nachwuchszulieferdienste bei der Mitgliederrekrutierung übernahmen.

Diese Externalisierung des Nachwuchsproblems der Parteien an milieuvernetzte Vorfeldverbände konnte nur solange gut gehen, wie die gesellschaftlichen Lager und ihre Milieuverwurzelung intakt blieben und sich auch in der Beziehung zu den Lagerparteien keine Spannungen einstellten. Der gesellschaftliche Strukturwandel nach dem zweiten Weltenkrieg machte aber einen Strich durch die Rechnung. Mit der Tertiarisierung der Arbeitswelt löste sich erstmals die noch großindustriell geprägte sozialintegrative Infrastruktur (Fabrikarbeit, Wohnreviere, freizeitliche Vereinsstruktur) des großstädtischen Lebenszusammenhangs auf, in dem das Arbeitermilieu nistete. Die Säkularisierung und der Bedeutungsverlust der Kirchen als Sozialisationsinstanzen tat im katholischen Milieubereich ein Übriges. Auch der Aufstieg von neuen, nicht milieugebundenen Mittelschichten und allgemeine Entideologisierungstendenzen begannen den Milieus heftig zuzusetzen. In der Folge mussten die Parteien einen „numerischen Rückgang" ihrer Stammgruppen hinnehmen (Mair/Müller/Plasser 1999: 13; Falter/Schoen 1999: 458 f). Doch die Stammwählermilieus schrumpften nicht nur, sondern begannen auch ihren einstmals über die gemeinsame soziale Lage definierten inneren Zusammenhalt und darüber ihre kollektive Prägekraft einzubüßen. Milieuspezifische Homogenisierungs- und Einbindungseffekte verloren in dem Maß an Wirkungskraft, wie individuelle Mobilität und wachsender Medieneinfluss die Milieuverhältnisse von innen aushöhlten. Heute geht der innere Zusammenhaltsverlust mitten durch Gesellschaftsgruppen hindurch, die einstmals als politisch repräsentations- und bündnisfähige gesellschaftliche Lager angesehen werden konnten. Ähnliche soziale Lage erweist sich so als immer weniger kollektiv bewusstseins- und mentalitätsprägend (Gluchowski/Graf/von Wilamowitz-Moellendorf 2001: 183ff). Die äußere und innere Milieuauflösung schreitet nach gängiger politisch-soziologischer Auffassung unaufhaltsam weiter fort, weil Individualisierung, Wertewandel und Pluralisierung der Lebensverhältnisse zersetzend wirken.

Aus der Individualisierungsperspektive bedeutet die Milieuerosion, dass Menschen in ihrer Individualität aus sozialintegrativen, interessen- und gesinnungsidentitären Einbindungsverhältnissen freigesetzt werden und ihre eigenen Wege gehen. Hierfür haben die Individuen den Preis unwägbarer und riskanter Freiheiten zu bezahlen (Beck/Beck-Gersheim 1994: 12 f). Davon abgesehen bringt der Prozess gesellschaftlicher Individualisierung verstärkt eigenbestimmte und organisatorisch nur noch wenig anlehnungsbedürftige Einzelwesen hervor, die ihre Lebenschancen und ihren Lebensentwurf nicht mehr mit dem Kollektivschicksal einer gesellschaftlichen Großgruppe verbunden sehen. Dies schließt

das Bestreben ein, sich eigenständig politische Ziele zu setzen und die auch noch parteiungebunden zu artikulieren.
Für Parteien sind die daraus resultierenden Konsequenzen prekär, weil sie nicht mehr auf die Ansprechbarkeit der Menschen setzen können, sich mit einer kollektiven Vergemeinschaftungs- und Interessenrepräsentationsinstanz zu solidarisieren und organisatorisch zu verbinden. Doch ereilt dieses Schicksal Parteien nicht allein. Die soziale Entbindung und Entsolidarisierung bringt einen indivdualisierten Menschen hervor, „... der sich von traditionellen Großorganisationen jeder Art abwendet, seien es Gewerkschaften, Kirchen oder die großen Volksparteien" (Bürklin 1992: 35). Noch dazu hält er sich nach verbreiteter Auffassung (Mielke 1997: 39 f, Immerfall 1998: 6 f) grundsätzlich von dauerhaften organisatorischen Bindungen fern und präferiert stattdessen punktuelle, zeitlich und thematisch begrenzte Engagementformen.

Abbildung 18: Entwicklung der Gewerkschafts- und Parteimitglieder im Vergleich 1968 - 2003

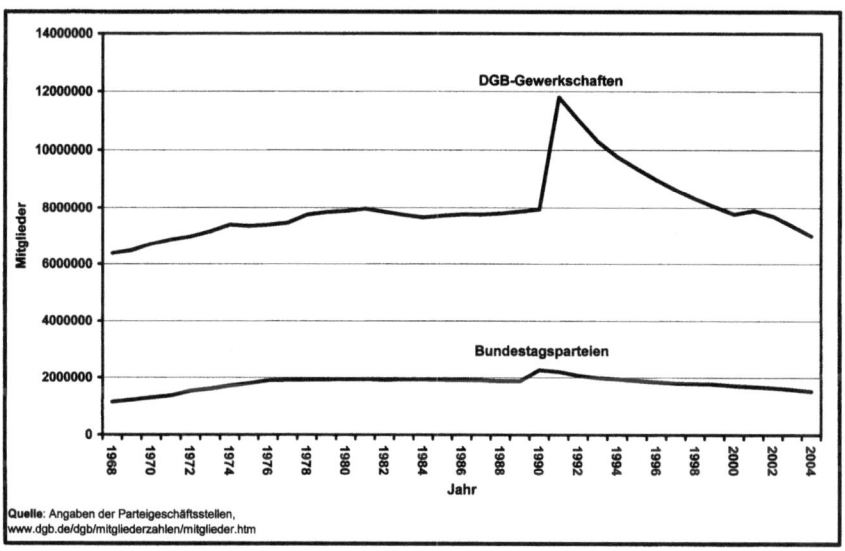

Schaut man sich die Entwicklung der Mitgliederzahlen der Parteien und der der Gewerkschaften in Deutschland an (Abb. 18), ist in der Tat ein synchroner Niedergang der Mitgliederbestände beider Großorganisationen unübersehbar. Für kirchliche Organisationen fehlen entsprechende Zahlen. Wenn es dadurch zu einem Zerfall des Vereinsnetzwerks des katholischen Lagers und des Arbeitermilieus kommt, handelt es sich um einen längerfristigen Prozess, durch den der Humus austrocknen würde, auf dem lange Zeit naturwüchsig der Mitgliedernachwuchs für die Parteien hervorsprießte. Um welche langen Zeiträume es dabei geht, wird daran deutlich, dass 1991 noch 30 Prozent der Funktionäre und 19 Prozent der einfachen SPD-Mitglieder gleichzeitig aktive Gewerkschafter waren (Blessing (Hrsg.) 1993: 208). Bezogen auf großstädtische Verhältnisse ist nach einer jüngeren Befragung noch jedes zweite Stuttgarter SPD-Mitglied gleichzeitig gewerkschaftlich organisiert. Doch ist bei Jungmitgliedern bis 29 Jahre die traditionelle Koalitionsstruktur zwischen SPD und Gewerkschaften einschließlich der Wohlfahrtsverbände nicht mehr charakteristisch. Nur noch 22,1 Prozent dieser Nachrückergeneration ist noch mit den Gewerkschaften verbunden (Winkler u.a. 1999: 15 f). Die Loslösung der SPD von einem arbeitermilieulichen Rekrutierungshintergrund ergibt sich aus dem weiteren Grund, dass deren Mitglieder größtenteils nicht einmal mehr als berufliche Aussteiger aus einer Arbeiterfamilie stammen. Während über 40 Prozent der Stuttgarter SPD-Mitglieder ab 60 noch eine Arbeiterherkunftsfamilie nennen, sind diese Anteile bei den 30- bis 39-jährigen auf nur noch 19 Prozent abgesunken (Winkler u.a. 1999: 21 f).

Für die Rekrutierungskapazität der Parteien stellt die Individualisierung und Milieuerosion ein untrügliches Gefahrenmoment dar, weil die Quellen versiegen, aus denen sie traditionell ihren Nachwuchs schöpften. Kaum vorstellbar ist, dass sich viele Jungmitglieder wie noch in der Vergangenheit weiterhin über eine Mitgliedschaft in den selber kränkelnden gewerkschaftlichen und kirchlichen Jugendorganisationen an die ihnen nahe stehenden Parteien heranführen lassen werden. Aber nicht nur Nachwuchssorgen und Mitgliederauszehrung des Vereinswesens sind hierfür der einzige Grund. Sondern die ehemaligen Lager- und Milieuparteien haben sich mit ihrer elektoralen Catch-all-Strategie längst von ihren Herkunftsmilieus emanzipiert, wie umgekehrt Mitglieder der Gewerkschaften und des katholischen Milieus nicht mehr die Milieuverwandtschaft verspüren, um naturwüchsig zu „ihren" Parteien hingezogen zu werden.

Die weit verbreitete Milieuerosionsthese hat ihren besonderen Charme, weil sie ein Brückenglied liefert, um den Gesellschaftswandel mit dem Mitgliederschwund der Parteien in Beziehung setzen zu können. Die gleiche Funktion erfüllt die Individualisierungsthese. Parteien werden aus ihrem angestammten Milieuzusammenhang herausgelöst und damit von ihrem Mitgliederrekrutierungsumfeld abgeschnitten, weil sich unter dem Druck des Gesellschaftswandels diese destrukturieren und verflüchtigen. Hieran ist etwas Wahres dran, wenn man etwa feststellen kann, dass die rückläufigen Gewerkschaftsmitgliederzahlen in ihrer Abwärtsentwicklung denen gleichen, die Parteien zu verkraften haben

(Abb. 18). Individualisierung und Milieuauflösung verbinden mikro- und makroanalytisch ein zusammenhängendes Gesellschaftsphänomen, das für die allgemein grassierende Organisationsdistanz und Organisationsunlust der Bundesbürger eine plausible Erklärung parat hält. Vom Erklärungshintergrund geht es um einen tiefgreifenden gesellschaftlichen Modernisierungstrend, der seine Spuren allerdings nur in langsam wirkenden Langfristeffekten hinterlassen dürfte. Angesichts der Länge der Nachwuchskrise der Parteien in Deutschland kann ein allerdings nicht genauer zu bestimmender Effekt von Individualisierung und Milieuerosion auf die Mitgliederentwicklung der Parteien unterstellt werden. Was jedoch nicht so recht zusammenpassen will, ist das Problem, dass strukturelles Dealignment aus einem allgemein postindustriellen Modernisierungsprozess hervorgeht, von dem alle fortgeschrittenen Länder Europas gleichermaßen erfasst sein müssten. Wie sich jedoch zuvor gezeigt hat, folgt das Mitgliederauf- und –ab der Parteien in den europäischen Nachbarländern bis zu Beginn der 90er nationalstaatlich eigenwilligen Trends, die sich dann allerdings in jüngerer Zeit auf eine synchrone und gleichgerichtete Abstiegslinie annähern. Es bleibt offen, inwieweit strukturelles Dealignment hierauf eine stimmige Antwort parat hält. Was weiterhin überrascht, ist, dass trotz der Milieuerosion und Individualisierung die Gruppe der Eintrittswilligen in Parteien über die Jahrzehnte hinweg keinen wirklich greifbaren substantiellen Schaden genommen hat. Es fehlt an Untersuchungen, die klären könnten, ob es sich bei dieser kleinen Minderheit um eine Schar von Aufrechten handelt, an der das strukturelle Dealignment vorbeigeht.

5.4 Kognitive Mobilisierung, Wertewandel und Partizipationsverlagerung

Mitwirkung in Parteien stellt ein individuelles Verhaltensmuster dar, dessen Ausbreitung und auch Verschwinden sich im Zusammenhang mit gesellschaftlichen Wandlungsfaktoren bringen lässt. Bei allem Facettenreichtum werden dabei von den Vertretern dieser Blickrichtung Gesetzmäßigkeiten aufgezeigt, die von einem gesellschaftlichen Modernisierungstrend ausgehen. Dessen Auswirkung lassen sich mikroanalytisch auf der Ebene des individuellen Verhaltens, mesoanalytisch anhand der veränderten Rolle von kollektiven Akteuren wie speziell den Massenmedien und schließlich makroanalytisch anhand von gesellschaftlichen Veränderungskräften analysieren, die auf die nachgeordneten Ebenen unter Einschluss der Parteien einwirken (Dalton/Wattenberg 2000b: 12 ff). Vor diesem mehrdimensionalem Erklärungshintergrund sind soziokulturellen und politisch kulturellen Wandlungsfaktoren eine besondere Bedeutung beizumessen. Sie haben mit der Wohlstandsentwicklung und der Bildungsexplosion der Nachkriegszeit zu tun, die sich in gewandelten Wertorientierungen und in einem gewandelten Verhältnis der Menschen zur Politik niedergeschlagen haben. Vor allem Ronald Inglehart (1977, 1989) und Russell J. Dalton (1984, 1988) haben den Prozess des individuellen Kompetenzzuwachses und den des Wertewandels miteinander verknüpft und daraus hier interessierende Schlussfolgerungen für die Stellung und die Nachwuchslage der Parteien abgeleitet.

Durch den Begriff der kognitiven Mobilisierung wird sowohl eine stark erhöhte politische Ressourcenausstattung als auch eine verstärkte Hinwendung zur Politik zum Ausdruck gebracht (Dalton 1984: 267). Kognitive Mobilisierung erzeugt ein erhöhtes politisches Wissens- und Verständnisniveau und steigert das politische Interesse. Dieser kognitive politische Kompetenzzuwachs und die verbesserte politische Ressourcenausstattung seien auf die erhöhte Bildung, die Ausbreitung der elektronischen Massenmedien und das angestiegene politische Bewusstsein der Wähler seit den 50er Jahren zurückzuführen (Dalton 1988: 18 ff).

Zu den politischen Parteien ergibt sich ein weitläufiger Zusammenhang, weil durch kognitive Mobilisierung das politische Selbstwertgefühl des Einzelnen steige und dadurch dessen Einstellung zur Politik. Für Menschen mit hoher politischer Kompetenz und Fertigkeit falle der Nutzwert von Parteien. Ihre Orientierungs- und Sozialisationsfunktion würde nicht mehr benötigt. Anders als noch bei Wählern eine Generation zuvor würde nun die Anlehnung an eine Partei und letztlich auch eine Mitwirkung ihren individuellen Anziehungswert verlieren. Dieser mikro-makroanalytische Beziehungszusammenhang liefert die Basis für die subjektive Dealignmenttheorie, die behauptet, dass wegen der beschriebenen gesellschaftlichen und soziokulturellen Modernisierungsprozesse in den allermeisten entwickelten Industrieländern sich die traditionellen Wählerbindungen zu den Parteien abschwächen und erodieren würden. Weiterhin sei eine Abwendung der Aktivbürger von den Parteien zu beobachten (Dalton/McAllister/Wattenberg 2002: 22 f). Die „subjektive" Dealignmenttheorie ist deshalb für die Lage der Parteien so brisant, weil sie damit zu rechnen haben, dass die traditionellen Parteibindungen ihrer Anhänger verloren gehen werden. Mit der sich lockernden und gar schwindenden Parteiidentifikation dünnt sich aber zwangsläufig ihr Anhängerumfeld aus, das sie zur Deckung ihres Nachwuchses benötigen. Dies ist der Grund, warum angenommen wird, dass sich der Rückgang von Parteisympathisanten bzw. –anhängern negativ auf das „Rekrutierungspotenzial" (Biehl 2004b: 175) und auf die Mitgliederentwicklung der Parteien auswirken müsse (Kießling 1999: 61).

Wie die Erklärungslogik der Dealignmenttheorie unterstellt, bildet der Niedergang der Parteiidentifikation das Brückenglied, um zur Mitgliederkrise der Parteien zu gelangen. Es ist die Parteibindung, deren Niedergang die Theorie zuallererst im Visier hat. Wirklich überzeugen kann die Dealignmenttheorie für die Erklärung der Mitgliederkrise der Parteien aber nicht, weil schon auf dem ersten Blick die für die Bundesrepublik Deutschland erhobenen Daten anzeigen, dass die Parteibindungen über eine längere Frist nur moderat gesunken sind (Falter/Schoen 1999: 466 f). Sie sind auch heute nicht unter die 50-Prozent-Schwelle gesunken (Forschungsgruppe Wahlen 2004: 37 f). Auch international kann nirgendwo von einem allgemeinen Verfall der Parteiidentifikation die Rede sein (von Beyme 2000: 50 f, 92 f). Selbst das Phänomen, dass die Intensität der Parteibindung in Deutschland deutlich nachgelassen hat, ist für die Mitgliedermisere nicht wirklich relevant, weil nach wie vor eine stattliche Zahl von rund 30 Prozent überzeugten Parteianhängern der Parteien unter den Wählern in der Bundesrepublik übrig bleiben (Forschungsgruppen Wahlen 2004: 38). Die reicht bei weitem aus, um alle Nachwuchssorgen auf einmal beseitigen zu können. Nicht einmal die Beziehung zwischen der kognitiven Mobilisierung und dem Niedergang der Parteiidentität ist empirisch ganz sattelfest, weil sich aufzeigen lässt, dass im Widerspruch zu dem unterstellten Wirkungszusammenhang gerade höhere Gebildete und politisch Involvierte über festere Parteibindungen verfügen als von der kognitiven Mobilisierung nicht erfasste Unterschichtenangehörige (Berklund 2002: 12).

Zudem ist, wenn man den Faden weiter spinnt, empirisch überprüfungsbedürftig, ob es nicht im Gegensatz zu kognitiv Mobilisierten eher Unterschichtenangehörige mit geringeren politischer Ressourcenausstattung sind, die aus noch ungeklärten Gründen eine Mitwirkung in Parteien meiden. Jedenfalls ließe sich die Nachwuchsebbe auch mit dem Ausfall unterer, bildungsschwacher Statusgruppen als Rekrutierungsreserve der Parteien erklären. Wie man es auch dreht und wendet, bleiben Zweifel bestehen, ob politischer Kompetenzzuwachs und die Erosion von Parteibindungen stichhaltig genug sind, um zur befriedigenden Erklärung der Mitgliederkrise hinzuführen.

Mit der kognitiven Mobilisierung hängt der Wertewandel zusammen, der nach weit verbreiteter Ansicht ebenfalls zur Mitgliederschwächung der Parteien und zur „allgemeinen Abkehr von Großorganisationen" (Kießling 1999: 56) beiträgt. Im Mittelpunkt der von Inglehart formulierten Postmaterialismustheorie (1977, 1989) steht die aus der kognitiven Mobilisierung abgeleitete Aussage, dass die von den gewandelten Wohlstandsverhältnissen geprägten Nachkriegsgenerationen zu Trägern neuer Wertorientierungen geworden seien, die sich von den materiellen Sicherheits- und Versorgungsbedürfnissen der Vor- und Kriegsgenerationen abheben würden. Inglehart und die Anhänger der Postmaterialismustheorie nehmen an, dass die gebildeteren und jugendlicheren Träger neuerer Wertorientierungen wie Streben nach Zugehörigkeit, Achtung, Wertschätzung und Selbstverwirklichung, sich von traditionellen elitengesteuerten Institutionen losgelöst und neuen Eliten herausfordernden, unkonventionellen Beteiligungsformen zugewandt hätten (Inglehart 1989: 13). Eine Prämisse der Wertewandeltheorie ist, dass verfasste Institutionen repräsentativdemokratischer Regime mit dem gesteigerten Selbstbewusstsein und Selbstbestimmungsstreben der Aktivbürger ein Vertrauens- und Autoritätsverfall erlitten hätten und, wie etwa Parteien, fortan als hergebrachte Plattformen konventioneller Partizipation gemieden würden. Dies umso mehr, wie elitengesteuerte Großorganisationen mit ihrem Unterordnungsanspruch mit dem individuellen Selbstentfaltungsstreben in Kollision geraten würden (Inglehart 1989: 410 f). Trägergruppen des Postermaterialismus wird dabei unterstellt, dass sie eine herausfordernde Haltung gegenüber gestandenen Autoritäten an den Tag legen würden. Parteien ziehe dies zwangsläufig in Mitleidenschaft, weil sie vom Postmaterialisten mit großer Skepsis als „established hierarchical organizations" betrachtet würden (Dalton 1988: 90 ff). Aus dem Blickwinkel der Postmaterialismustheorie scheint damit die Zeit der Parteien als institutionell verfasste und elitengesteuerte Plattformen konventionellen politischen Engagements abzulaufen, zumal sich die Postmaterialisten mit ihrer gesteigerten Partizipationsnachfrage den ihren Selbstbestimmungsbedürfnissen entgegenkommenden direktdemokratischen Beteiligungsformen zuwenden würden. Als Anziehungspunkt für politische Mitwirkung kämen die etablierten Parteien auch deshalb nicht mehr in Betracht, weil sie sich als Hüter alter Politik postmaterialistischen Anliegen der neuen Politik als unempfänglich erwiesen (Klingemann/Fuchs 1995: 13).

Für Parteien bildet der Wertewandel deshalb eine schleichende Gefahr, weil dessen Trägergruppen sich ihnen als Anhänger und Mitglieder verweigern. Man kann der Wertewandeltheorie insoweit Glauben schenken, wie in der Tat viele aus dem postmaterialistischen Lager während der Protest- und Demonstrationsjahre der Regierung Schmidt und dann Kohl den Gedanken an eine Mitgliedschaft in eine der mit dem Wachstumsparadigma und der alten Politik eng verbundenen Parteien weit von sich gewiesen haben werden. Nur fragt sich über diese Periode hinaus, ob das postmaterialistische Schisma allein und dauerhaft die etablierten Parteien vom Nachwuchs abgeschnitten hat. Hiergegen spricht allein schon die Tatsache, dass sich der generationsspezifische Wertewandel nie in dem prognostizierten Ausmaß in Deutschland oder anderswo in Europa entfaltet hat, sondern sich zum Gipfelpunkt seiner Verbreitung bei einem Viertel der Bevölkerung erschöpft hat. Seit den 90ern sind die Postmaterialisten sogar auf ganzer Linie wieder auf dem Rückmarsch (van Deth 2001: 26 f; Hradil 2002: 413 f). Damit verliert der Aussagewert der Theorie erheblich an Gewicht, weil sie nicht zu beantworten weiß, warum die weit überwiegende Mehrheit der Bundesbürger, die zur Gruppe der so genannten Mischtypen und Materialisten zu zählen ist, ebenfalls Gründe hatte, sich den Parteien zu verweigern. Denn nach der Logik der Wertewandeltheorie hätte es über die ganze Zeit des Mitgliederabstiegs der Parteien unter den nicht vom Wertewandel Erfassten ein riesiges Potenzial an Nachwuchs geben müssen.

Selbst in ihrem Kernbereich greift aber die Postmaterialismustheorie mit der These an der Wirklichkeit vorbei, dass sich die Träger der postmateriellen Werte von den Parteien abgewandt und in das Lager der Kritiker und Herausforderer des etablierten Parteiensystems übergelaufen seien. Die Mitgliederschwemme der Parteien setzte nämlich zu einem Zeitpunkt in den 70ern ein, zu dem der theoretischen Annahme nach der Zustrom hätte versiegen müssen. Ein weiterer Widerspruch zur Wirklichkeit tut sich auch darin auf, dass nach zahlreichen Umfragen Postmaterialisten sowohl die Bindung an eine Großorganisation als auch unkonventionelle Partizipationsformen in ihr breit sortiertes politisches Aktionsrepertoire einschließen (Wiesendahl 1989: 100ff, Hoffmann-Lange 1994: 102f, Veen/Neu 1995: 21ff, Hallermann 2003: 72f). Deshalb überrascht es auch nicht, dass unter SPD- und FDP-Mitgliedern in den 70ern – anders als in CDU und CSU – zahlreiche Postmaterialisten vorzufinden waren (Schmitt 1987: 93ff).

Kognitive Mobilisierung und Wertewandel liefern einen nicht wegzudenkenden Hintergrund, um als dritten Erklärungsfaktor für die Mitgliederkrise der Parteien die partizipatorische Verlagerungsthese in dem bereits vorgestellten modernisierungstheoretischen Zusammenhang einzufügen. Diese These geht von einem gesellschaftlich bedingten Anstieg des partizipatorischen Nachfrageniveaus der Bürger aus. Gewandelte Partizipationsansprüche und -präferenzen hätten sich jedoch nicht mehr mit dem unzeitgemäßen Beteiligungsangebot der Parteien gedeckt und seien infolgedessen zu anderen politischen Betätigungsfeldern hin abgewandert.

Die Verlagerungsthese geht zeitgeschichtlich auf die partizipatorischen Aufbruch- und Unruhejahre der 70er zurück, in der die sich damals in Westdeutschland ausbreitende politische Beteiligungskultur auf den Begriff der „partizipatorischen Revolution" (Max Kaase) gebracht wurde. Die Verlagerungsthese greift einen Kerngedanken der Partizipationsforschung der 70er Jahre auf, der darin besteht, dass sich im Gefolge der partizipatorischen Revolution das Aktionsrepertoire der Bürger neben den bereits eingebürgerten konventionellen Engagement wie Wählen und Mitarbeit in Parteien um neue unkonventionelle Partizipationsformen wie Demonstrieren, Unterschriften leisten oder Mitarbeit in einer Bürgerinitiative erweitert habe (Barnes/Kaase 1979). In der Erweiterung des bürgerschaftlichen Aktionsrepertoires wurde bereits ein Spannungsmoment gesehen. Die Anhänger der Verlagerungsthese gehen über dieses Nebeneinanders von konventioneller und unkonventioneller Partizipation hinaus und behaupten, dass sich mittlerweile ein Strukturwandel politischer Beteiligung ergeben habe. Er habe dazu geführt, dass sich die Partizipationsvorlieben der Bürger weg von den organisatorisch eingebundenen politischen Dauerengagement hin zu punktuellen, befristeten, organisatorisch niedrig schwelligen oder selbst organisierten direktdemokratischen Engagementformen verlagert hätten (Wiesendahl 2005: 34f).

Mit dem Strukturwandel der Partizipation weg von „alten" hin zu „neuen" Engagementformen ist nahe liegender Weise eine Erschöpfung des Mitgliedschaftsprinzips in traditionellen politischen Großorganisationen verbunden (Brömme/Strasser 2001: 6 ff). Der Zulauf zu Parteien, Gewerkschaften, Kirchen und Wohlfahrtsverbänden bliebe aus, weil sich dort zu engagieren eine dauerhafte Bindung und Verpflichtung impliziere. Dagegen würde das freiwillige Engagement in loser, informeller, thematisch begrenzter, temporärer und verpflichtungsarmer Form in Kleingruppen, Initiativen, Projekten und Netzwerken einen Auftrieb erfahren, was den verstärkt selbstbezogenen und spontaneistischen Partizipationsmotiven heutiger Aktivbürger entgegenkomme (Düx 1999: 99 f; 113 ff, 138 ff; Picot 2000: 120f; Meyer/Weil 2002: 10).

Die junge Partizipationsforschung wandte sich in zahlreichen Befragungsstudien dem ehrenamtlichen Betätigungsfeld der Bundesbürger zu und konnte das hohe Ausmaß freiwilligen freizeitlichen Engagements bestätigen. Beobachtern entging aber auch nicht, dass sich die Beteiligungsintensität in Grenzen hielt und sich „Dauer und Regelmäßigkeit" des Engagements rückläufig entwickelten (Heinze/Olk 1999: 77). Sichtbar wurde auch, dass Zugewinne an Engagement an den nichtpolitischen Betätigungssektor gebunden waren. Bestätigt wurde darüber hinaus, dass Mitte der Achtziger politisches Engagement, ob in Parteien, in Bürgerinitiativen oder in der Kommunalpolitik, generell einen Rückgang zu verzeichnen hatte (Erlinghagen, Rinne, Schwarze 1999: 248 ff).

Dies alles verweist zu Recht auf das Entstehen eines außerhalb des Einflussgebiets der Parteien angesiedelten freizeitlichen Beteiligungsmarktes, der in der Tat bedarfsgerechter auf die gewandelten Partizipationspräferenzen der Aktivbürger zugeschnitten gewesen sein muss, um den Parteien und anderen Großorganisationen als Anbieter von organisatorisch verfasster Beteiligung das Wasser abzugraben. Gerd Mielke (2003: 158) sieht die alternativen Betätigungsfelder des bürgerschaftlichen Engagements bereits so stark vom Rekrutierungsumfeld der Parteien separiert, dass eine Wende in der Nachwuchskrise für ihn unwahrscheinlich erscheint. Was aber die Nutzung der politischen Beteiligungsmöglichkeiten angeht, hat der alternative Beteiligungsmarkt seinen Popularitätsgipfel seit Mitte der Achtziger bereits überschritten (Hoffmann-Lange 2000: 40). Für die Neunziger ist sogar neben dem Rückgang an organisatorisch verfasster Partizipation auch eine Niveauabsenkung bei den unkonventionellen Partizipationsformen zu vermelden (Glaab 2003: 121). Dies deutet darauf hin, dass an der zeitlichen

Reichweite der partizipatorischen Erweiterungs- und Verlagerungsthese Abstriche vorzunehmen sind. Fragwürdig ist nämlich, inwieweit die Partizipationsnachfrage aus Gründen der kognitiven Mobilisierung, des Wertewandels und der partizipatorischen Revolution seit den Siebzigern angestiegen ist und gleichzeitig vor den Toren der Parteien kehrt gemacht hat. Das Faktorendreieck entfaltete solange seinen Charme, wie die unkonventionelle partizipatorische Welle in den Siebzigern und die politische Hochmobilisierungsphase der neuen sozialen Bewegungen bis zu den frühen Achtzigern hierfür die entsprechend glaubwürdige Kulisse lieferten. Mit der dann einsetzenden Bewegungsflaute und der Ermattung des Protestzyklus erstarb auch der demonstrative Elan, und die Protestgeneration besann sich auf ihre berufliche Karriere. Was danach an Aktivbürgerschaft die Szene betrat, war zwar noch ausgeprägter kognitiv mobilisiert, ließ sich aber unter der ewigen Kanzlerschaft Kohls für Wertewandel und unkonventionellen Protest nicht mehr so richtig beflügeln.

Mit dem politischen und gesellschaftlichen Gezeitenwechsel der Achtziger bekommt die noch so hartnäckig wiederholte Behauptung, dass kognitive Mobilisierung, Wertewandel und partizipatorische Revolution die Parteien vom Nachwuchs abschneide, einen faden Beigeschmack. Am Erklärungswert für die weiter anhaltende Nachwuchskrise der Parteien sind von da an doch wohl erhebliche Abstriche zu machen. Der darüber zeitlich hinausweisenden partizipatorischen Verlagerungsthese wird noch aus einem weiteren Grund Wind aus den Segeln genommen, weil sich die Verlagerung des freizeitlichen politischen Engagements in erster Linie auf den unpolitischen, geselligen und sportlichen Freizeitbereich erstreckt. Empirisch nicht ganz nachvollziehbar ist zudem die mit dem Strukturwandel der Partizipation mitschwingende Vorstellung, dass der konventionelle Organisationsbereich austrocknen muss, damit der neue Partizipationsbereich blühen kann. Es war jedenfalls früher nicht so, dass das unkonventionelle und konventionelle Engagement in der Wirklichkeit je einen sich wechselseitig ausschließenden Gegensatz gebildet hätten (Wiesendahl 1989: 100 ff). Und auch für die gegenwärtig vorherrschenden Beteiligungspraktiken ist festgestellt worden, dass im Hinblick auf das konventionelle Engagement „unkonventionelle Partizipationsformen ... eindeutig mehr als Ergänzung denn als Alternative genutzt" werden (Forschungsgruppe Wahlen 2004: 13).

5.5 Politische Demobilisierung und massenmediale Freizeitgesellschaft

Gesellschaftliche Modernisierung, so die bisher vorgestellte Ansicht der Anhänger von kognitiver Mobilisierung, Wertewandel und Partizipationsverlagerung, löst auf der individuellen Ebene einen Politisierungsschub aus, der in einer erhöhten Partizipationsnachfrage endet. Das Problem für die Parteien: sie können von dieser Politisierungs- und Partizipationssteigerung nicht profitieren, sondern werden gemieden.

Modernisierung, und der Perspektive soll jetzt nachgegangen werden, könnte aber auch in die entgegen gesetzte Richtung wirken. Welzel formuliert diesen umgekehrten modernisierungstheoretischen Ansatz so, „dass Modernisierung nicht zu mehr, sondern zu weniger Partizipation und zum Rückzug aus der Politik führe" (2002: 290). Gingen wirklich vom Gesellschaftswandel politische Demobilisierungsprozesse aus, wird dieser Gedanke hier deshalb relevant, weil solch ein Prozess sich auch negativ auf die Mitgliederentwicklung der Parteien auswirken könnte. Ein gängiges Stichwort, was zur Untermauerung der Demobilisierungsthese gewöhnlich herhalten muss, ist die Entpolitisierung. Es an dieser Stelle aufzugreifen, bietet sich an, weil bei einem nachweisbaren Rückgang des politischen Interesses auch die Beitrittsneigung und damit die Mitgliederzufuhr für die Parteien in Mitleidenschaft gezogen werden könnte. Dies umso mehr, wie sich mit einem rückläufigen politischen Interesse ein genereller Rückzug der Bevölkerung ins Private und damit auch ein Niedergang des politischen Engagements schlechthin verbunden sein könnte.

Mit der Überprüfung dieses unterstellten Zusammenhangs ist es vergleichsweise schnell getan, weil alle verfügbaren Erhebungsdaten nicht für einen stetigen Verfall des politischen Interesses bzw. für allgemein steigende Politikmüdigkeit der Bundesbürger sprechen. Der bereits Anfang der Neunziger unternommene Versuch, die sich seit den Achtzigern abzeichnenden Mitgliederverluste der Parteien kausal mit dem Anstieg und Abstieg des politischen Interesses in Beziehung zu setzen, scheiterte schon damals, weil das anhaltend hohe Politisierungsniveau der Bevölkerung jeglichen Zusammenhang mit dem sich anbahnenden Abstiegstrend in der Parteimitgliederzahl vermissen ließ (Wiesendahl 1990: 11 ff). Neuere Allensbach- und ZUMA-Umfragedaten belegen für die Neunziger sowohl in West- als auch in Ostdeutschland zunächst ein einheitsbedingtes Politisierungshoch, das sich jedoch zum Jahrzentende deutlich nach unten hin absenkte (Hoffmann-Lange 2000: 50 f).

Wendet man sich der Frage nach der Intensität des politischen Interesses über die Zeitabläufe hinweg zu, belegen Wohlfahrtssurvey-Befunde zwischen 1978 und 1998, dass mit Ausnahme eines temporären Politisierungshochs 1990 in Ostdeutschland die Werte langjährig im Positiven stabil blieben (Zapf/Habich 2002: 116). Van Deth (2000: 120 f) kommt dagegen anhand von Allbus-Daten zu dem Ergebnis, dass sich das eine zeitlang angestiegene Interesse an Politik und dessen Stellenwert in der Alltagswelt der Bundesbürger seit den Neunzigern ins Rückläufige umgekehrt habe. Erhebungsdaten der Forschungsgruppe Wahlen indizieren dagegen für den gleichen Zeitraum eine Stagnation des politischen

Interesses auf hohem Niveau, während mit der Wende zum 21. Jahrhundert das sehr starke/starke Interesse an Politik unter der Bevölkerung sogar leichten Auftrieb zu verzeichnen hat (Forschungsgruppe Wahlen 2004: 100). Eine Forsa-Umfrage vom September 2003 (Stern Nr. 40/2004: 65) ist in diesem Zusammenhang aufschlussreich, weil sie auch für die jüngste Zeit keinen Trendwechsel in der Hinwendung der Bürger zur Politik vermeldet. So äußern 81 Prozent der befragten Bundesbürger, dass ihr Interesse an der Politik in den vergangenen Jahren unverändert geblieben bzw. größer geworden sei und das, obgleich 61 Prozent der Befragten gleichzeitig ihre persönliche Enttäuschung gegenüber der Politik bekunden.

Abbildung 19: Entwicklung des politischen Interesses im Vergleich zu den Neueintritten von CDU und SPD 1980 - 2002

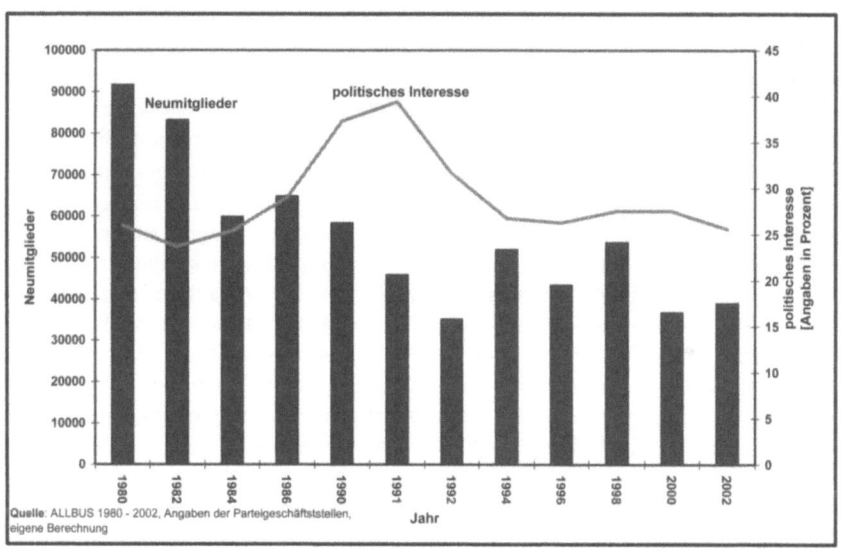

Wie wenig bei der Entwicklung des politischen Interesses und den Neueintritten in Parteien etwas zusammenpasst, wird auch an Abb. 19 deutlich. So macht nach ALLBUS-Erhebungen das starke/sehr starke Interesse der Bundesbürger an Politik 1990 und 1991 einen positiven Sprung, um sich bis 2002 auf eine Marge von rund 25 Prozent einzupendeln. Die Neueintritte in CDU und SPD zwischen 1980 und 2002 gehen dagegen ihre eigenen Wege. Wahljahre zeigen einen befristeten Mobilisierungseffekt. Dagegen wäre bei einem Niedergang des politischen Interesses nicht mit einer unmittelbaren Wirkung auf die Eintrittszahlen der Parteien zu rechnen.

Die dargestellten Befunde zur Entwicklung des politischen Interesses enthalten keine Hinweise darauf, dass die Bundesbürger über Jahre schon von einer allgemein um sich greifenden zivilgesellschaftlichen Entpolitisierungstendenz erfasst worden wären. Unsinn wäre es auch, von einem Rückfall der Partizipationskultur in Deutschland ins politische Biedermeier zu sprechen. Die Parteiendistanz und Organisationsunlust der Bürger gegenüber den Parteien lässt sich jedenfalls nicht aus einer allgemeinen Politikmüdigkeit herleiten.

Während es bei Mobilisierungs- und Politisierungsansätzen darum geht, inwieweit der Strukturwandel des *politischen Beteiligungs*marktes Parteien vom Nachwuchs abgeschnitten hat, lenken die Stichworte Freizeit- und Mediengesellschaft den Blick auf den *Freizeit*markt, auf dem sich ebenfalls tief greifende Strukturwandlungen abgespielt haben und noch abspielen. Ein Nachteil für die Nachwuchslage der Parteien ergäbe sich aus der Freizeitmarktperspektive dann, wenn sich Freizeitgewohnheiten der Bürger in eine Richtung entwickeln haben sollten, die nicht mehr mit einer Mitgliedschaft in einer Partei konform gehen. Allein aus der Tatsache, dass sich seit den 60ern die Freizeitgesellschaft durch einen stetigen individuellen Zuwachs an von Arbeit und Regeneration freier verfügbarer Zeit ausgebreitet hat, lässt sich jedoch noch kein Gefahrenmoment für die Parteien herauslesen. Eher steigen ja mit dem Gewinn an Freizeit die individuellen Voraussetzungen, um in Parteien mitarbeiten zu können.

Anders ist die Lage, wenn man vom Zuwachs an Freizeit auf den stark angestiegenen Freizeitwert der individuellen Lebensgestaltung schließt, was in einem veränderten Freizeitverhalten der Bürgerinnen und Bürger zum Ausdruck kommt. Es kommt also für den hier interessierenden Zusammenhang auf die individuelle Nutzung von neuen und erweiterten Freizeitmöglichkeiten an, die Menschen anders als früher davon abhalten könnten, um sich Parteien anzuschließen. Vor diesem Hintergrund lässt sich auch von steigenden Opportunitätskosten der Mitgliedschaft in einer Partei sprechen (Katz 1990: 156 f), zumal sich über einen gewandelten Freizeitmarkt alternative Möglichkeiten attraktiverer Freizeitgestaltung nutzen ließen, die einem bei der Mitarbeit in einer Partei entgingen. Mit anderen Worten ginge es dann mit dem Freizeitwert der Parteimitgliedschaft und damit der Nachwuchszufuhr für die Parteien bergab, wenn die Menschen alltagsweltlich ihre Freizeit mit weitaus attraktiveren Freizeitgewohnheiten verbringen.

Die Freizeitgesellschaft wurde in dem Maße für die Menschen orientierungs- und verhaltensbestimmend, wie sich die Wochenarbeitszeit für unselbständig Beschäftigte über die letzten 100 Jahre halbierte und sich gleichzeitig die Urlaubstage verdreifachten. Zugleich wurde der Sonnabend zum arbeitsfreien

Tag, und die deutlich reduzierte Arbeitszeit eröffnete schon mit dem späten Nachmittag beginnende, stark erweiterte Freizeitnutzungsspielräume. Doch der enorme Anstieg an frei verfügbarer Zeit und all die freizeitgesellschaftlichen Errungenschaften erzeugten erst in dem Moment einen Bruch mit den bisherigen Freizeitgewohnheiten, als das Medienzeitalter begann und das Fernsehen seinen Siegeszug antrat. Das Fernsehen ergriff seit den 50ern in einem nicht aufhaltbaren Sog von der häuslich gebundenen Freizeitgestaltung Besitz, so dass Axel Schildt (1993: 477) sich rückblickend veranlasst sah, von einer „sozialgeschichtlich revolutionären Veränderung der Freizeitsphäre durch das Fernsehen" und einer damit verbundenen „Zementierung der Häuslichkeit" zu sprechen.

Nach dem Radio und dann dem Fernsehen bildete der technische Ausstattungs- und gelegentlich sogar Überversorgungsgrad der Bundesbürger mit klassischen und neuen Medien (neuerdings CD/DVD-Player, Video, Internetanschluss) die Basis dafür, um eine durchgängige freizeitliche Mediennutzung zu ermöglichen (Thole 2001: 13).

Abbildung 20: Entwicklung der Mediennutzung pro durchschnittlichen Werktag 1964 - 1995

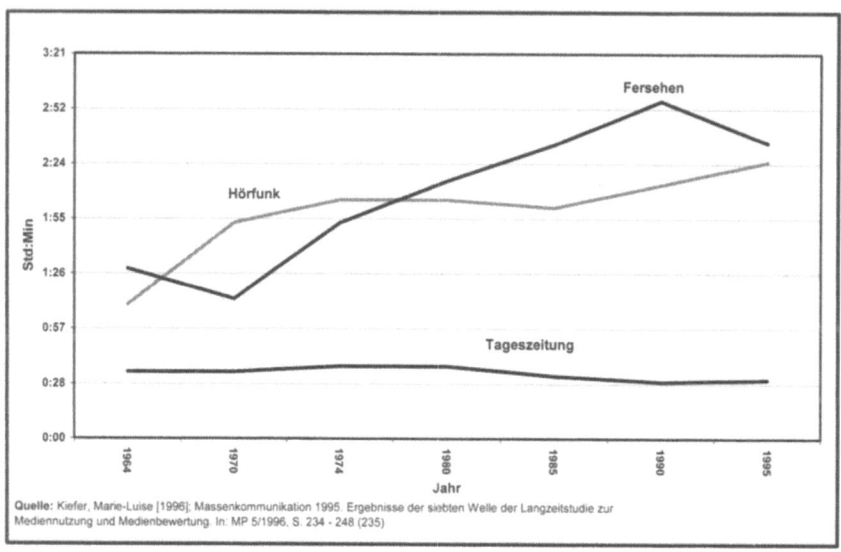

Eine Wiederholungsuntersuchung zur Mediennutzung der Bundesbürger zwischen 1964 und 1995 belegt (Abb. 20), wie stark vom Zeitumfang die Medien in das Freizeitleben der Menschen eingedrungen sind und es, ohne dass sich eine

Sättigungsgrenze anzeigt, dominieren. Die Ausdehnung der Mediennutzungszeit von 3:08 auf 4:91 Stunden ist vor allem dem Fernsehen und dem Radio als akustischen Begleitmedium geschuldet. Dagegen blieb das Zeitbudget für die Lektüre der Tageszeitung über die Jahre hinweg halbwegs unverändert.

Für die Opportunitätskosten der Mitwirkung in Parteien ist vor allem das Fernsehen interessant, weil die Primetime des TV-Konsums zu Zeiten einsetzt, in denen Parteien traditionell ihre Sitzungen und Versammlungen abhalten. Dabei hat sich die durchschnittliche tägliche Sehdauer der Bundesbürger ab 14 Jahren zwischen 1987 und 2004 von 139 auf 202 Minuten erhöht, wobei sich der Fernsehkonsum über mindestens 10 Kanäle mit in der Regel Vollprogrammen verteilt. Das Zeitbudget für die TV-Nutzung stieg eklatant an, als Mitte der 80er die Privatanbieter auf Sendung gingen und sich das kurzweilige Programmangebot vervielfachte.

Abbildung 21: Entwicklung des Medienkonsums im Vergleich zur Parteimitgliederentwicklung 1979 - 2004

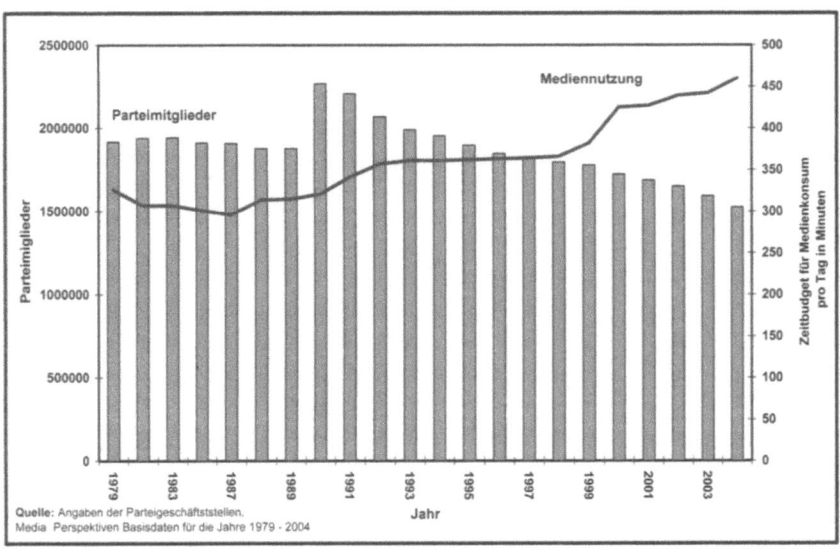

Der TV-Konsum wurde in den letzten Jahren durch die Nutzung weiterer audiovisueller Medien ergänzt, wodurch sich das dafür verbrauchte Freizeitbudget nochmals stark erhöhte. Addiert man die Zeit für die Nutzung aller audiovisueller Medien (Radio, Fernsehen, Video, Tonträger, PC) auf, steigerte sich der durchschnittliche tägliche Zeitverbrauch zwischen 1987 und 2004 von 296 auf

413 Minuten. Bringt man die Entwicklung des audiovisuellen Medienkonsums und die der Mitgliederentwicklung in einen zeitlichen Zusammenhang (Abb. 21), zeigt sich, dass zwischen dem Mitgliederniedergang und dem Anstieg des Medienkonsums eine Scherenöffnung besteht.

Eine kausale Beziehung lässt sich daraus nicht unmittelbar ablesen. Bemerkenswert ist aber für die weitere Entwicklung der seit Ende der 90er deutlich angestiegene Zeitbedarf für die Mediennutzung, in dem sich der Aufstieg des PCs und des Internets als Freizeitmedium dokumentiert. Innerhalb eines Jahrzehnts von 1993 an hat sich das Internet zu einem Massenmedium zuallererst für den Hausgebrauch ausgebreitet. Zählten 1997 erst rund vier Millionen Bundesbürgerinnen und -bürger zu den Onlinenutzern, ist die Zahl 2004 auf 33,9 Millionen und damit knapp 53 Prozent angestiegen (van Eimeren/Gerhardt/Frees 2004: 351). Mit dem enormen Verbreitungstrend zählen verstärkt auch Frauen und ältere Erwerbstätige zu den Internetnutzern. Dagegen bleibt der Cyberspace Älteren über 60 Jahre und Rentnern weiterhin verschlossen.

Das Eindringen neuer Medien in den Freizeitbereich hat vor allen für das Mediennutzungsverhalten von Jugendlichen als der strategischen Nachwuchsreserve von Parteien weitreichende Konsequenzen.

Abbildung 22: Entwicklung des Medienkonsums im Vergleich zur Jungmitgliederentwicklung von CDU und SPD 1987 - 2004

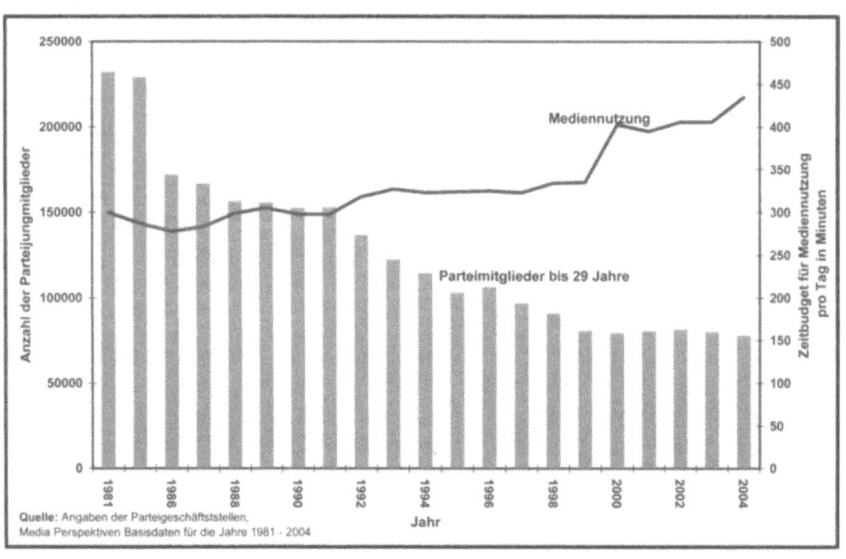

So zeigt Abb. 22 auf, dass das Zeitbudget für audiovisuelle Medien bei Jugendlichen (14 bis 29 Jahre) zwischen 1981 und 1999 „nur" von 300 auf 335 Minuten pro Tag wächst, dann aber unter Einschluss des Computers bis 2004 auf 435 Minuten hochschnellt. Auffallend ist, dass die in die Darstellung eingeflossenen absoluten Jungmitgliederzahlen von SPD, CDU, CSU und FDP erst ab 1992 auf Talfahrt gehen und sich ab 1999 bei einer Zahl um die 80.000 herum konsolidieren. Eine unmittelbare Auswirkung der verstärkten Bindung des Freizeitverhaltens von Jugendlichen an den Computer auf die Entwicklung der Jungmitgliederzahlen ist nicht zu erkennen. Dies überrascht auf den ersten Blick, weil sich bei Jugendlichen die Tendenz feststellen lässt, dass nach dem Musikhören und dem Fernsehen und auch Videokonsum in letzter Zeit der Computer mit dem dazu gehörenden Internetzugang als technisches Leitmedium deren Freizeitverhalten zu dominieren beginnt (Thole 2001: 18 ff).

Diese Entwicklung korrespondiert mit der Tatsache, dass mittlerweile neun von zehn 14- bis 19jährigen und acht von zehn 20- bis 24jährigen zur Gruppe der Internetnutzer zählen (von Eimeren/Gerhardt/Frees 2004: 352). Unter den deutschen Erwachsenen sind es im Jahr 2004 55,3 Prozent. Anders als bei über 30jährigen reicht die tägliche Verweildauer bei der Onlinenutzung unter Altersjüngeren an drei Stunden heran (ebenda: 361).

Die sich darbietenden Zusammenhänge zwischen medienorientiertem Freizeitverhalten und der Nachwuchslage der Parteien sind nicht so klar, um Parteien zu Verlierern der Freizeit- und Mediengesellschaft abstempeln zu können. Dabei lädt die Tatsache, dass im Schnitt immer mehr Stunden pro Tag vor dem Fernseher und neuerdings vor dem PC verbracht werden, zu der Vermutung ein, dass hierunter die Mitgliedschaft in Parteien als politischem Dauerengagement leiden müsste. Das Ausbleiben dieses Effekts ließe sich damit erklären, dass der Kreis an Interessierten, für die eine Parteimitgliedschaft in Frage käme und aus dem sich am Ende auch die kleine Minderheit an Parteimitgliedern rekrutiert, entweder andere engagementbetonte Freizeitgewohnheiten zeigt, oder sich aber überwindet, für die Parteiarbeit und das politische Engagement die häusliche Mediennutzung hinten anzustellen. Leider liegen keine Untersuchungen vor, die die über Eintrittsbereitschaft zu identifizierende Nachwuchsreserve der Parteien dahin genauer befragt hätten.

Dass Eintrittsinteressierte über ein spezifisches Mediennutzungsverhalten verfügen müssten, lässt sich aus der Debatte um die Wissenskluft zwischen sogenannten Informationsbesitzern und Informationshabenichtse im Medienzeitalter (Norris 2000: 112) herleiten. Danach wären Eintrittswillige wie politisch Interessierte und Engagementbereite eher zu den Nutzern des Informationsangebots der Medien zu zählen. Dagegen würde die Angebotserweiterung im Bereich der Unterhaltungs- und Fiktionsformate der Sender der unpolitischen und für eine Parteimitgliedschaft so oder so nicht ansprechbaren Masse der Bürger die Flucht weg von den Politik- und Informationsangeboten der TV-Anbieter ermöglichen. Die Tücke dieses Arguments besteht allerdings darin, dass Massenmedien mit ihrem aktuellen und vielseitigem Politik- und Informationsangebot all das in den Schatten stellen, was Parteimitglieder innerparteilich an Exklusivinformationen zugänglich gemacht werden könnte. Überraschen kam deshalb nicht, dass Parteimitglieder ihren politischen Informationsbedarf in erster Linie über die Massenmedien befriedigen (Wiesendahl 2002a: 369 f). Für die Eintrittsbereitschaft in Parteien bedeutet dies aber, dass sie in Konkurrenz zu den Massenmedien zumindest als Informations- und politische Bildungsanbieter ihre Attraktivität eingebüßt haben.

Insgesamt fehlt es dem Freizeit- und mediengesellschaftlichen Erklärungshintergrund an Eindeutigkeit und Stringenz, um einen gesicherten Beitrag zur Aufhellung des Mitgliederschwunds der Parteien leisten zu können.

5.6 Vertrauensschwund und Beziehungskrise zwischen Parteien und Bürgern

Wenn es um die Erklärung der Nachwuchskrise der Parteien geht, werden sich Klima- und Beziehungsfaktoren zwischen Parteien und Bürgern schwerlich außen vorhalten lassen. So handelt es sich um eine akademische Binsenwahrheit, dass Vertrauensverlust in die Politik und in den Zustand der Demokratie negative Auswirkungen auf die konventionelle politische Beteiligung der Bürger haben. Umso mehr werden Menschen sicherlich nicht die Nähe und die Mitarbeit zu solchen politischen Organisationen und Einrichtungen suchen, für die sie persönliche Antipathie empfinden und denen sie nicht über den Weg trauen. Nicht von der Hand zu weisen ist sogar, dass bei Personen, die grundsätzlich einem Parteibeitritt nicht abgeneigt sind, gleichwohl die subjektive Hemmschwelle in die Höhe wächst, wenn Parteien in der Öffentlichkeit Misstrauen oder gar Feindseligkeit entgegenschlägt.

Ist vor diesem Hintergrund dem Beziehungsverhältnis zwischen Bürgern und Parteien eine große Bedeutung für die Mitgliederkrise beizumessen, tut sich auf dem Gebiet ein Abgrund auf, weil die Parteien einen massiven Vertrauensverfall hinzunehmen haben (Pickel/Walz 1995: 149). So sind nach Emnid-Erhebungsdaten die Vertrauenswerte für Parteien, die 1983 noch einen Höchstwert von 50 Prozent erreichten, bis zu Beginn der 90er auf 21 Prozent abgesackt (Wiesendahl 1992: 3f) und konnten sich danach von ihrem Absturz nie wieder erholen. Nach zuletzt verfügbaren Emnid-Daten von Ende 1999 verharrt der Anteilswert derjenigen, die Parteien sehr bzw. eher vertrauen, bei 20 Prozent.

Nach der Jahrhundertwende zeigen Deutschlandtrend-Befunde von Infra-test-Dimap (2003: 10) an, dass sich das Vertrauensniveau noch weiter unter die 20-Prozent-Marge abgesenkt hat. Und laut jüngsten Forsa-Umfragen vom Januar 2004 und März 2005 sind es gerade mal zwölf von hundert Bundesbürgern, die zu den Parteien großes Vertrauen bekunden.

Die Vertrauenswerte in Ostdeutschland von 2000 liegen nochmals unter de-nen von Westdeutschland (13 : 17 Prozent) und erklären sich vor allem aus der erhöhten politischen Unzufriedenheit der neuen Bundesbürger (Maier 2003a: 711; 2003b: 11 ff). Zum Vertrauensschwund kommt die angewachsene generelle Enttäuschung hinzu, die die Bundesbürger zu zwei Dritteln gegenüber allen im Bundestag vertretenen Parteien äußern (Köcher 2004: 5). Ein weiteres Schlag-licht auf die sich einnistende Misstrauenskultur in Deutschland wirft die sinken-de Demokratiezufriedenheit. Sie lässt sich nicht losgelöst von dem Ansehens-und Zutrauensverfall, den die aus den Parteien hervorgehenden Berufspolitiker zu erleiden haben (Cusack 1999: 238 ff), betrachten. Lagen die Zufriedenheits-werte mit dem Funktionieren der Demokratie in Westdeutschland bis in die spä-ten 70er bei über 80 Prozent, sind die Werte in den 90ern bis in die Nähe von 50 Prozent herabgesunken. Politbarometerdaten belegen, dass mit Beginn des 21. Jahrhunderts die Demokratiezufriedenheit der Deutschen weiter zurückgeht (Forschungsgruppe Wahlen 2004: 49f). In Ostdeutschland pendelte sich ab 1991 die Zufriedenheit auf ein 40-Prozentniveau ein, um dann noch weiter abzusteigen (Fuchs 1999: 140 f).

All die Daten geben nichts anderes her als den Befund, dass die Parteien ih-ren für eine intakte Beziehung notwendigen Vertrauenskredit über die letzten 20 Jahre verspielt haben. Erschwerend kommt hinzu, dass sich gerade unter Jugend-lichen als natürlicher Nachwuchsreserve der Parteien die größten Vertrauensein-brüche ergeben haben (Wiesendahl 2001: 14 f). Für eine massive Beziehungsstö-rung zwischen Bevölkerung und Parteien spricht, dass sich deren Negativbild in der Öffentlichkeit weiter verfestigt hat. Ihnen schlägt gemeinhin Unzufrieden-heit, Misskredit, Distanz und Entfremdung entgegen (Kießling 2003: 72 f).

Das dramatische Ausmaß dieser mentalen Beziehungskrise müsste, so die naheliegende Vermutung, mit schwindenden Eintrittszahlen in die Parteien ein-hergehen. Jedenfalls erblickt Paul Webb (2002: 23) im Niedergang der Partei-mitgliedschaft ein untrügliches Indiz für einen Entfremdungsprozess der Öffent-lichkeit gegenüber den Parteien. Dieser Zusammenhang ließe sich empirisch dadurch untermauern, wenn sich zwischen dem Vertrauensschwund und dem Mitgliederschwund der Parteien ein zeitlicher Zusammenhang aufzeigen ließe.

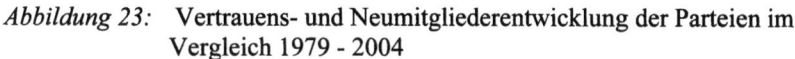

Abbildung 23: Vertrauens- und Neumitgliederentwicklung der Parteien im Vergleich 1979 - 2004

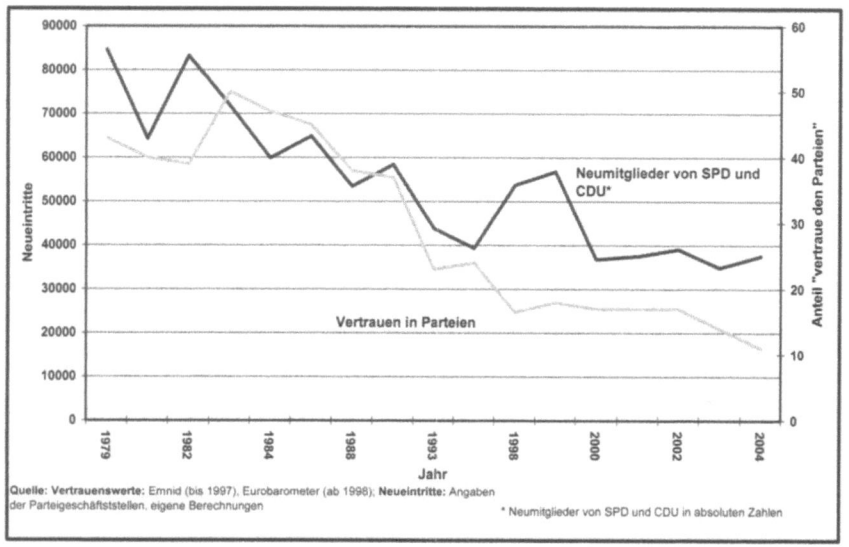

Zu diesem Zweck wurden, wie in Abb. 21 dargestellt, über einen Zeitraum zwischen 1979 und 2004 die Vertrauens- und die Neumitgliederentwicklung der Parteien miteinander verglichen. Die Vertrauenswerte bis 1997 gehen auf Emnid-Daten zurück. Die neueren Werte sind dem Eurobarometer entnommen. Die Datenlage für die Neumitgliederentwicklung ließ es nur zu, SPD- und CDU-Zahlen in die Betrachtung einzubeziehen. Neuzugänge sind, anders als die reinen Bestandszahlen der Parteien, von weitaus ergiebigerer Aussagekraft, weil sich darin die Nachwuchslage der Parteien unmittelbar abbildet. Die Übersicht indiziert, dass sich der Verfall des Vertrauensniveaus der Parteien seit 1983 in den sinkenden Eintrittszahlen der beiden Großparteien widerspiegelt. Für die ungewöhnlichen Mitgliederzuwächse zwischen 1998 und 1999 liefert der Mobilisierungseffekt der Bundestagswahl und der rot-grüne Regierungswechsel eine plausible Erklärung.

Es spricht angesichts des offensichtlich synchronen Zeitverlaufs der Vertrauensentwicklung und der Nachwuchszahlen der Parteien einiges dafür, dass die Beziehungseintrübung und Klimaverschlechterung zwischen Bürger und Parteien ihnen in der Folge eine Mitgliederkrise eintrug. Mentale Verstimmung und Organisationsunlust der Bürger gegenüber den Parteien scheinen sich zu bedingen.

5.7 Das Erklärungs-Puzzle des Mitgliederschwunds

Zum Ende einer solch umfangreichen Sichtung von gängigen Erklärungsansätzen für die Mitgliederkrise der Parteien stellt sich nicht wirklich Klarheit sondern eher Ratlosigkeit ein, weil jeder etwas Richtiges erfasst und gleichzeitig eine Menge an Nachfragen heraufbeschwört. An Kritik wurde bei der Darstellung der Ansätze beileibe nicht gespart, was die Erwartung geweckt haben könnte, dass sich nun am Ende die Kritik mit einem noch ausstehenden „richtigen" Erklärungsansatz ins Konstruktive wenden ließe. Hieran ist aber nicht zu denken. Ziel ist es vielmehr, die einzelnen Ansätze in einer Gesamtschau zusammenzuführen. Dabei darf das, was erklärungsbedürftig ist, nicht aus dem Auge verloren werden.

Schlüssig zu beantworten ist, warum die Parteien über eine Wegstrecke von über 20 Jahren hinweg Mitglieder verloren haben, was nur temporär von einheitsbedingten Buchungsgewinnen unterbrochen wurde. Genauer noch gehen die Verluste in erster Linie auf ausbleibende Neumitglieder zurück, was die Frage aufwirft, warum immer weniger Eintrittswillige ein Mitgliedsbuch erworben haben.

Was die Antworten auf diese Fragen betrifft, kann bei der Länge des Mitgliederniedergangs nicht außer Acht gelassen werden, dass potenzielle Parteimitglieder in den 80ern womöglich andere Gründe als die in den 90ern hatten, um Parteien fern zu bleiben. Und für den politischen Nachwuchs zu Beginn des 21. Jahrhunderts gelten womöglich wieder andere Gründe. Wäre dem so, sind auf jeden Fall neben allgemeingesellschaftlichen Wandlungstrends auch noch die Zeitumstände als intervenierende Variablen in die Ursachenschau einzubeziehen. Allgemeine gesellschaftliche Entwicklungstrends tragen deshalb solange wenig zur Hintergrundausleuchtung der Mitgliederkrise der Parteien bei, wie sie nicht im konkreten zeitgeschichtlichen und nationalen Wirkungszusammenhang auf ihren tatsächlichen Erklärungswert getestet werden. So wird etwa der Stellenwert gesellschaftlicher Modernisierungsansätze durch die Tatsache getrübt, dass sich, wie aufgezeigt, in Europa höchst unterschiedliche Verlaufsmuster in der Mitgliederentwicklung abgespielt haben. Modernisierungstrends, in welche Richtung auch immer, müssten sich jedoch in einer Angleichung des Mitgliederauf- und –abs kenntlich machen. Seit den 90ern scheint sich solch ein grenzüberschreitender Angleichungsprozess im Mitgliederschwund einzustellen. Doch wäre bei den modernisierungstheoretischen Ansätzen dann die Erklärung nachzuliefern, warum die prognostizierten Trends nicht schon seit den 70ern, sondern erst seit den 90ern greifen. Nicht durchgehen kann zudem, dass die allgemeingesellschaftlichen Erklärungsansätze einen breiten Bogen um die Frage machen, warum die Parteien eine vergleichsweise konstant große Personengruppe an

Beitrittsgeneigten besitzen, von denen sich aber immer weniger zum faktischen Eintritt durchringen.

Wenn es eins gibt, was es aus der kritischen Gegenüberstellung der konkurrierenden Erklärungsansätze zu lernen gilt, dann dies, dass der zeitgeschichtliche Wirkungszusammenhang auf jeden Fall zu beachten ist, um der zeitabhängigen und zeitbegrenzten Wirkungsmacht von Erklärungsfaktoren genauer nachspüren zu können. Da es um einen Zeitrahmen von über 20 Jahren geht, ist es geboten, die Mitgliederkrise noch einmal gerafft von der Zeitachse her aufzuspulen. So erlitten die Parteien schon in der Boomphase des Mitgliederzulaufs während der 70er als konventionelle Partizipationsanbieter einen ersten Attraktivitätsverlust, weil zunächst Bürgerinitiativen und dann neue soziale Bewegungen auf den expandierenden politischen Beteiligungsmarkt drängten. Mit den von den Neuanbietern offerierten Alternativangebot etablierte sich gewissermaßen ein zweiter unkonventioneller Beteiligungsmarkt, auf dem die hochpolitisierte Aktivbürgerschaft ihre stark angestiegene Nachfrage nach selbst organisierter Partizipation sowie nach gemeinschaftlichem, antiinstitutionellem Protestieren und Demonstrieren ausleben konnte. Auf der politischen Linken stand die Parteiabstinenz Ende der 70er und folgende deshalb an, weil die damalige Regierungskoalition aus SPD und FDP mit ihrer fehlgeleiteten etatistisch-technokratischen Politik zum Hauptangriffspunkt einer in ihrer Stoßrichtung parteifeindlichen Protestbewegung wurde. Die zuvor noch hochmobilisierte politische Rechte wurde ihrerseits enttäuscht, als mit dem Regierungswechsel und dem Beginn der Kohlära die erhoffte geistig-moralische Wende ausblieb. Mit der gelähmten oppositionellen SPD und der kanzlerzentriert regierenden CDU setzte ein politischer Demobilisierungsprozess ein, der für Beitrittswillige vergessen ließ, für welche große Sache es sich lohnen könnte, um der generellen Bereitschaft zum Eintritt Taten folgen zu lassen.

Für die mittlerweile in ein höheres Lebensalter vorgerückte Protestgeneration blieb das Tischtuch zu den Parteien fortan zerschnitten. Sie trug weiter an dem Frust, dass nicht nur die Schmidt- sondern auch die Kohl-Nachfolgeregierung an der politischen Linie festhielt, gegen die sie im Mobilisierungssog der neuen sozialen Bewegungen Sturm gelaufen war. Mit der auf Parteieintritte demobilisierend wirkenden Kohlära setzte eine Skandalserie von der Flickaffäre bis zu den Barschelmachenschaften ein, die wie schleichendes Gift das sowieso schon belastete Beziehungsverhältnis der Bürger zu den Parteien zersetzte. Den Preis hierfür zahlten die Parteien mit massivem Vertrauensverlust und einer mentalen Entfremdung, die anfangs der 90er in einen Aufschwall von Parteienverdrossenheit kulminierte. Nach der unter Ausschluss der Bürgerschaft etatistisch vollzogenen deutschen Einheit setzte sich die Klimaeintrübung fort, weil sich in der Bevölkerung die Zweifel mehrten, ob die Parteien und die aus ihnen hervorgehende politische Klasse der rasch ausufernden wirtschaftlichen, sozialpolitischen und fiskalpolitischen Probleme Herr werden würden. Nun griff das Empfinden in der Öffentlichkeit um sich, dass Parteienherrschaft nicht zur Lösung der Probleme beitrage, sondern selbst eine zentrale Ursache für den Problemstau und die blockierte Republik bilde.

Zu Beginn der Regierungsära von Schröder 1998 ergab sich ein leichtes Erwartungshoch, das sich aber mit der bald einsetzenden Wirtschafts- und Sozialkrise rasch wieder verflüchtete. Die neo-liberale Wende der Schröderregierung und die Agenda 2010 haben nicht nur die sozialdemokratischen Stammwähler und Kernanhänger vergrätzt, sondern auch noch eine Massenaustrittswelle aus der SPD eingeleitet (Wiesendahl 2004b: 23 f). Auf die Frage, welches die Gründe für den Mitgliederschwund der SPD seien, machten nach einer Forsa-Umfrage unter SPD-Mitgliedern von Mitte September 2003 (Der Spiegel 39/03, S. 34) 37 Prozent „Gerhard Schröders Regierungspolitik" verantwortlich, während sich 38 Prozent für die Antwort „Parteien sind generell unpopulär und out" entschieden. CDU und CSU stehen im Falle eines Regierungsantritts ähnlich drastische Abgänge ihrer Wähler- und Mitgliederbasis in Aussicht.

Für die Erklärung der Mitgliederkrise in den neuen Bundesländern sind noch andere Hintergründe zu beachten. Dort rissen die bis Mitte der 90er massiv anhaltenden Austritte große Lücken in die Mitgliederreihen, die sich wegen fehlender Neueintritte nicht wieder schließen ließen (Hofmann 2004: 148). Die ausgeprägte Organisationsdistanz und die Rückzugstendenzen der Ostdeutschen lassen sich auf eine posttotalitäre Engagementschwäche (Hofmann 2004: 149), gewissermaßen auf einen „Ohne mich"-Reflex auf die erzwungene Überpolitisierung im SED-Regime zurückführen. Für diese Pendelthese spricht die allgemeine organisatorische Bindungskrise, von der nicht nur Parteien, sondern auch Gewerkschaften und alle weiteren Formen des organisierten Gemeinschaftslebens erfasst wurden. Richtet man den Blick auf den demokratischen Gewöhnungsprozess, ließe sich die anhaltende Partizipationsmüdigkeit aber auch als Ausdruck für eine noch nicht wirklich mit Leben versehene demokratische politische Kultur in Ostdeutschland deuten (Kießling 1999: 56). Einen weiteren naheliegenden Erklärungsfaktor liefert aber auch das sehr hohe politische Unzufriedenheitsniveau der ostdeutschen Bundesbürger, das empor wuchs, nachdem die überschäumenden Hoffnungen auf eine prompte Angleichung der neuen Bundesländer an das westdeutsche Wohlstandniveau enttäuscht wurden.

Geht man vor diesen zeitgeschichtlichem Hintergrund die Erklärungsansätze nochmals durch, konvergieren diese allesamt in der Überzeugung, dass die über die Parteien hereinbrechenden gesellschaftlichen Modernisierungsprozesse sie als Partizipationsanbieter ins Hintertreffen gebracht hätten. Träfe diese Sicht der Dinge zu, gingen den Parteien in der Tat die gesellschaftlichen Voraussetzungen verloren, um auf einer breiten Mitgliederbasis fort existieren zu können. An solch einem modernisierungstheoretischen Untergangsszenario ist aber einiges zu relativieren. Im einzelnen geprüft, lässt sich für die Erklärung der Mitgliederkrise der Parteien der Verfall des politischen Interesses als irrelevant beiseite schieben. Auch die Freizeit- und Mediengesellschaft ist von der Erklärungslogik zu diffus, um sie weiter beachten zu müssen. Mit der Individualisierung und Milieuerosion sieht es anders aus, weil vieles dafür spricht, dass in einem langsamen Prozess Milieus als Nachwuchsbasis der Parteien verloren gehen. Mitglieder über ihre soziale Lage oder über ihren Glaubensstandpunkt zu rekrutieren, ist für die Parteien kaum noch machbar. Der Erklärungswert von kognitiver Mobilisierung, Wertewandel und Partizipiationsverlagerung ist zeitbedingter als es den Anschein hat, wenngleich die Faktoren in den 70ern und 80ern wohl Wirkung genug besaßen, um einen Keil zwischen die Anhänger der damaligen Protestkultur und den Parteien zu treiben. Empirisch besäße die einleuchtende Partizipationsverlagerungsthese eine größere Aussagekraft, wenn nicht nach dem Ende des Mobilisierungszyklus der neuen sozialen Bewegungen in den frühen 80ern auch auf dem unkonventionellen Berteiligungsmarkt eine Flaute einsetzte. Denn dadurch tut sich eine Erklärungslücke auf, warum es Parteien selbst nach dem sanften Auslaufen der partizipatorischen Revolution und dem Abflauen der neuen sozialen Bewegungen nach derem Mobilisierungsrausch den Parteien verwehrt blieb, an ihre alten Erfolge als hergebrachte Ausrichter von behäbiger konventioneller Partizipation wieder anzuknüpfen. An einem Ende der kognitiven Mobilisierung und nachlassender Partizipationsnachfrage kann es nicht gelegen haben. So bleibt erklärungsbedürftig, warum Hochpolitisierte nach ihrem Ausflug in die Protestkultur ihre Partizipationspraktiken nicht wieder rückverlagert haben und die schon nicht mehr durch die Unruhe- und Aufbruchjahre sozialisierte Nachwuchsgenerationen das Partizipationsangebot der Parteien weiterhin ausschlugen.

Die Wirkungsreichweite dieser nach wie vor populären Faktoren wird auch deshalb überschätzt, weil zu wenig berücksichtigt wird, dass sich realiter die Aktivbürger den von der Theorie behaupteten Ausschluss zwischen Parteimitgliedschaft und unkonventioneller, selbst organisierter Partizipation nie zu eigen gemacht haben. Zur Hochzeit des Wertewandels war der Anteil der Postmaterialisten in den Parteien hoch, und Parteiaktive sind bei allem was bekannt ist in großer Zahl auf Demonstrationen und in selbstbestimmten Kleingruppen vorzufinden. Zu berücksichtigen ist gleichwohl, dass der Strukturwandel des Beteiligungsmarktes seit den 70ern einen Teil von aktionsorientierten Partizipanten angezogen hat, der den Parteien als Nachwuchs verloren ging.

Die strukturelle Anreizschwäche der Parteien zählt nur bedingt, weil der Ritualismus und Formalismus des Binnenlebens der Parteien als Eintrittshindernisgrund überschätzt wird. Viel stärker schlägt dagegen die weltanschauliche Anziehungsschwäche der Parteien zu Buche, seitdem sie sich ideologisch entschlackt haben und mit ihrem verwaschenen Profil einen Wettbewerb um einen Platz in der mittigen Mitte austragen. Der Neoliberalismus als Gemeinschaftsideologie der Parlaments- und Regierungsflügel der Parteien schreckt im besonderen Maße Beitrittsinteressierte ab, weil er die frustrierende Botschaft enthält, Politik nicht mehr anders als im vorgegebenen Interesse der Wirtschaft machen zu können. Eine besonders nachhaltige Wirkung auf die Mitgliederkrise der Parteien geht höchstwahrscheinlich von deren Vertrauenskrise aus, weil das gegen die Parteien gerichtete öffentliche Reiz- und Verstimmungsklima auch auf Eintrittswillige abfärbte. Wer lässt sich schon mit seinem Dauerengagement auf Parteien und ihre Wortführer ein, die dermaßen unsäglich in öffentlichen Misskredit und Verruf geraten sind. Fehlendes Vertrauen wirkt sich auch deshalb als Eintrittsbremse aus, weil es Selbstschutzinstinkte von Eintrittswilligen weckt, um nicht mit der Zielscheibe des Argwohns und der latenten Feindseligkeit gleichgesetzt zu werden.

Eine ungünstige Verquickung von Umständen hat dazu geführt, dass es seit Jahren schon keine förderlichen Anstöße mehr für Parteieintritte gibt, währenddessen gleichzeitig die mentalen Hürden, die von einem Parteieintritt abschrecken, in die Höhe gewachsen sind. Zu verdanken haben die Parteien ihre Nachwuchskrise sich selbst, weil ihr öffentliches Negativimage sich nicht von hausgemachtem Versagen und dem skandalösen Fehlverhalten diverser Parteispitzen loslösen lässt. Als weiterer Einflussfaktor für ihre öffentliche Entwertung sei aber auch noch die akademische Begleitdebatte der Mitgliederkrise erwähnt, zumal diese seit den 70ern gegenüber den Parteien immer kritischer werdende Töne anzuschlagen begann. Dies setzte mit der partizipatorischen Demokratiedebatte ein, von der die etablierten Parteien wegen ihres elitenzentrierten Gesichts und als integrale Teile des repräsentativ-demokratischen Institutionengefüges ins Abseits gestellt wurden. Ein Übriges zum Negativ-Labeling der Parteien trug die politische Partizipationsforschung bei, durch die das konventionell-parteigebundene gegen das zeitgemäßere unverfasste unkonventionelle Engagement ausgespielt wurde. Letzteres wurde schon deshalb mit dem Gütesiegel des politisch-kulturell Höherwertigen versehen, weil es mit dem damals akademisch vorherrschende direktdemokratischen Selbstbestimmungsideal identifiziert wurde. Die Affinität der Demokratie- und politischen Partizipationsforschung für die neue Protest- und Demonstrationskultur hatte ihren Grund: Konnte doch nun mit der sich ausbreitenden unkonventionellen Partizipation, den Bürgerinitiativen und neuen sozialen Bewegungen nachgewiesen werden, dass die (West) deutschen, die lange genug der formaldemokratischen Untertanenkultur verhaftet blieben, nun zum Leitbild der direktdemokratischen politischen Beteiligungskultur aufgeschlossen hatten. Mit der emphatischen Hochzeit der Bewegungsforschung in den 80ern geriet das auf der falschen Seite stehende parteipolitische Engagement noch stärker in Verruf. Den akademisch gespeisten Antipathien wurde auch in den 90ern weiter Nahrung zugeführt, als die zivilgesellschaftlich inspirierte Selbstorganisations- und Ehrenamtsdebatte den Parteien als staatsbezogenen Partizipationskanälen zusetzte. Nicht zu übersehen war, dass nach der Bewegungs- nun auch die Zivilgesellschaftsdebatte nichts von der anti-institutionellem Konfrontationshaltung gegenüber den Parteien als verlängertem Arm von Staat und Hierarchie zurücknahm.

Ganze Generationen von gymnasialen Leistungskursteilnehmern und von Politikstudenten wurden zwischenzeitlich mit der akademisch sakrifizierten Gewissheit geimpft, dass Mitwirkung in Parteien nicht mehr den Zeichen der Zeit entspräche. Mitarbeit in Parteien kam auf diese akademisch induzierte Weise in Misskredit, zumal sie immer stärker den Beigeschmack von etwas Abgeschmackten, organisatorisch Gegängelten, Elitengesteuerten und Staatsfrommen annahm. Jedenfalls sollte die akademisch gezogene Bruchlinie zwischen überständiger Parteimitgliedschaft und demokratisch höherwertiger und zeitgemäßerer unkonventioneller Partizipation bis heute nicht wieder gekittet werden.

Bringt man abschließend den Mitgliederniedergang nochmals mit dem Mobilisierungsprozess der 70er zusammen, lassen sich vor diesem Hintergrund einige allgemeine Erkenntnisse für die Mitgliedergewinnung von Parteien gewinnen. Parteien umgibt ein Nachwuchspool an nicht Beitrittsabgeneigten, die ihnen politisch nahe stehen und sich zumeist in ihrer Berufs- und Alltagswelt in einem parteiaffinen Umfeld bewegen. Vom politischen Sozialisationshintergrund haben sie diverse Politisierungsanregungen erlebt und stehen häufiger in Kontakt mit ihnen nahe stehenden Personen, die Mitglied von Parteien sind oder Parteierfahrung besitzen. Der Zufluss von Parteien bricht deshalb nicht vollständig ab, weil aus diesem potentiellen Nachwuchskreis immer einige durch Animation oder Selbstrekrutierung als Mitglieder zu ihnen finden. Skandale und ein Negativimage der präferierten Partei können aber auch den Beitritt verhindern.

Ein breitenwirksamer Anstoß zum Transfer von Eintrittsneigung in einen konkreten Beitritt geht aber nur von einer günstigen Gelegenheitsstruktur aus, von der erhöhte Anreize ausgehen, um den Beitrittsschritt zu vollziehen. Wie die frühen 70er, aber auch die Zeit vor der Währungsreform oder die Gründungsphase der Weimarer Republik belegen, löst eine angespannte Situation als Gelegenheit einen Mobilisierungsprozess aus, in dessen Sog ein Strom von Angeturnten zu den Parteien findet. Die Voraussetzung hierfür bildet ein die Gemüter erregender Konflikt um politische Richtungsalternativen, in dem Parteien klar gegeneinander positioniert die Konfliktführerschaft übernehmen. Die polarisierende Konfliktformation löst bei aktivierbaren Anhängern Parteinahme- und Mitmachwünsche aus, so dass, solange der politisierungssteigernde Konfrontationszustand anhält, ungewöhnlich viele Menschen sich den Parteien anschließen. Parteien gewinnen in dieser Auseinandersetzungssituation an mobilisierungssteigernder Anziehungskraft, wenn sich der Richtungskonflikt auch noch über rivalisierende Spitzenpersonen zuspitzen lässt.

Ganz wesentlich für solch eine mobilisierende Gelegenheitsstruktur ist, dass es um politisierungsfähige klare Richtungsalternativen mit Pro- und Kontraausrichtung geht und die Chancen als offen eingeschätzt werden, um sich gegen den Gegner durchsetzen zu können. Die Parteienkonkurrenz erhält alle Inkredenzien für dieses (friedliche) Spiel bis hin zum Showdown bei Wahlen. Nicht von ungefähr simulieren Wahlkämpfe die Gelegenheitsstruktur mit dem Effekt, dass sich in der Tat die Eintrittszahlen für die Parteien temporär erhöhen.

Eintrittswellen dagegen, die die Parteien erlebt haben, sind das Ergebnis eines außergewöhnlichen Mobilisierungseffekts, wobei das politisch-kulturelle Umfeld der Parteien und die zugespitzte Streitkultur eine stimulierende Politisierungskulisse beisteuern müssen. Das historisch einzigartige Zusammentreffen von kognitiver Mobilisierung, Politisierung, sozialliberaler Aufbruchsphase und bürgerlich-konservativer Gegenmobilisierung öffnete in den 70ern die Schleusen für eine Mitgliederschwemme in die Parteien hinein, die nach der Auflösung dieser mobilisierungsträchtigen Konstellation wieder verebben musste. Die Regel für eine solche Überhitzungssituation ist, dass sie den Keim einer Pendelbewegung enthält, die in Richtung auf Demobilisierung und Beziehungsabkühlung der Bürger zu den Parteien ausschlägt (Wiesendahl 2002b: 163 ff). Infolgedessen legte sich über die 80er Jahre der Mehltau eintrittshemmender politischer Demobilisierung. Was vor 30 und mehr Jahren geschah, ist längst zur so nicht wiederholbaren Geschichte geworden. Vielleicht hat Klaus von Beyme sogar mit seiner Einschätzung Recht, wenn ihm die damalige „Reideologisierung, hektische Mobilisierung, Politisierung des öffentlichen Diskurses ... wie das letzte Aufbäumen der Werte der klassischen Moderne in der Sphäre der politischen Partizipation" (2000: 203) vorkommen. Heute, bei dem anreizverarmten Angleichungszustand der Parteien, ist in der Tat jeglicher Gedanke an eine Neuauflage einer mobilisierenden Gelegenheitsstruktur als Fantasterei zu Grabe zu tragen. Mobilisierung schlägt stattdessen ins Gegenteil um, wenn politische Sachzwänge, Angleichung und die augenscheinliche Alternativlosigkeit herrschender Parteipolitik alles an Anstößen blockiert, was Mitmachinteressierte zum Eintritt in Parteien bewegen könnte.

6 Die Folgen des Mitgliederschwunds

Die Parteien in Deutschland haben so viele Mitglieder verloren, dass der Schwund in ihren Reihen die Frage aufwirft, wie es zukünftig weitergehen soll und inwieweit sich ihr Ende als Mitgliederparteien anbahnt. Um ihr Verschwinden geht es sicherlich nicht. Dagegen sprechen schon die immer noch 1,5 Millionen Organisierten. Selbst der absehbare weitere Schwund wird sie nicht unmittelbar mit der Überlebensfrage konfrontieren. Zudem verschwinden gewachsene Mitgliederparteien nicht einfach so, sondern verfügen auch im verkleinerten Umfang noch über ein enormes Verharrungsvermögen.

Immerhin sind die großen Mitgliederparteien SPD, CDU und CSU nach Jahren des Aderlasses immer noch relativ groß und halten sich die Parteien mit kleinerem Mitgliederstamm wie PDS, FDP und Grüne auf Abstand. Und Susan E. Scarrow (2002: 86) kann ihrer jetzigen Lage im Vergleich zu der Zeit vor dem Mitgliederboom nur Positives abgewinnen: „The German parties are organizationally stronger at the end of the 1990s than they were forty years earlier. All have more members, more employees, and much bigger budgets then at the beginning of the 1960s".

Klingt diese Erfolgsbilanz angesichts des Mitgliederschwunds auch etwas geschönt, ließe sich zumindest konzedieren, dass die Parteien nach den einzigartigen Ausnahmejahren ihres Mitgliederbooms nun wieder auf ihr Normalmaß zurückgeschrumpft sind. Doch ihre chronische Nachwuchskrise und Überalterung wird sich schwerlich mit der Normalisierung ihres Zustands gleichsetzen lassen. Es gibt nicht einfach ein „weiter so", sondern die „fast universelle Schwächung der Mitgliederorganisationen westeuropäischer Parteien", wie Poguntke (2000: 264) diagnostiziert, wird die Funktionsfähigkeit der unter Mitgliedernot leidenden Parteien nicht unbeeinträchtigt lassen.

Wie weit diese Beeinträchtigung in Wirklichkeit geht, ist aber weder im Hinblick auf die Organisationskapazitäten noch das Beziehungsverhältnis zur Gesellschaft einfach zu beantworten. Chronische Mitgliederauszehrung müsste eigentlich an die Organisationskraft der davon betroffenen Parteien gehen (Plasser 1987: 115f). Und gewichtige Stimmen sehen in dem Mitgliederschwund auch einen Kapazitätsverlust (Mair/van Biezen 2001: 13), genauso wie ein Niedergang des Parteilebens in den Basisorganisationen zu vermuten sei (Mair 1997: 24).

Aus dem Blickwinkel des Organisationspraktikers vertritt dagegen der ehemalige Bundesgeschäftsführers der SPD, Matthias Machnig (2002: 104), die Auffassung, dass die Mitgliederzahl einer Partei allein nicht viel an Aussagekraft her gäbe. Viel wichtiger sei dagegen für die „Aktionsfähigkeit der Parteien" die „Aktivität und Aktivierbarkeit" der Mitglieder. Und hierin läge „das eigentliche Problem der Mitgliederpartei". Norwegische Untersuchungen erbringen hierzu überraschende Befunde. So konnten Heidar und Saglie (2003a: 766) anhand eines Vergleichs zweier Umfragen von 1991 und 2000 unter norwegischen Parteimitgliedern keine rückläufigen Beteiligungsraten feststellen. Selbst die elektoralen und interelektoralen Außenaktivitäten der Parteimitglieder ließen nicht nach (S. 770 f), obgleich sich die Mitgliederverluste der norwegischen Parteien in den Neunzigern auf 45 Prozent beliefen. Mitgliederschwund ließe sich also nicht mit dem Verschwinden der Mitgliederorganisationen der Parteien gleichsetzen (S. 783). Trotz Mitgliederverlusten in den 90er Jahren lassen sich auch für die Schweizer Parteien keine wirklich einschneidenden Strukturveränderungen feststellen (Ladner/Brändle 2001: 315 ff)

In die gleiche Richtung weisen auch die Ergebnisse einer Wiederholungsbefragung von Funktionären der NRW-SPD, die belegen, dass sich trotz starker Mitgliederverluste zwischen 1981/82 und 1996 der Aktivenkern in den Ortsverbänden mit 12 Prozent stabil gehalten habe. Deutlich geringer sei die Zahl der Gelegenheitsaktiven geworden (Becker u.a. 1998: 56). Und auch für die mitgliederschwachen Ortsverbände der ostdeutschen Parteien lässt sich keine nachlassende Parteiaktivität feststellen (Grabow 2000: 160, 171).

So langsam drängt sich der Eindruck auf, als sei trotz aller Unkenrufe der Mitgliederschwund am Organisationsleben und der Aktivität der Parteien schadlos vorbeigegangen. Hierfür spricht als weiteres Indiz, dass SPD und CDU die Zahl ihrer Basisorganisationen während des Mitgliederniedergangs bis heute stetig erhöht haben. In der Tat geben in reine Zahlen ausgedrückte Mitgliederverluste nicht viel her, um das Ausmaß der organisatorischen und gesellschaftlichen Schwächung der Mitgliederparteien abschätzen zu können. Etwas anders sehen die Dinge aus, wenn man etwa die Überalterung und die fehlende Frischzellenzufuhr der Parteien mit in die Betrachtung einbezieht. So beobachtet Peter Glotz (1997: 3 f) eine „Abschottung der Binnenkommunikation der Parteien vom Zeitgespräch der gesamten Gesellschaft", was auf deren abgeschotteten, überalterten und einseitig zusammengesetzten Kommunikationszirkel zurückzuführen sei. Angedeutet wird damit der Anschlussverlust an Zeitströmungen, die an den Parteien vorbeigehen und sie mit ihrer Alterung nach draußen immer schwerhöriger machen würden.

Schwerer noch wiegt die gesellschaftliche Loslösungstendenz, die Parteien mit dem Verlust von Mitgliedern erleiden. Gesellschaftliche Entwurzelung der

Parteien trägt ein Doppelgesicht, zumal es ihnen auf der einen Seite immer weniger gelingt, durch Präsenz Gesellschaft zu durchdringen. Mit jedem verlorenen Mitglied gehen auch Beziehungsbrücken zu Vorfeldorganisationen, Vereinen und gesellschaftlichen Lebenszusammenhängen verloren. Auf der anderen Seite geht innerorganisatorisch die Fähigkeit der Parteien verloren, Gesellschaft in sich aufzunehmen und in ihrer Vielfalt widerzuspiegeln. Geht der Mitgliederverlust noch mit einer Verengung der einst von den Mitgliedern verkörperten gesellschaftlichen Repräsentationsspanne einher, erleiden die Parteien sowohl einen „partizipatorischen" als auch „repräsentativen" Linkageverlust (Widfeldt 1999: 226 ff). „Meinungskonkurrenz bzw. –korrespondenz" (S. 228) zwischen Parteien und ihrer gesellschaftlichen Umwelt lässt sich bei solch einem Entwurzelungsprozess nicht mehr herstellen.

Der Rückzug aus der Gesellschaft löst noch dazu einige parteiendemokratische Probleme aus, weil Parteien als das „zentrale Scharnier" (Poguntke 2000: 23) zwischen Bürgerschaft und staatlichen Entscheidungseinrichtungen ihre Aufgabe als „instruments of public control" (Ware 1987: 25) nicht mehr gerecht werden können. Nur über breit in der Gesellschaft verankerte Mitgliederorganisationen mit Hunderttausenden von Mitgliedern glückt es, die von Parteivertretern gestellten Parteiregierungen (Party Government) mit dem gesellschaftlichen Ausgangsbereich demokratisch legitimer Herrschaft in einer dauerhaften und offenen Austauschbeziehung zu halten (Widfeldt 1999: 14 ff; Wiesendahl 2003: 16 ff). Dazu gehört, dass Parteien als Partizipationskanal interessierten Bürgerinnen und Bürgern die reale Möglichkeit zur Beeinflussung der Politik jenseits sporadischer Wahlen ermöglichen. Wie anders als durch ihre vielen Mitglieder könnten Parteien den im Parteiengesetz festgeschriebenen Auftrag erfüllen, für eine lebendige Verbindung zwischen Volk und Staatsorganen zu sorgen. An der Mitgliederentwicklung hängt also vieles für eine intakte Beziehung zwischen Staat und Gesellschaft, was bei einem Blick auf die reinen Zahlen verborgen bleiben muss.

Aus der Organisationsperspektive haben diese demokratietheoretisch ausholenden Folgenabschätzungen ohnehin weniger Gewicht, weil Parteien in ihrem Streben nach Macht Wahlkämpfe zu bestehen haben und Anhänger mobilisieren, die am Wahltag zu Buche schlagen sollen. Diese elektorale Funktionsfähigkeit ist in erster Linie gemeint, wenn es darum geht, die Folgen abzuschätzen, die sich auf die Organisationsstärke und Leistungskapazität von Parteien auswirken. Der Mitgliederniedergang soll deshalb im Folgenden auf die organisatorischen Konsequenzen für Mitgliederparteien hin ausgeleuchtet werden.

6.1 Do Members matter?

Parteien büßen dann an Funktionsfähigkeit ein, wenn es ihnen nicht mehr gelingt, Ressourcen in ausreichender und stetiger Art und Weise zu beschaffen, um ihren Organisationsbetrieb zu unterhalten und ihre Kernaufgaben zu erfüllen. Für Seyd und Whiteley (2002: 207 ff) kann kein Zweifel daran bestehen, dass weniger aktive Mitglieder den Parteien schaden würden, zumal dadurch deren Wahlkämpfe, die Eliten- und Kandidatenrekrutierung, Sozialisation und Finanzierung beeinträchtigt würden. An anderer Stelle ergänzen sie noch, dass Mitgliederverluste mit einer Erosion der Wählerbasis, mit Einnahmeverlusten, mit geringerer Schlagkraft im Wahlkampf, mit weiteren Nachwuchsproblemen und einem Legitimationsschwund der Parteien einhergehen würden (Seyd/Whiteley 2004: 360 f). Diese durch zahlreiche Befragungen von englischen Parteimitgliedern untermauerte These steht und fällt allerdings mit der Prämisse, dass es auf eingeschriebene Mitglieder in großer Zahl ankommt, um die besagten organisatorischen Erfordernisse und Aufgaben von Parteien erfolgreich bewältigen zu können.

Dies ist allerdings für die Debatte um den Fortbestand von geschwächten Mitgliederparteien nur die halbe Wahrheit. Denn Mitgliederparteien können aus zwei Gründen in ihrer Weiterexistenz bedroht werden. Einmal stehen Mitgliederparteien dann zur Disposition, wenn, und das entspricht der Logik von Seyd und Whiteley, die Mitglieder es aus eigener Kraft und Größe nicht mehr fertig bringen, die für wichtige Aufgaben der Mitgliederpartei erforderlichen Ressourcen an Zeit, Arbeitskraft und Geld beizusteuern. Anders sieht die Lage aus, wenn die von den Mitgliedern bereitgestellten Ressourcen gar nicht mehr gebraucht werden. In diesem Fall wäre der Größenumfang der schwindenden Mitglieder ziemlich bedeutungslos, weil es den betroffenen Parteien glückte, sich von anderer Seite her Ressourcen zu beschaffen, so dass sie die freiwillige Arbeitskraft und Geldzuwendungen der Mitglieder nicht mehr benötigten. Als Ressourcenquelle nutzlos geworden, ließe sich mit der Fortführung des Gedankens die Frage der Abschaffung der Mitgliederbasis von Parteien aufwerfen. Sehr viel kritischer sieht die Lage dagegen aus, wenn Mitglieder nach wie vor gebraucht würden, aber wegen ihrer schwindenden Zahl und Beschaffenheit die Parteien in Notleidenschaft stürzen würden. Der kritische Überlebenspunkt wäre dann erreicht, wenn Mitgliederparteien organisatorisch hinfällig werden und ihre Kraft zur Wählermobilisierung einbüßten.

Die Parteienforschung trennt sich entlang dieser Scheidelinie in zwei Lager. Das eine sieht die Zeit der Mitgliederparteien abgelaufen, weil Mitglieder nutzlos geworden seien. Das andere lässt auf den unverzichtbaren Nutzen von Parteimitgliedern nichts kommen und glaubt infolgedessen, dass Mitgliederverluste die weitere Funktionsfähigkeit der geschwächten Parteien beeinträchtigt. Für die Antwort auf die Frage, ob Mitgliederparteien trotz ihrer Schwächung noch gebraucht werden, ist der Ausgang des akademischen Streits elementar, weil davon auch praktisch der Erhalt und Fortbestand dieses Parteityps abhängt. Denn Mitgliederparteien, denen die Mitglieder weglaufen, haben keine Bestandsgarantie, wenn das, was rar geworden ist, nicht mehr benötigt wird.

Die alles entscheidende Frage bei der weiteren Folgenabschätzung des Mitgliederschwunds ist, ob Mitglieder noch gebraucht werden; und die verdient es, gründlich und ergebnisoffen beantwortet zu werden. In pragmatischer Hinsicht geht es um das Ziel, die Nützlichkeit und damit letzten Endes Unentbehrlichkeit von Parteimitgliedern für Parteien in ihrer gegenwärtigen Verfassung abzuschätzen. Eine existentielle Krise der Mitgliederpartei wäre dann erreicht, wenn Mitglieder abgeschrieben werden würden und die Parteien zu Karrieresprungbretter für Berufspolitiker verkümmerten.

Was die Nützlichkeit von Parteimitgliedern angeht, ist ihnen von einem gewichtigen Zweig der Parteienforschung über die letzten 40 Jahre nach dem zweiten Weltkrieg ein Stellenwerts- und Einflussverlust bescheinigt worden. Die erstmals von Otto Kirchheimer (1965) aufgestellte und dann zum Gemeingut der Forschung gewordene These ist, dass, anders als noch bei den älteren Massenintegrationsparteien, Parteimitglieder mit dem Aufstieg der Volksparteien oder „Catch-all"-Parteien eine innerparteiliche Entwertung hinnehmen mussten. Die Erklärung, die Kirchheimer hierfür liefert, bestimmt ebenfalls als Leitlinie die Richtung der Transformationsdebatte in der Parteienliteratur. Die Kernaussage ist, dass Parteien in Reaktion auf tief greifende Veränderungen ihres gesellschaftlichen Umfelds einen Strukturwandel durchgemacht haben, bei dem sie sich zu einer neuartigen Parteiform transformiert haben. Bei der entwicklungstypologischen Klassifikation fällt dann die Frage an, welche Rolle Parteimitgliedern im Rahmen des neuen Parteientyps zufällt.

Interessant ist diese Transformationsperspektive deshalb schon, weil sie sich vom Ansatz her dem Gedanken verschließt, die Folgen massiver Mitgliederverluste durch die Krisen- und Niedergangsbrille zu betrachten. Für Vertreter der Party-Change-Debatte stellt sich die Niedergangsthese für heutige Parteien nicht, weil sie anpassungsfähig genug waren, um die Mitgliederverluste schadlos auf eine andere Art und Weise zu kompensieren. Sie sind allesamt der Überzeugung, dass sich die Frage nach der Überlebensfähigkeit von ausgezehrten Mitgliederparteien dadurch erledigt hat, weil Mitglieder sowieso in einer von Catch-all-Parteien, professionalisierten Wählerparteien, Kartellparteien und Medienparteien beherrschende Epoche ihre Funktionalität und damit ihren Nutzen eingebüßt hätten.

Otto Kirchheimer hatte als erster hellsichtig in den frühen Sechzigern erkannt, dass die „Anerkennung der politischen Marktgesetze" mit dem Prinzip des Wettbewerbs um individuelle Wählerstimmen „unvermeidlich" sei (1965: 27). Wichtig sei nicht mehr die Mobilisierung von Wählergruppen aus ihrem Milieuzusammenhang, sondern das Ziel, „am Wahltag die größtmögliche Zahl von Wählern für sich zu gewinnen" (S. 34). Wie er früher schon andeutete (1954: 302), würde den neuartigen „Catch-all"-Parteien dabei technische Hochrüstung und die Nutzung des Fernsehens für Propagandazwecke entgegenkommen. Mit dem Aufstieg der Volks- bzw. Catch-all-Parteien sei zwangsläufig eine „Entwertung der Rolle des einzelnen Parteimitglieds" verbunden. Dessen „Rolle wird als historisches Überbleibsel angesehen, das das Bild der neu aufgebauten Allerweltspartei in ein falsches Licht setzen" könne (S. 32). Nicht ganz aufhellen lassen will sich allerdings dann der Sachverhalt, warum, wie Hofmann (2004: 58 f) kritisch einwendet, Volksparteien nach Kirchheimer über eine große Mitgliedschaft verfügen sollten.

Leon Epstein, ebenfalls ein Kritiker des für ihn überholten europäischen Massenparteienmodells, liefert die Erklärung für die „Dysfunktionalität" von Mitgliedern nach: Es sei ineffizient, Hunderttausende von ihnen zu organisieren, wenn sich Wähler viel leichter über die Massenmedien ansprechen und gewinnen ließen (1979: 116 f). Epstein offeriert mit dieser Aussage der Party-Change-Debatte ein grundlegendes Schlüsselargument: Mitglieder seien funktional überholt , weil sich das, was sie an Wahlkampfeinsatz leisten, viel besser über die Massenmedien verrichten ließe. Stefano Bartolini (1983: 210) bringt die Substitutionsthese als Tatsachenfeststellung so auf den Punkt, dass „the mass media have replaced the party membership as the key means of conveying the political messages of the parties to the largest possible constituency in the literate and urbanized societies today". Selbst als Beitragszahler würden die Mitglieder seit den sechziger Jahren marginalisiert, weil die Parteien den Weg zur staatlichen Parteienfinanzierung aufgetan hätten. Medien und Staatsfinanzierung sind auch für Richard Katz (1990: 146) der Grund, warum Parteimitglieder unwichtig geworden seien. Von der Transformation älterer bürokratisierter Massenparteien zu professionalisierten Wählerparteien (electorial-professional parties) haben sich nach Panebianco (1988: 262 ff) die Parteimitglieder auch nicht viel zu versprechen. Mitglieder seien zwar von ihrem Stellenwert nicht überflüssig geworden, hätten aber „less weight both financially speaking and as links with voters" (S. 266). Diese Argumentationslinie macht sich auch Grabow (2000: 27) zu eigen. Unter dem Trend zur „Wahlprofessionalisierung" hätte es den „Anschein, dass die Mitgliederorganisation zumindest als Wahlkampfressource und Finanzquelle an Bedeutung verlöre". Und für Maor (1997: 106) müssen sich die Mitglieder angesichts des Siegeszuges der professionalisierten Wählerpartei in der Hand von Berufspolitikern auf etwas gefasst machen: Heißt es doch: „the key requirement of a successful electoral party is to weaken its membership base".

Die Kartellpartei geht nach Katz und Mair (1995) das Problem der Rolle von Parteimitgliedern differenzierter an, zumal ihnen große direktdemokratische Beteiligungsmöglichkeiten gewährt werden würden. Allerdings hebe sich die Unterscheidung zwischen Mitglied und nicht organisierten Unterstützern auf, die in den internen Willensbildungsprozess einbezogen würden. Zudem hätten sich die „public office holders" und die Parteispitze durch Verfügungsmacht über staatliche Geld- und Personalressourcen dem Einfluss der Mitgliederbasis entzogen. „The members ... are more like cheerleaders, and the pattern of authority is more top-down then bottom-up" (S. 20). Nicht mehr für Mitarbeit und Beitragsleistungen wirklich gebraucht, würden den vereinzelten Mitgliedern auch weniger Einsatzverpflichtung abverlangt werden (Mair 1997: 108 ff). Als Legitimationsinstanz bleiben Mitglieder allerdings unentbehrlich. Schließlich kommen auch bei von Beyme und seiner Berufspolitiker- bzw. professionellen Wählerpartei die Mitglieder nicht gut weg, weil sich die Parteiarbeit auf kapitalintensive „mediale Materialschlachten" hin orientiere und sie sich „professionalisiert und kommerzialisiert" habe (2000: 84). Auch die zunehmende Staatsfinanzierung entwerte die Mitgliedsrolle. In die gleiche Richtung argumentiert zuletzt noch Jun, weil sich mit der „Professionalisierung des Kommunikationsmanagements ... das Zeitalter der traditionellen Mitgliederpartei ... dem Ende zuneigt" (2004: 408). Nicht ganz nachvollziehbar ist dann allerdings, warum sich die professionelle Medienpartei „weiterhin als Mitgliederpartei" (S. 410) verstehen sollte. Die Nützlichkeit von Mitgliedern hält nach seiner Ansicht „als Botschafter der Partei und als Mobilisatoren in Wahlkämpfen" weiter an. Nur hätten sie „jedoch gleichzeitig einen Funktionsverlust durch professionalisierte Medienkommunikation ... hinzunehmen" (S. 410 f).

Wie sich an dem Dargestellten zeigt, durchzieht die These, dass Parteimitglieder nicht mehr gebraucht würden bzw. funktional zu einer Restgröße geschrumpft seien, wie ein roter Faden die Party-Change-Literatur. Es überrascht dabei nicht, dass diese Marginalisierungsthese eine besonders starke Unterstützung bei (externen) Politikberatern und Kampagnenspezialisten in den USA fand, die Schlüsselfunktionen der Parteien in Wahlkämpfen übernommen und ersetzt haben (Plasser/Plasser 2002: 389). Das Schicksal jedenfalls, das den Mitgliedern durch den Strukturwandel der Parteien beschieden ist, macht sie heutzutage zu Randständigen einer an ihnen vorbeiziehenden Entwicklung. Hinter ihnen liegt nach Katz und Mair (1992: 25) ein Stellenwertverlust, der sich über einen Auf- und dann Abstiegsprozess vollzog. Zunächst noch für die Eliteparteien des 19. Jahrhunderts bedeutungslos, seien Mitglieder im Rahmen der Massenparteien in eine zentrale Stellung aufgestiegen. Die Catch-All-Partei habe sie dann marginalisiert, und mit der Kartellpartei seien sie wieder in die Bedeutungslosigkeit abgedrängt worden.

Dass Parteimitglieder aus Sicht der Party-Change-Forscher Federn haben lassen müssen, ist das Ergebnis eines Anpassungsprozesses, bei dem die Mitglieder das Nachsehen gehabt haben. Nicht unerwähnt soll bleiben, dass diese Einschätzung einseitig elitenzentriert erfolgt und der Daseinszweck von Parteien nicht minder einseitig auf Stimmenmaximierung (vote seeking) verkürzt wird. Organisationskapazitäten und Ressourcen werden so gesehen, als unterlägen sie der alleinigen Kontrolle der Parteispitzen und dienten ausschließlich Wahlkampf- und Kommunikationszwecken.

Für die Ende-der-Mitgliederparteien-Debatte ergibt sich jedenfalls, dass der Strukturwandel mit dem Funktionsverlust der Mitglieder über die Mitgliederparteien hinweggegangen ist. Hält, wie zu erwarten, der Mitgliederschwund weiter an, sind dadurch Catch-All-Parteien, professionalisierte Wähler- oder Medienparteien und Kartellparteien nicht zu erschüttern. Bezeichnend für die Party-Change-Debatte ist, dass der Funktionsverlust der Parteimitglieder nicht induktiv überprüft, sondern aus der Hinwendung der transformierten Parteien zu den Massenmedien und der Staatsfinanzierung logisch abgeleitet wird. Ob dem wirklich so ist, bleibt eine empirisch noch der Bestätigung harrende Frage.

Man kann sich der Frage nach dem organisatorischen Nutzen von Parteimitgliedern auch von einer anderen Seite aus nähern, wenn eine Nutzen-Kosten-Analyse angestellt wird, um den Wert von Mitgliedern für Parteien zu ermitteln. Dieser Ansatz ist von individuellen Kosten-Nutzen-Überlegungen zu trennen, die, wie in Kapitel 5.2 aufgezeigt, Eintrittsinteressierte anstellen könnten. Aus der Organisationsperspektive sind Mitglieder dann etwas Wert, wenn der Nutzen, den sie Parteien bringen, die Aufwendungen und Kosten überwiegen, die bei der Aufrechterhaltung und Betreuung von Mitgliedern und Mitgliederorganisationen anfallen. Wäre es nämlich unwirtschaftlich, Mitglieder zu rekrutieren, täte der Schwund zwar weh, wäre aber aus ökonomischen Gründen leichter hinzunehmen.

Susan E. Scarrow hat in diesem Zusammenhang wiederholt darauf hingewiesen (2000: 83 ff), dass Mitgliederparteien schwerlich aus purem Selbsterhaltungstrieb überleben werden. So muss die Unterhaltung von Mitgliederorganisationen auf Ortsebene für die Parteispitzen und Spitzenmanager von irgendwie greifbarem Nutzen sein, um am Fortbestand dieser Einrichtungen zur Aufnahme und Betreuung eines fest organisierten Mitgliederstammes Interesse zu haben. So einfach ist es allerdings mit der Ermittlung des Wertschöpfungsbeitrags von Mitgliedern bei der Aufgabenerfüllung nicht getan. Denn noch so viele Leistungen, die Mitglieder als Beitragszahler, Wahlkämpfer, Stimmenwerber, Stimmungsmelder und Führungsreservisten erbringen, müssen, wie Immerfall zu

Recht bemerkt (1993: 247), bei skeptischen Parteieliten und Topmanagern Überzeugtheit auslösen.

Von oben betrachtet liegt zudem der Gedanke nicht so fern, nach dem Schaden zu fragen, den Mitglieder anrichten können. Nützlichkeit ist, so hat zudem die Party-Change-Forschung erkannt, eine Frage des Vergleichsmaßstabs, zumal sich die Leistungen der Mitglieder auch durch Nutzung bzw. Erschließung äquivalenter Ressourcenquellen substituieren lassen. So war beispielsweise die Rekrutierung von individuellen Parteimitgliedern solange für die britische Labour Partei nicht relevant, wie gewerkschaftliche Subsidien und Unterstützungsleistungen einen vollwertigen Ersatz für individuelle Mitglieder bereitstellte Ressourcen boten. Es verwundert deshalb auch nicht, dass Paul Webb (1994: 111) Labour den Charakter einen authentischen Massenmitgliederpartei abspricht, was sich dann aber mit New Labour zu ändern begann. Auch das häufig als Massenpartei bezeichnete Zentrum verfügte während der Kaiserzeit und Weimarer Republik über keinen ausgebauten breiten Mitgliederstamm, weil es sich ersatzweise auf die katholische Kirche und das ihr angegliederte Vereins- und Verbandswesen abstützen konnte.

Was Parteien mit dem Mitgliederschwund verloren gehen kann, wird an dem organisatorischen Nutzenspektrum deutlich, das durch Parteimitglieder abgedeckt wird. So sind für Peter Haungs (1994: 112 f) Mitglieder schon aus Gründen der Personalrekrutierung und politischen Kommunikation unerlässlich. Wie dänische Umfragedaten bestätigen, leisten Mitglieder in der Tat einen wichtigen Beitrag zur Werbung neuer Mitglieder (Buch 1999: 262 f). Zudem dürfen Mitglieder nicht als Rekrutierungsreserve für die Besetzung von in die Zehntausende gehenden öffentlichen Ämtern gerade auf kommunaler Ebene unterschätzt werden. Eingeschlossen sind solche ambitionierten Aktiven, die für zukünftige politische Führungsrollen sozialisiert und trainiert werden (Seyd/Whiteley 1992: 3). Dass Mitglieder eine solide Finanzierungsquelle für die Parteien darstellen (Mair 1994: 14), hat sich auch herumgesprochen. Noch wichtiger ist, dass aktive Mitglieder unbezahlte Dienste im Wahlkampf und bei der Mobilisierung von Wählern leisten. Selbst in der Gesellschaft verwurzelt halten sie den Schlüssel in der Hand zur unmittelbar zwischenmenschlichen Anbindung der Parteien und Vernetzung mit der Gesellschaft. In diesem Zusammenhang wird Mitgliedern eine gesellschaftliche „Botschafterrolle" (Scarrow 1996: 124) zugesprochen, genauso wie sie für ihre Parteien die Aufgabe von „Augen und Ohren" wahrnehmen würden (Whiteley/Seyd/Richardson 1994: 4). Obendrein verleihen Mitglieder dem Legitimationsanspruch Nachdruck, sich durch eine breite Mitgliederbasis als bürgernah und tief im Gesellschaftlichen verwurzelt darzustellen. Dies geht so weit, wie sich etwa an Blairs „New Labour Project" aufzeigen lässt, dass neu rekrutierte Mitglieder dafür herhalten müssen, um das Erblühen und die

Modernität der umpositionierten Partei zu demonstrieren (Seyd/Whiteley 2002: 33). Innerparteilich, und das wird verschiedentlich betont, sind Mitglieder auch zum Austragen von Machtkämpfen und für das Einflussstreben von Aufsteigern nützlich (Bartolini 1983: 208).

Die Liste ließe sich um noch weitere Nutzenaspekte ergänzen, wenn nicht Susan Scarrow (1996: 42 ff) all diese Argumente für die Rekrutierung von Mitgliedern im Wesentlichen zusammengetragen und gebündelt hätte. Nachzutragen ist der Vollständigkeit halber der Gesichtspunkt, dass Mitgliederparteien nicht nur Tuchfühlung mit der Gesellschaft halten, sondern auch noch umgekehrt als politische Ideenlieferanten und Impulsgeber für den Parteikurs dienen. Wie Hans Geser (1999: 6 f) aufzeigt, lassen sich für die lokalen Basisorganisationen der Parteien ähnliche essentielle und nicht ersetzbare Funktionen ableiten. Was für Parteien ohne eine breite Mitgliederschaft wegbrechen würde, wird hier eindrucksvoll aufgelistet.

Doch Mitglieder zu rekrutieren und organisatorisch dauerhaft zu umsorgen, hat seinen Preis. Und noch aus anderen Gründen sind Mitglieder Kostenverursacher, was in einer Aufwands- und Ertragsbetrachtung mit einbezogen sein will. Susan Scarrow (1994: 45 f; 1996: 40 f) hebt deshalb hervor, dass Parteimitglieder als Freiwillige, anders als konvertierbares Geld, zur rechten Zeit und zweckgerichteten Gelegenheit motiviert und mobilisiert sein wollen. Noch dazu fallen für sie programmatische Kosten an, weil sie auf Ziele und Prinzipien beharren, selbst wenn diese mit Wahlverlusten einhergehen. Und schließlich sind nicht zu gering die Betreuungs- und Informationskosten zu veranschlagen, für die Personal, Material und Infrastruktur für Versammlungen bereitgestellt werden müssen. Grabow (2000: 125) stellt zwar ebenfalls gegen den potenziellen Nutzen von Parteimitgliedern einige Gegenargumente auf, welche aber weniger mit der Kostenträchtigkeit von organisierter Mitgliedschaft zu tun haben.

Was vielmehr bei Spitzenmanagern und Organisatoren von Parteien einiges Kopfzerbrechen und mitunter auch einigen Unmut weckt, ist, dass Mitglieder aus der Ressourcenperspektive einen kaum kalkulierbaren Unsicherheitsfaktor darstellen. Keiner in der Partei verfügt über die Macht, dass genügend Freiwillige zum vorgegebenen Zeitpunkt für die angesetzten Aufgaben zum Einsatz bereitstehen. Nur auf einen kleinen Kreis unentwegter Aktiver ist Verlass. Andere kommen und gehen bzw. waren zumeist nie gesehen (Wiesendahl 1998b: 200ff). Die dem Potenzial nach hohen Humanressourcen der Mitglieder liegen also zum allergrößten Teil brach, weil sie sich als Freiwillige, außer durch eigenen Antrieb, durch nichts zwingen lassen, für die Partei einzusetzen. Auch mit den Mitgliederbeiträgen ist es nicht soweit her. Sie werden zwar als finanzielle Zwangsabgaben erhoben. Doch noch ist es keinem Kassenwart oder keiner Schatzmeisterin geglückt, das Gros der Mitglieder zur einkommensehrlichen Beitragszahlung zu bewegen.

Doch was auch immer an Kosten für Mitgliederorganisationen anfallen mag, stellt in Wirklichkeit das größte Manko die Tatsache dar, dass Mitglieder eigensinnig sind und sich gegen das, was nicht mit ihren eigenen Wünschen in Deckung zu bringen ist, sperren. Als willenloses Humankapital und handzahme strategische Verfügungsmasse für Parteieliten stehen Parteimitglieder nicht zu Diensten. Umgekehrt haben Parteispitzen und öffentliche Mandatsträger zum Gefallen der Parteimitglieder die Eingrenzung ihres politischen und strategischen Manövrierspielraums gegenüber der Wählerschaft hinzunehmen. Programmatisch stehen ebenfalls Konzessionen an die Mitglieder an, weil diese sich mit ihren Präferenzen im Kurs und den Politikvorstellungen der Partei wiederfinden wollen. Und auch für das Außenimage der Parteien droht Gefahr, weil innerparteilich über kontroverse Ziel- und Kursfragen Streit ausbrechen kann und Mitglieder sich in Flügelkämpfe verwickeln. Das organisatorische Nutzenproblem von Mitgliedern stellt sich also auch und gerade dann, wenn die freiwillig bereitgestellten Aktivitäten und Hilfsdienste von Mitgliedern nur zu Bedingungen zu haben sind, die für Parteieliten nicht mehr akzeptabel sind.

Wenn man die Party-Change- und die Nutzen-Kosten-Perspektive miteinander vergleicht, gibt es im Hinblick darauf, wie die Nützlichkeit von Parteimitgliedern einzuschätzen ist, offensichtlich nur wenig an Gemeinsamkeiten. Für Vertreter der ersten Perspektive hat sich das Thema mit der Transformation der alten Massenparteien zu Volks-, Kartell-, Medien- oder Wählerparteien erledigt. Mitglieder sind ein Relikt aus längst vergangener Zeit, die nicht mehr benötigt werden. Dagegen ist der Nutzen von Parteimitgliedern für die zweite Perspektive enorm. Nur müssen dagegen die Kosten und Nachteile aufgewogen werden. Schon die Vertreter des ersten Ansatzes bedienen sich einer Elitensicht, und die des zweiten tendieren zumindest auch dazu, die Wertigkeit von Mitgliedern an ihrem Beitrag zum Wahlerfolg der Parteien festzumachen. Ob diese elitenzentrierte und auf Wahlerfolge ausgerichtete Betrachtungsweise der Organisationswirklichkeit von Parteien vollständig entgegenkommt, kann hier nicht weiter debattiert werden.

Soviel ist aber klar, dass beide Perspektiven zusammen nicht gleichermaßen mit der Wirklichkeit übereinstimmen können. Für die Beantwortung der Frage, was aus Mitgliederparteien angesichts ihrer Mitgliederauszehrung wird, ist das ein echtes Hindernis. Bleibt dabei doch offen, ob denn nun Mitglieder weiterhin gebraucht werden, oder aber ob der Strukturwandel der Parteien Mitglieder überflüssig macht. Die Ausgangsthese dieses Buches war, dass, solange Mitglieder für essentielle Erfordernisse und Aufgaben von Parteien benötigt werden, Mitgliederparteien unabhängig von ihrem rein numerischen Größenumfang fortbestehen werden. Es geht also, um den Widerspruch zwischen der Party-Change-und der Nutzen-Kosten-Perspektive aufzulösen, kein Weg daran vorbei, konkret zu ermitteln, ob Mitglieder als Wahlkampfakteure, Multiplikatoren in der Außenkommunikation und als Finanziers der Parteien wirklich nicht mehr gebraucht werden. Um jedoch auch dem Kostengesichtspunkt empirisch Rechnung zu tragen, soll obendrein geprüft werden, ob denn Mitglieder, über die heutige Parteien noch verfügen, wirklich noch bereit sind, sich als „Campaign Soldiers" bei Wahlfeldzügen bedingungslos in die Bresche zu schlagen.

6.2 Auswirkungen auf Wahlkampf und Wählermobilisierung

Wenn man in Wahlkampfzeiten durch die Straßen oder über die Marktplätze geht, sind Parteien nicht nur mit ihren Plakaten präsent, sondern auch mit ihren Wahlkampfhelfern, Ständen und Kundgebungen allgegenwärtig. Wenn man in Wahlkampfzeiten vor dem Fernseher sitzt, kann man sich der Medienpräsenz der Parteispitzenvertreter, der Talkrunden, der Wahlkampfspots nicht entziehen. Beides gehört zur Wirklichkeit des heutigen Wahlkampfs.

Zahlreiche Parteien- und Wahlkampfforscher sehen das offenbar anders. Für sie, und das wurde schon im Zusammenhang mit der Party-Change-Debatte laut, ist der traditionelle Straßenwahlkampf passee, und die Parteien haben sich vor allem des Fernsehens als Medium ihrer Außenkommunikation und der Wahlkampfführung bemächtigt. Diese Medialisierung der Außenkommunikation und des Wahlkampfs der Parteien lässt sich nach der Auffassung von Niedermayer (2000: 195) am „Zurücktreten der parteiorganisatorischen gegenüber den massenmedialen Vermittlungsformen im Rahmen der Werbekampagne" aufzeigen. Geht man der Frage nach dem Zeitpunkt dieses Strategiewechsels nach, wird der „Umbruch vom traditionellen zum audiovisuell dominierten Wahlkampf" mit dem Beginn der siebziger Jahre festgelegt (Holtz-Bacha 2002: 23). In der Parteienliteratur selbst reicht die Medialisierungsthese des Parteienwahlkampfs bis weit in die Sechziger zurück, wobei gleichzeitig die Rolle des Fernsehens als Leitmedium für die Öffentlichkeitsarbeit und den Wahlkampf der Parteien aus Sicht der Parteieliten thematisiert wurde (Müller 1986: 106 f; Scarrow 1996: 88 ff). Wie eine Übersicht über die aus der Party-Change-Debatte hervorgegangenen neuen Parteitypen belegt (Jun 2004: 125 f), ist die These zum Gemeingut geworden, dass heutige Parteien ihre Außenkommunikation rein medienzentriert betreiben würden. Vollzieht man vor diesem Hintergrund die Entwicklungsgeschichte des Parteienwahlkampfs der letzten 130 Jahre nach, wird davon ausgegangen, dass der Fortschritt mit der Verdrängung des klassischen organisationszentrierten Wahlkampfs durch den modernen medienzentrierten Wahlkampf einhergegangen sei (Pfetsch/Schmitt-Beck 1994: 234).

Der dabei obwaltenden Entwicklungslogik nach lassen sich nach dem neueren Stand der Wahlkampfforschung drei Phasen unterscheiden, die Vormoderne, Moderne und Postmoderne (Plasser-Plasser 2003: 21 ff). Das erste vormoderne Entwicklungsstadium der politischen Kommunikation und Wahlkampfpraxis ist noch durch die Dominanz des organisationszentrierten und arbeitsintensiven Parteienwahlkampfs bestimmt, bei dem Aktive als Campaign Soldiers eine wichtige Rolle spielten. Für Deutschland deckt sich diese Phase mit der Zeit ab den 1890ern, als neben dem Einsatz von Parteipresse, Flugblättern, Broschüren und Plakaten Wählerpropaganda und Massenmobilisierung durch geschlossene Großveranstaltungen sowie öffentliche Massenversammlungen und –umzüge mit agitatorischen Redneraufgebot organisiert wurden (Grießner 2000: 38 ff). Für England lässt sich eine ähnliche klassische Wahlkampfepoche feststellen (Wring/Horrocks 2001: 194 ff). Mit der zweiten, modernen Phase soll eine Abwendung vom traditionellen, arbeitsintensiven und lokalen hin zum professionellen TV-zentrierten Medienwahlkampf erfolgt sein (Farrell/Webb 2000: 103 ff; Römmele 2003: 8). Der Übergang zur dritten postmodernen Phase wird mit der Verbreitung neuer Telekommunikationstechnologien (Kabel- und Satellitentechnik) und des Internets begründet. Im Gegensatz zum Fernsehzeitalter mit seinem „Broadcasting" erlaube nun das digitale Zeitalter ein „Narrowcasting" mit der Möglichkeit, Wahlkampfkommunikation erneut zielgruppenspezifisch zu fokussieren und zu lokalisieren (Farrell/Webb 2000: 110 ff). Hierdurch zeige sich nach Norris (2002: 7) eine Rückkehr zu den mehr ortsgebundenen und interaktiven Formen der prämodernen Phase an, was durch das Internet ermöglicht würde.

Eine weitere Binsenweisheit gegenwärtiger Wahlkampfforschung ist, dass Medialisierung, Personalisierung und Professionalisierung des Parteienwahlkampfs eine Einheit bilden würden (Holtz-Bacha 2002: 47 ff). Zudem hat sich die Ansicht allgemein verbreitet, dass mit dem Professionalisierungsprozess des Wahlkampfs die von den Parteien eingesetzten Wahlkampftechniken und –stile konvergieren würden. Diese Konvergenz ist auf den Begriff der „Amerikanisierung" gebracht worden (Gibson u.a. 2003: 48 f; Wiesendahl 2001b: 600ff). Hierunter wird die internationale Angleichung moderner Wahlkampfstrategien und – techniken an das amerikanische Vorreitermodell verstanden (Römmele 2002a: 333). Für den akademischen Durchbruch dieser Verlagerungsthese des Wahlkampfs von der Parteienebene in das Fernsehen war in Deutschland nicht unbedeutend, dass der erfahrene Wahlkampfmanager Peter Radunski als glaubwürdiger Kronzeuge auftrat und behauptete: „Aus dem Parteienwahlkampf ist der Fernsehwahlkampf geworden" (1996: 36). Als Begründung für diesen Verlagerungsprozess stellt er bereits Mitte der Siebziger fest (1977: 71), dass „Wahlen ... im Fernsehen entschieden" würden.

Für die Rolle von Parteimitgliedern und die Fortexistenz der Mitgliederparteien ist nun unmittelbar relevant, welche Schlussfolgerungen aus der Verlagerungsthese gezogen werden. Unbestreitbar sei nämlich, so die gängige Vorstellung der Anhänger der Verlagerungsthese, dass die „Erfordernisse der modernen Kampagne gegen die Parteien arbeiten" würden (Holtz-Bacha 2002: 50). Moderner Medienwahlkampf schwäche die Parteien und werfe „Fragen nach deren zukünftiger Rolle in der Kampagnenorganisation auf" (S. 51). Noch einen Schritt weiter geht Jun. Er misst der „Professionalisierung des Kommunikationsmanagements" und der „Anpassung der Politik an die Medienlogik" eine dermaßen große und unumkehrbare Wirkungsmacht zu, „dass das Zeitalter der traditionellen Mitgliederpartei, sofern es überhaupt bestand, sich dem Ende zuneigt" (2004: 408).

In dem Maße, wie sich unter Wahlkampf- und Parteienforschern die Überzeugung von der „increasing obsolescence of grassroots organizational techniques" (Scarrow 1999: 152) verbreitete, gerieten auch die Parteimitglieder ins Visier der Anhänger der Verlagerungsthese. Schon vom elektoralen Funktionsverlust der traditionellen Form von Parteiorganisationen aus war es nur ein kleiner Schritt, um auf die funktionale Marginalisierung der Parteimitglieder als Wahlkampfhelfer zu schließen. Mit als einer der ersten hat Leon Epstein schon Mitte der Sechziger in dezidierter Form die These vertreten, dass mit der Verlagerung der Außenkommunikation und des Wahlkampfs auf die Medien die Zeit der Parteimitglieder und ihrer Massenorganisation abgelaufen sei (1979: 233 ff). Danach hat diese These eine furiose akademische Karriere angetreten und ist zur Standardüberzeugung größerer Zweige der Parteien- und Wahlkampfforschung geworden.

Um den Funktionsverlust der Mitglieder aus der Sicht moderner Wahlkampfführung zu erklären, wird mit der Substitutionsthese gearbeitet. Sie besagt, dass den Parteieliten mittlerweile funktionale Äquivalente durch Massenmedien, Demoskopie und Politikberatung zur Verfügung ständen, die die nachlassende Funktionskapazität der Parteimitglieder im Wahlkampf vollwertig ersetzen würden (Niedermayer 2000: 2003 ff). Hierdurch sei eine Funktionsentleerung der Parteibasis eingetreten (S. 203). Auch Klaus von Beyme schlussfolgert, dass Mitglieder „als potenzielle Aktivisten und „militants" ... für die Wahlschlachten bedeutungslos geworden" seien (2000: 12). Auch Römmele (2002a: 334) folgt die Marginalisierungsthese mit dem Argument, dass Parteimitglieder als „kommunikative Multiplikatoren" durch „direkte Wähleransprache" über die Massenmedien abgelöst worden seien. Und schließlich ist dies ebenfalls für Grabow (2000: 297) der ausschlaggebende Grund, warum Parteimitglieder „einen immer geringeren Wählermobilisierungsnutzen stiften und ... keine notwendigen Bedingungen des Wahlerfolgs (mehr) sind". Jun sieht die Zukunft der Parteimitglieder ebenfalls schwarz und bindet seine Aussage an den Niedergang des konventionellen Wahlkampfs: „Verlierer der gesamten Entwicklungstendenzen sind die aktiven Mitglieder, die als Kommunikations- und Kreativitätsressource an Bedeutung verlieren und in modernen Medienwahlkämpfen als Plakatekleber, Flugblattverteiler und interpersonale Kommunikatoren entsprechend dem Bedeutungsverlust dieser Kommunikationsformen kaum noch gebraucht werden" (2002: 304).

Bezeichnenderweise bildet die expandierende Zunft der externen Politikberater und Wahlkampfexperten eine der stärksten Befürworter der Marginalisierungsthese. Insbesondere in den USA ist für diese Gruppe ausgemacht, dass traditionelle Parteiorganisationen für moderne Wahlkämpfe irrelevant geworden seien (Plasser-Plasser 2002: 400). Die Wahlkampfwandel-Debatte lässt insgesamt keinen Zweifel daran, dass die Zeit der Mitgliederparteien abgelaufen ist und Parteimitglieder für Wahlkampfzwecke nicht mehr gebraucht würden. Was in klassischer Zeit einmal nützlich war, habe durch Professionalisierung und Medialisierung des Wahlkampfs für Parteieliten seinen Nutzen verloren. Gäbe es für Mitgliederparteien ein Aus, wäre dem Verschwinden dieses obsoleten Relikts aus vergangener Zeit keine Träne nachzuweinen.

Ob allerdings die These von der Verlagerung des Wahlkampfs, und daraus abgeleitet, der Marginalisierung der Mitglieder stimmt, daran bestehen schwerwiegende Zweifel. Die beginnen schon damit, dass es schlicht an überzeugenden empirischen Belegen für die weitreichenden Unterstellungen fehlt. Belege für die behauptete „Gewichtsverschiebung" werden, wenn überhaupt, nur einseitig und illustrierend mit Blick auf die verstärkte Nutzung elektronischer Medien für Wahlkampfzwecke geliefert. Längsschnittuntersuchungen, die die tatsächlichen Veränderungen des Wahlkampfs in den Medien aufdecken würden, liegen nicht vor (Hetterich 2000: 25 ff). All diese irreführenden Ansichten fußen auf einer, man muss schon sagen, eklatanten Unkenntnis der Organisationswirklichkeit der Parteien und des tatsächlichen Wahlkampfgeschehens. Gleichzeitig wird unkritisch und maßlos übertreibend die Erweiterung hergebrachter Wahlkampfkanäle und Methoden um neue technische Instrumente zu wirkungsmächtigen epochalen Trends hypostasiert, ohne dafür abgesicherte Fakten vorzulegen (Römmele 2003: 9 ff). Und dies alles geschieht auch noch durch die unkritische Rezeption amerikanischer Wahlkampfliteratur.

Niemand kann vor allen Dingen bislang sagen, inwieweit auf Personalisierung und neueste Marketingtechnologie gestützter Medienwahlkampf tatsächlich zur Steigerung des Wahlergebnisses beiträgt. Die empirische Bodenlosigkeit der These, dass die Parteiorganisation als Träger des Wahlkampfs durch die Medien verdrängt wurden, lässt sich nur so erklären, dass die Vertreter der Medialisierungsthese Opfer ihres ausschnitthaften, rein medienzentrierten Blickwinkels zur Erfassung des Wahlkampfgeschehens wurden. Als Perspektiven- und Methodenartefakt findet infolgedessen nach ihrer Ansicht Wahlkampf allein als Medienwahlkampf statt, und das noch begrenzt auf die nationale Arena, die von den Spitzenakteuren und Zentralen der Parteien in den jeweiligen Landeshauptstädten dominiert wird. Alles, was aus einer ganzheitlichen Perspektive insgesamt zum Wahlkampfgeschehen zählt, liegt außerhalb des Interesses der medienzentrierten Wahlkampfforschung. Die Blickverengung geht so weit, dass nicht einmal die Ergebnisse der organisationszentrierten Wahlkampfforschung zur Kenntnis genommen werden. Die Behauptung, dass traditionelle Straßenwahlkämpfe nicht mehr stattfinden bzw. von Medienkampagnen verdrängt wurden, ist insofern nicht das Ergebnis sorgfältiger empirischer Erhebungen, sondern Ausfluss einer ignoranten Wahrnehmungsverzerrung und Fehleinschätzung.

Damit stellt sich aber auch die These vom Nutzenverlust und der Marginalisierung der Parteimitglieder in einem ganz anderen Licht dar. Sie ist nicht empirisch abgestützt, sondern nichts weiteres als das Resultat einer logischen Schlussfolgerung: Wenn Wahlkämpfe weg von der Straße im Fernsehen stattfinden, braucht es auch keiner Mitglieder mehr. Schon die eintägige Begleitung einer einzigen Spitzenperson im Wahlkampf würde die medienorientierten Anhänger der Wahlkampfverlagerungsthese eines besseren belehren.

Die Empiferne und methodologischen Schwächen der medienzentrierten Wahlkampfforschung haben in jüngerer Zeit Reaktionen unter einer wachsenden Zahl von Wahlkampf- und Parteienforschern ausgelöst, die sich von diesem Ansatz absetzen und stattdessen ein organisationszentriertes, dezentrales Forschungsdesign entwickelt haben. Als Selbstbezeichnung ist hierfür der Begriff der „revisionistischen Schule" eingeführt worden (Fisher 1997: 133; Clark 2003: 23). Mit der revisionistischen Wende in der Forschungsperspektive ist es seit Mitte der Neunziger zu einer Wiederentdeckung und Wiedergeburt des lokalen Wahlkampfs gekommen (Denver u.a. 2003: 541 f). Dies ist vor allen Dingen den beiden britischen Parteienforschern Paul F. Whiteley und Patrick Seyd mit ihren bahnbrechenden Mitgliederwiederholungsbefragungen bei allen britischen Parteien seit 1992 zu verdanken. Um nicht, von einem empirisch-induktiven Ansatz aus, den gleichen methodenartefaktischen Problemen wie denen der deduktiven „Campaign-Change-Forschung" anheim zu fallen, differenzieren Whiteley und Seyd (2003: 638) den Wahlkampf nach drei unterschiedlichen Arten aus. Einmal geht es um den zentralen Wahlkampf, der vom Parteihauptquartier organisiert wird und auf die Parteispitze konzentriert ist. Dann zweitens: um den zentral gesteuerten und kontrollierten lokalen Wahlkampf, bei dem die Ortsparteien von oben mit Personal, technischen Hilfsmitteln und Literatur versorgt werden. Und dann drittens: um den rein lokal geführten Wahlkampf, bei dem die örtlichen Aktiven nach ihrem Gutdünken über Prioritäten und Ressourcen des Wahlkampfs entscheiden.

Die vorliegenden Untersuchungsergebnisse sprechen für eine allgemeine organisatorische Zentralisierungstendenz des Wahlkampfs, wobei aber die lokalen Wahlkampfaktivitäten bzw. der konventionelle Wahlkampf keinen Bedeutungsverlust für die Parteien hinzunehmen hatten. Die Zentralisierung der lokalen Kampagnenführung richtet sich sowohl in den USA als auch in England auf hart umkämpfte unsichere Wahlkreise (Gibson u.a. 2003: 542). In Großbritannien der Neunziger hat der traditionelle Wahlkampfstil mit Canvassing, öffentlichen Veranstaltungen und Wahlbroschüren nichts an Stellenwert verloren (Denver u.a. 2003: 552). Zwar hat die Zahl der eingesetzten Freiwilligen je Wahlkreis für traditionellen Straßen- und Tür-zu-Tür-Wahlkampf leicht abgenommen (S. 549). Gleichzeitig ist es aber durch den Einsatz von moderner Kommunikationstechnologie (PC, elektronische Wählerregistrierung, Telefon- und E-Mail-Canvassing) zu einer deutlichen arbeitsintensiven Aufgabenerweiterung für Wahlkampffreiwillige gekommen. Freiwillige Telefon- und E-Mail-Kontakte sind seit 1997 speziell in das Zentrum des lokalen Labourwahlkampfs gerückt (Denver u.a. 2003: 534; Whiteley/Seyd 2003: 642).

Jenseits aller Technologisierung, Professionalisierung und Medialisierung des Wahlkampfs ab den späten Sechzigern sind die traditionellen arbeitsintensiven Wählermobilisierungsaktivitäten der Parteien vor Ort auch in den USA beibehalten worden (Herrnson 1988: 24 f). So belegen ältere Erhebungen von Cotter e.a. (1984: 44f) ein enorm hohes freiwilliges Einsatzspektrum von US-amerikanischen Lokalorganisationen der Parteien im Rahmen von Wahlkämpfen. Auch in neuerer Zeit haben die lokalen Freiwilligenorganisationen als Träger des konventionellen Wahlkampfs ihres Existenz aufrechterhalten (Bibby 1998: 160, 173). Frendreis und Gitelson (1999: 135 ff) gehen sogar davon aus, dass die US-Parteien ihre traditionellen lokalen „grassrootes"-Aktivitäten zum Zweck der Wahlregistrierung und -mobilisierung am Wahltag über die achtziger und neunziger Jahre hinweg noch ausgeweitet haben. Auch für den Präsidentschaftswahlkampf von 2000 kann Pippa Norris (2002: 4) keinen Rückgang der Kampagnenaktivitäten unter der amerikanischen Bevölkerung beobachten. Rückblickend auf 50 Jahre amerikanische Wahlkampfentwicklung zwischen 1952 und 2000 stellt sie fest, dass „older forms of campaigning continue, with new technologies supplementing rather then replacing older channels" (2002: 135). Der herausgehobene Stellenwert des lokalen Straßenwahlkampfs ließ sich zudem für die Nationalwahlen in Kanada beobachten (Carty/Eagels 1999).

In Deutschland besitzt der organisationszentrierte traditionelle Straßenwahlkampf eine lange Tradition, ohne dass er durch einen nationalen Medienwahlkampf verdrängt worden wäre. Straßeninformationsstände der Parteien und gesellige Veranstaltungsformen sind sogar erst in den Siebzigern in Mode gekommen (Scarrow 1996: 94 f). Für Spitzenorganisatoren der deutschen Parteien gilt nach wie vor der Glaubenssatz, dass die unpersönliche nationale Medienkampagne durch den traditionellen lokalen Straßen- und Haus-zu-Haus-Wahlkampf mit direkter Wähleransprache ergänzt werden müsse (Scarrow 1996: 111). So wird die These, „um Menschen zu erreichen, bedarf es der direkten Ansprache", ausdrücklich von wichtigen Parteimanagern der NRW-SPD verfochten (Kühn/Walsken 1998: 53). Und in die gleiche Richtung geht die Ansicht von Geschäftsführern von CDU und SPD, die in der „Organisation" und nicht in einzelnen Spitzenkandidaten die „primäre Wahlkampfressource" erblicken (Grabow 2000: 196 f).

Entgegen anders lautenden Aussagen der Campaign-Change-Vertreter zeigen die Befunde nirgendwo Verhältnisse auf, die mit der Verlagerungs- und Marginalsisierungsthese konform gehen würden. Im Gegenteil bleibt der freiwillige Wahlkampfeinsatz von Mitgliedern für die Parteien ohne Alternative (Ware 1992: 75). Zwar hat sich mit der Verbreitung des Fernsehens der Wahlkampf stärker medialisiert und personalisiert. Doch kann für Deutschland weiterhin die Dominanz des traditionell organisationszentrierten Wahlkampfes festgestellt werden (Plasser 2000: 57). Die Bundesrepublik ist dabei kein Sonderfall. Für die jüngere Wahlkampfforschung gilt schlechthin, dass sich Parteien neben den Massenmedien weiterhin und unvermindert auf ihre eigenen organisatorischen Ressourcen besinnen, um Wahlkampagnen durch direkten Wählerkontakt erfolgreich zu bestreiten (Schmitt-Beck/Farrell 2002: 7 f). Parteien bedienen sich auch in der modernen und postmodernen Kampagnenära eines Methodenmix, bei dem traditioneller Freiwilligeneinsatz mit modernster Kommunikationstechnologie gemischt werden (Norris 2000: 266).

Was nun noch der Klärung bedarf, ist, inwieweit Parteimitglieder und ihr Einsatz als „Face-to-Face-Campaigner" tatsächlich in nachweisbarer Form einen Einfluss auf den Wahlerfolg von Parteien ausübt. Bevor überhaupt die Frage nach dem Wahlkampfeinsatz entsteht, können Mitglieder gerade in Zeiten intensivierten Parteienwettbewerbs und unsicheren Wahlausgangs als loyale Wählerreserve betrachtet werden (Sundberg 1987: 19). Inwieweit Mitglieder darüber hinaus zum Wahlerfolg von Parteien beitragen, lässt sich nicht so einfach feststellen. Dies zu ermitteln ist aber für die Ende-der-Mitgliederpartei-Debatte zentral, weil Mitgliederschwund die elektorale Mobilisierungsfähigkeit und Stimmenpotenz der Parteien beeinträchtigen könnte. Sind dagegen, wie die Campaign-Change-Vertreter behaupten, Parteimitglieder für den Wahlkampf nutzlos geworden, würde der anhaltende Mitgliederschwund den Parteien im Hinblick auf ihre Wahlaussichten nichts anhaben können. Auf die Rekrutierung von Mitgliedern ließe sich dann in der Tat folgenlos verzichten. Eine positive Wirkung ließe sich dann vermuten, wenn man einen Zusammenhang zwischen der Mitgliederzahl und der Wählerzahl von Parteien aufzeigen könnte. Susan Scarrow bedient sich indirekt dieses Zusammenhangs, indem sie die Wählerschwäche der britischen Konservativen in ihrer gegenwärtigen Oppositionsrolle auf die Vernachlässigung der lokalen Mitgliederorganisationen der Partei während der Thatcher-Ära zurückführt (1996: 82 f). Peter Mair (1989: 168 ff) nimmt sogar an, dass die durch Parteieliten vernachlässigte Mitgliederrekrutierung die Loslösung der Wähler von den Parteien und deren Volatilität mit begünstigt habe. Anderenorts (2000: 99) gibt Scarrow aber selbst zu bedenken, dass die Parteimitgliederzahlen wenig über die elektorale Potenz einer Partei aussagen, wenngleich von Beyme (2000: 108) darauf verweist, dass „Mitgliederhochburgen ... gleichzeitig Wählerhochburgen von Parteien zu bilden (scheinen)". Die mitgliederstarke bayrische CSU und ihre elektorale Hegemonie bieten hierfür ein illustratives Beispiel (Koch 1994).

Abbildung 24: Mitglieder- und Stimmenentwicklung von CDU/CSU und SPD im Vergleich 1969 - 2002

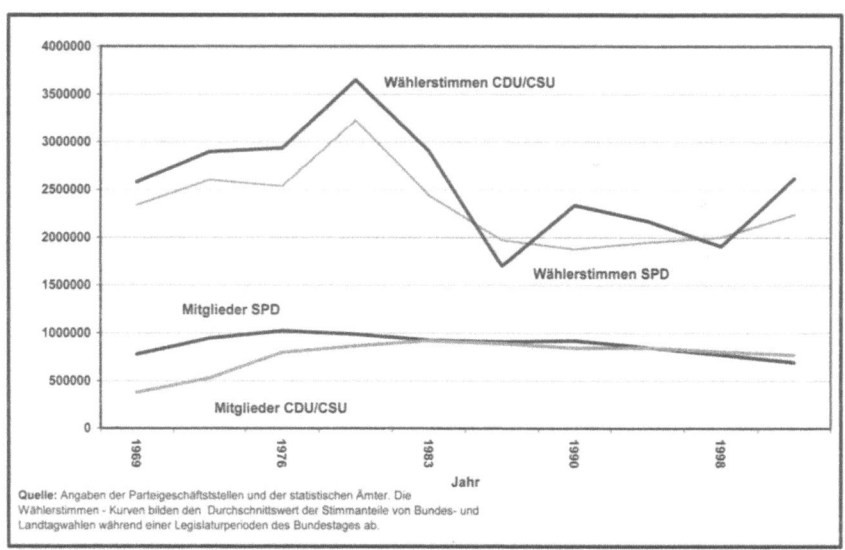

Wenn man im groben Überblick die Mitgliederentwicklung der beiden Großparteien SPD und CDU/CSU zeitlich mit deren Wählerentwicklung bei Bundestags-

und Landtagswahlen in Beziehung setzt (Abb. 24), wird allerdings deutlich, dass sich das Auf und Ab beider Zahlenreihen nicht synchron entwickelt. Während sich in der Mitgliederentwicklung der bekannte Mobilisierungszyklus widerspiegelt, nehmen die absoluten Wählerzahlen einen anderen, deutlich von der Mitgliederentwicklung losgelösten zyklischen Verlauf. Zu Zeiten des verstärkten Mitgliederschwunds in den Neunzigern zeigen die von den beiden Großparteien erzielten Wählerstimmen sogar im Trend nach oben. Für das langjährige Abschneiden der Parteien bei Wahlen liefert die zeitgleiche langjährige Mitgliederentwicklung keine erkennbare Erklärung. Die Frage nach der Wählereffektivität von Parteimitgliedern muss schon deshalb konkret auf die örtliche Wahlkreisebene herunter gebrochen werden, wo sich Wahlkampfeinsatz in Stimmenzuwächsen auszahlen könnte.

Richtet man den Blick auf das lokale Wahlkampfgeschehen, so wird Mitgliedern immer noch ein wichtiger Wählermobilisierungseffekt zugesprochen (von Beyme 2000: 108, 119 ff). Was dabei Mitglieder als Wahlhelfer so wichtig macht, ist, dass sie politische Informationen und Wahlkampfmaterial verbreiten, Wähler ansprechen und überzeugen, Wahlberechtigte zum Wählen bewegen und die vorhandenen Überzeugungen und Einstellungen der Bürger verstärken. Auch Gerber und Green (2000) betonen den hohen Stellenwert des unmittelbaren Face-to-Face-Kontakts. Ihre Untersuchung belegt für die USA, dass Face-to-Face-Canvassing durch Parteihelfer die Wahlbeteiligungsraten der unmittelbar Angesprochenen dramatisch ansteigen lässt. Ältere amerikanische Studien, die sich erstmals mit dem Einfluss lokaler Wahlkampfaktivitäten auf das Wahlresultat befassten, konnten belegen, dass je nach lokalem Mitgliedereinsatz beim „direct electioneering" deutliche Zugewinne zu verzeichnen waren (Cutright/Rossi 1958, Cutright 1963, Katz/Eldersveld 1961). Wilhouwer und Lockerbie (1994: 214 ff) zeigen über einen 30-Jahreszeitraum auf, dass die US-Parteien in Wahlen rund ein Drittel der Wählerschaft durch persönliche Kontaktaufnahme ansprechen und dass bei den Angesprochenen positive Effekte für die Wahlbeteiligung und andere wahlbezogene Aktivitäten zu verzeichnen sind. Für das US-Präsidentenwahljahr 2000 kann Bookman (2004: 18) die Korrelation zwischen dem Einsatz von Kampagnenaktivisten und dem Wahlerfolg der Parteien auf Wahlkreisebene bestätigen. Eine Analyse von US-Langzeitbefragungsdaten zwischen 1952 und 2000 durch Norris (2002: 133 f) zeigt das Ausmaß an geglückten Telefon- und Face-to-Face-Kontakten auf, mit denen Bürgerinnen und Bürger in Wahlzeiten durch Parteimitglieder angesprochen wurden.

Den für die USA ermittelten Beziehungszusammenhang konnten auch verschiedene jüngere britische Wahlkampfstudien auf lokaler Ebene nachweisen (Seyd/Whiteley 2004: 361). Nach Whiteley und Seyd (2003: 650) muss die elektorale Wirksamkeit lokaler Wahlkampagnen auf Face-to-Face-Basis beim britischen Unterhauswahlkampf von 2001 genauso hoch eingeschätzt werden wie die des TV-zentrierten nationalen Wahlkampfs. Wie stark dabei der Freiwilligeneinsatz bei der Wählerkontaktaufnahme zu Buche schlägt, wird an folgenden Erhebungsdaten deutlich. Danach wurden 63 Prozent der Befragten durch die Fernsehwerbung erreicht. Aber gleichzeitig gelang es den Parteien, 22 Prozent durch Face-to-Face-Kontakt, 7 Prozent durch Telefonkontakt und 5 Prozent durch Wahlerinnerungsanrufe anzusprechen (Whiteley/Seyd 2003: 643). Wenngleich für Deutschland vergleichbare Erhebungsdaten und Untersuchungen fehlen, kann entgegen den Aussagen der Wahlkampfwandelliteratur darauf geschlossen werden, dass lokale Mitgliederorganisationen und Parteimitglieder für die direkte Wahlkampfkommunikation der Parteien unverzichtbar geblieben sind. Es hat auch kein Nachlassen lokaler arbeitsintensiver Wahlkampfaktivitäten gegeben. Die Befragungsbefunde ergaben zudem, dass sich Parteimitglieder nicht durch Massenmedien als Wahlkämpfer ersetzen lassen. Parteien wissen darum und halten den organisationszentrierten und mitarbeiterintensiven Wahlkampf für unverzichtbar. Gingen durch den Mitgliederschwund die lokale Basis der Parteien verloren, hätten sie mit schwerwiegenden Wählermobilisierungsproblemen zu rechnen. Bei Abwägung aller Argumente täten Parteien mit Mitgliedern gut daran Mitgliederparteien zu bleiben.

6.3 Auswirkungen auf die Außenkommunikation der Parteien

Wahlen sind für Parteien eine zugespitzte Bewährungssituation, bei der sich in Wählerstimmen und Anteilswerten auszahlt, inwieweit sie die Unterstützung von breiten Wählermassen gefunden oder verloren haben. Die Mobilisierung von Wählern ist dabei nur der finale Akt, dem Anstrengungen vorausgehen, zu potenziellen Anhängern ein über die Wahl hinausreichendes, dauerhaftes Beziehungsverhältnis aufzubauen. In der Parteienforschung ist dieses Kontaktanbahnungsproblem der Parteien breit unter dem Begriff der Linkagefunktion der Parteien diskutiert worden (Lawson 1980: 3ff). Linkages stellen Beziehungsmuster dar, durch die Parteien in eine wechselseitige Beziehung zur Gesellschaft treten und als intermediäre Instanzen den politisch institutionellen Entscheidungsbereich mit der Gesellschaft verbinden. Dabei wirken sie wie ein Kommunikationskanal, über den die Wünsche, Interessen und Erwartungen der Bürger aufgegriffen und zu den politischen Entscheidungsakteuren weitergeleitet werden. Voraussetzung hierfür ist, in die Gesellschaft hellhörig hineinhorchen zu können und sich zum Sprachrohr von aufgespürten Interessen und Erwartungen zu machen. Nach Poguntke (2000: 26 ff) können sich die Parteien über die Massenmedien oder über ihre „organisatorischen Vermittlungsinstanzen", also ihre Mitglieder- und Vorfeldorganisationen, an ihre potenziellen Wähler wenden.

Um öffentliche Unterstützung und Wähler zu gewinnen, sind sie in doppelter Hinsicht auf Kommunikation angewiesen. Einmal müssen sie auf kommunikativem Weg eine Verbindung zu Bürgerinnen und Bürgern anbahnen, um ihnen ihre Ziele, Politikvorstellungen und Lösungsansätze für politische Probleme vorstellen und vermitteln zu können. Hierfür wurden immer schon aufwendige Öffentlichkeits- und Propagandaaktivitäten entwickelt, die sich aller nur verfügbaren Kanäle bedienten, um die Bevölkerung mit ihren Botschaften zu erreichen (Wiesendahl 1998a: 445f). Längst ist es Praxis geworden, dass Parteien über die Massenmedien bestrebt sind, die Öffentlichkeit zu beeinflussen und ihre Botschaften an die Wähler zu senden. Stabsstellen für Öffentlichkeitsarbeit in den Parteizentralen versorgen zu diesem Zweck Nachrichtenagenturen und Journalisten regelmäßig mit gezielten Informationen. Wichtiger noch ist die Medienpräsenz, mit der Spitzenvertreter dem, wofür die Parteien stehen und eintreten, ein Gesicht mit hohem Wiedererkennungswert geben. Bei allem Liebäugeln mit Massenverbreitungsmitteln wie eigener Parteipresse, dem Radio, Fernsehen und zuletzt Internet, waren Parteien aber gleichzeitig immer bei ihrer Außenkommunikation darauf bedacht, „in den Bereich des primären politischen Umfeldes und der interpersonalen Kommunikationsnetze vorzudringen" (Ofner 1985: 153).

Zum anderen müssen umgekehrt Parteien in Erfahrung bringen, was die Bürger bewegt, welche Probleme ihnen unter den Nägeln brennen, welche Wünsche und Erwartungen sie an die Parteien richten. Mit anderen Worten müssen Parteien einen Anschluss an die Wirklichkeit und Interessenlage der Bürgerschaft herstellen, so wie sie sich für diese darstellen. Ändern sich die Lebensverhältnisse und damit auch die Erwartungen und Wünsche der Bürgerinnen, bildet die rasche Gewahrwerdung und Verarbeitung dieser veränderten Wählerumwelt eine wichtige Überlebensressource der Parteien. Das Problem der Anbindung an die Wählerwirklichkeit gewinnt in dem Maße an Gewicht, wie mit der Auflösung von Milieus und festen Allianzen zwischen Parteien und gesellschaftlichen Großgruppen die Unsicherheit wächst, dass was Wähler in ihrer Vielfalt bewegt, bürgernah und unverfälscht einfangen zu können.

Um Informationen über die Wählerumwelt einzuholen, stehen Parteien ebenfalls verschiedene Kanäle offen. Seit der Einführung der Meinungsforschung zählt diese mit zu den wichtigsten Informationsbeschaffungsquellen. Das weite Feld der externen Informationsbeschaffung und –verbreitung der Parteien interessiert hier nur insofern, inwieweit Mitgliedern dabei eine Rolle als Multiplikatoren oder Horchposten zur Wählerumwelt zufällt. Deren Kommunikationsleistung soll genauer unter die Lupe genommen werden. Dies geschieht mit dem Blick darauf, ob ein Verzicht auf Mitglieder die Außenkommunikation der Parteien signifikant beeinträchtigt. Dieser Verzicht könnte angesichts des Mitgliederschwunds erzwungen sein, was gleichwohl die Frage aufwirft, inwieweit sich Parteimitglieder als Träger unmittelbarer Außenkommunikation durch andere Kanäle ersetzen lassen.

Schaut man sich jenseits des temporären Wahlkampfeinsatzes den Beitrag von Mitgliedern zur Außenkommunikation von Parteien an, lassen sich drei Felder unterscheiden, auf denen ihre zwischenmenschliche Kommunikations- und Kontaktleistungen zur Wirkung gelangen können. Hieraus lässt sich ihre Rolle als Botschafter, Horchposten und Netzwerker ableiten.

So wie schon bei der Debatte um die elektorale Wahlkampfrolle von Parteimitgliedern festzustellen war, liefert die Parteienforschung auch bei dieser Frage nach der interelektoralen Kommunikationsrolle von Mitgliedern kontroverse Antworten. Unstrittig ist, dass Parteimitglieder in früheren Zeiten mal eine wichtige Scharnierfunktion zur kommunikativen Anbindung der Parteien an die Wählerumwelt erfüllt haben. Ihre Nützlichkeit als Kommunikationsmedien ließ nach verbreiteter Ansicht aber in dem Maße nach, wie die Verbreitung der Massenmedien Politikern einen weitaus wirksameren Informationsverbreitungskanal erschloss, der mit einem Stellenwertsverlust der klassischen Mitgliederorganisation einherging (Mair/Bartolini 2001: 335). Regelmäßig durchgeführte Bevölkerungsumfragen ließen ebenfalls den Informationsbeschaffungsnutzen von Parteimitgliedern für Parteieliten sinken (Niedermayer 2000: 201). Für diesen Zweig der Forschung bildet damit das geschwundene „Kommunikationspotenzial" der Mitglieder und deren Funktionsverlust für die „Außendarstellung der Partei" eine nicht mehr diskussionsbedürftige Tatsache (Jun 2004: 123).

Ganz anders dagegen wird die Kommunikationsleistung der Parteimitglieder von Parteienforschern eingeschätzt, die sich genauer mit den Kontakt- und Kommunikationsaktivitäten von Mitgliedern befasst haben. Die ins Positive gewendete Sicht der Dinge setzt daran an, dass zwischen indirekter, über Massenmedien betriebener, und direkter durch Mitglieder geleisteter Außenkommunikation von Parteien unterschieden werden müsse. Teilt man die Auffassung, dass Parteien ohne unmittelbare Kontaktanbahnung und Face-to-Face-Kommunikation zu Bürgerinnen und Bürgern keine hinreichende Verbindung zur Wählerumwelt herstellen können, ist klar, dass Parteimitgliedern hierbei eine Schlüsselrolle zufällt.

Aus der Sicht des Parteistrategen hat Wulf Schönbohm vor Jahren schon betont (1985: 286 f), dass Mitglieder als Träger persönlicher Kommunikation und politischer Überzeugungsarbeit für die Wähleransprache unverzichtbar seien. Hans Geser äußert sich in ähnlicher Form, zumal für ihn Mitglieder auf lokaler Basis eine durch Massenmedien nicht zu realisierende kommunikative Marketingfunktion erfüllen würden (1999: 11). Dass Parteimitglieder nicht durch „Professionalisierung und Medienkampagnen" zu ersetzen sind, begründet Immerfall (1993: 265) damit, dass sie „Parteien offen und zugleich lebensweltlich präsent" halten würden. Und Seyd und Whiteley (2002: 78) betonen den hochrangigen und den durch nichts zu ersetzenden Vertrauensaspekt, durch den sich die zwischenmenschliche Kommunikation von Parteimitgliedern mit Kontaktpersonen auszeichnen würde. Umso wichtiger sei die interelektorale Rolle als Multiplikatoren und Kontaktpersonen, die Parteimitglieder in ihrem lokalen Umfeld zufallen würde (Scarrow 1996: 137 ff). Für die Weiterentwicklung des lokalen Wahlkampfes ergibt sich nach Denver (Denver u.a. 2003: 557) die Konsequenz, gerade interelektoral mit dem Aufbau und der Pflege von dauerhaften Beziehungsbanden zu potenziellen Wählern zu beginnen, was sich in Wahlerfolgen auszahle.

In der Tat stellen Mitglieder eine unmittelbare Anbindung der Parteien mit der gesellschaftlichen Lebenswelt der Menschen her, weil sie im Beruflichen und Privaten zumeist dauerhafte Beziehungen zu Familienangehörigen, Kollegen, Freunden, Nachbarn und weiteren Kontaktpersonen eingehen. Aus der Kommunikationsperspektive wird dieses zwischenmenschliche Beziehungsnetzwerk dann interessant, wenn sich Parteimitglieder als aktive Opinionleader und Multiplikatoren von Ansichten und Positionen ihrer Parteien betätigen. Verschiedene Umfragen deuten darauf hin, dass Mitglieder in einem erheblichen Umfang als Botschafter ihrer Parteien gesellschaftlich informelle Informations- und Überzeugungsaktivitäten in ihrem lebensweltlichen Umfeld entfalten (Martin/Cowley 1999: 89 ff). Schon aufgrund ihrer hohen persönlichen Ressourcenausstattung exponieren sie sich nach Passauer Befunden stärker als Nichtmitglieder und übernehmen in ihrem Kontaktumfeld die Rolle von politischen Ratgebern und Meinungsführern (Immerfall 1991: 12 ff; 1993: 257 f). Nach einer Infas-Mitgliederbefragung von 1977 (Infas 1977: 23) entwickeln Parteimitglieder ein ausgeprägtes politisches Sprech- und Diskussionsbedürfnis in ihrem beruflichen und privaten Umfeld. Diese hohe kommunikative Einsatzbereitschaft von Mitgliedern wird auch von einer CDU-Mitgliederbefragung bestätigt (Bürklin/Neu/ Veen 1997: 45). Selbst innerparteilich Inaktive zeigen nach einer Bremer Mitgliederstudie (Roth/Wiesendahl 1986: 108 ff) in ihren informellen Außenkontakten ausgeprägten Parteieinsatz. Für England liegen Daten über die Labour Partei vor, deren Mitglieder umfangreiche und vielfältige externe Kontakt- und Kommunikationsaktivitäten entfalten (Seyd/Whiteley 2002: 81). Und trotz des krassen Mitgliederschwunds sind rund die Hälfte der dänischen Parteimitglieder regelmäßig mit Multiplikator- und Überzeugungsaktivitäten gegenüber Nichtmitgliedern beschäftigt (Pedersen u.a. 2004: 378). Dieses hohe Maß an Kommunikationseinsatz ist auch von norwegischen Parteimitgliedern zu vermelden (Heidar/Saglie 2003a: 770 f).

Die vorliegenden Befragungsbefunde lassen keinen Zweifel daran, dass Parteimitglieder bis heute die persönlichen Anlaufstellen und Knotenpunkte der direkten kommunikativen Vernetzung von Parteien mit der sie umgebenden Lebenswelt vor Ort bilden. Das Brückenglied, das Parteimitglieder zur unmittelbaren Verbindung der Parteien mit ihrer Wählerumwelt darstellen, sagt jedoch noch nichts darüber aus, inwieweit in substantieller Hinsicht Mitglieder auch ihrer Aufgabe als informelle Botschafter und Opinionleader ihren Parteien gerecht werden. Dies sei hier deshalb betont, weil sich aus Elitensicht die kommunikative Nützlichkeit von Parteimitgliedern an ihrer Eignung bemisst, damit mit deren Hilfe „party leaders can communicate the message to a wider public" (Whiteley/Seyd/Richardson 1994: 4). Zweifel an dieser Vorstellung sind schon deshalb angebracht, weil sich Mitglieder schwerlich zu Lautsprechern und Sprachrohren dessen machen lassen, was ihnen Parteieliten einflüstern. Sie tun Meinungen kund, die nicht mit der Parteilinie übereinstimmen müssen. Immerfall (1993: 265) sieht hierin die Glaubwürdigkeit von Parteimitgliedern gestärkt, was „im wohlverstandenen Interesse der Parteien liegen" sollte.

Der kommunikative Nutzen von Parteimitgliedern nach außen ist aber noch aus einem zweiten Grund begrenzt, weil sich ihr berufliches und privates Kontaktumfeld überwiegend auf Personen beschränkt, die der eigenen Partei nahe stehen. Mitglieder wirken damit in erster Linie auf parteipolitisch homogene Kontaktpersonen ein, die häufiger noch dazu selbst in der Partei aktiv sind (Mayntz 1959: 59; Roth/Wiesendahl 1986: 125, 153 f; Greven 1987: 134 ff; Arbeitsgruppe Berliner Wahlanalyse 1989: 19 ff; Suckow 1989: 138 f; Koch/Niedermayer 1991: 22). Aus der Nutzenperspektive zugute halten kann man Parteimitgliedern immerhin, dass sie durch ihre Kommunikationsleistung den Kontakt zum Stammwählerbereich der Parteien aufrecht erhalten, welcher hierdurch bei der Stange gehalten werden kann. Doch wirken sich die geschlossenen und homogenen Kontaktnetzwerke von Parteimitgliedern wie ein Nährboden aus, auf dem ausgeprägte mentale und ideologische Antipathien gegenüber dem gegnerischen Parteienumfeld gedeihen (Suckow 1989: 132 ff). Zudem dringen Parteimitglieder, nicht so wie erwünscht, in jene alltagsweltlichen Lebenssphären hinein, die von Parteiungebundenen und Wechselwählern dominiert werden. Dies ist aber aus Parteielitensicht die strategische Zielgruppe, auf die es für Catch-all-Parteien ankommt.

Der strategisch fehlgerichtete und in der Reichweite begrenzte Wirkungsgrad der unmittelbaren Vertrauensarbeit von Parteimitgliedern wirft auch einen Schatten auf die Kapazität von Organisierten, als Meinungstransmitter zu fungieren. Idealiter können Parteimitglieder Horchposten zur Umwelt sein. Als „eyes and ears" der Parteien (Whiteley/Seyd/Richardson 1994: 4) ständen sie inmitten des pulsierenden gesellschaftlichen Lebens und würden feinfühlig die Stimmungslagen und Meinungstrends unter den Wählerinnen und Wählern gewahr werden und in die Partei hineintragen. Am Puls der Zeit entginge ihnen nicht, was die Menschen in ihren veränderlichen Lebensumständen bewegt, und sie würden den daraus resultierenden Wünschen und Bedürfnissen ihrer Mitmenschen innerparteilich einen Resonanzboden verschaffen. Aus diesem Blickwinkel heraus fände die Aussage, dass „members can transmit feelings and opinions from outside world into the party which helps the party in its quest" (Widfeldt 1999: 282), ihre Bestätigung. Auch übernähmen Parteimitglieder gegenüber den von ihnen Repräsentierten eine innerparteiliche Sprachrohrfunktion, mit der sich sicherstellen ließe, dass die Wünsche und Erwartungen der Wähler über diese unmittelbaren Kommunikationskanäle den Parteispitzen und öffentlichen Amtsträgern zu Gehör gebracht würden (Scarrow 1996: 44).

Hieran mag grundsätzlich etwas Richtiges sein. Doch spricht die tatsächliche Informationsbeschaffungs- und Versorgungspraxis in den Parteien eine andere Sprache. Realistisch anzunehmen ist, dass die Stimmungslage an der Parteibasis den Parteispitzen immer noch als Barometer dient, um daran längerfristige Veränderungen des Wählerklimas abzulesen. Auch können die Meinungsäußerungen der Mitglieder als Warnanzeichen für sich aufstauenden Wählerunmut genutzt werden. Ansonsten aber geben die Parteispitzen auf die Sprachrohr- und Horchpostenrolle der Parteimitglieder nicht mehr viel, weil sie längst regelmäßig mit demoskopischen Wählerinformationen versorgt werden, denen sie für ihre „vote getting"-Zwecke größeren Glauben schenken. Bilden die Befragungsserien doch Präferenzen ab, die dem Wählermainstream entsprechen.

Als Resonanzboden für den Takt der Zeit geben Parteimitglieder auch deshalb nur begrenzt etwas her, weil sie als Wirklichkeit und als Zeichen der Zeit das nur sehen, was sie dafür halten. Und für sie entsteht Wirklichkeit aus einem Aneignungsprozess, bei dem auf bereits gespeicherte kognitive Aufmerksamkeitsregeln und Deutungsmuster zurückgegriffen wird (Wiesendahl 1998b: 127 ff). Was dabei herauskommt, wird von der Überalterung und langjährigen Verweildauer der Mitglieder in den Parteien bestimmt, zumal sie noch von Erfahrungen geprägt wurden, die vor allem aus den siebziger und achtziger Jahren des vorangegangenen Jahrhunderts herrühren. Hierdurch neigen die Mitgliederorganisationen der Parteien dazu, selbstbezogene Denkkulturen und Mentalitätsmilieus zu entwickeln, die von innen nicht mehr hinterfragt werden. Allein deshalb schon würden die von unten kommenden gesellschaftlichen Vorstellungsbilder und Politikpositionen der Basis nicht gerade für mainstreamgerecht und für realitätstauglich gehalten. Der Nutzen der Parteimitglieder als „Marktforscher", die wüssten, wie es an der Wählerfront zugeht, ist infolgedessen insgesamt als niedrig zu veranschlagen.

Anders sieht es mit den gesellschaftlichen Präsenz- und Kontaktanbahnungsqualitäten von Parteimitgliedern aus, wenn man das Interesse von Parteien bedenkt, zu ihren vorgelagerten Verbänden und Vereinen sowie Organisationsformen des zivilgesellschaftlichen Engagements möglichst enge Beziehungen zu unterhalten. Durch Mitgliederstudien bestätigte sich nämlich das Phänomen, dass, wo immer Menschen vereins- und selbstverwaltungsmäßig tätig werden, seien es Sportvereine, Kirchengruppen, Kammern, Schützen- und Bürgervereine, Elternräte und Projektgruppen – Parteimitglieder anzutreffen sind, die zumeist in ihren Ortsvereinen ehrenamtliche Aufgaben wahrnehmen. Als Konstante der empirischen Parteimitglieder- und Partizipationsforschung hat sich herausgestellt, dass in Parteien organisierte Aktive und Ehrenamtliche zumeist mit nicht minder ausgeprägten Elan noch weitere außerparteiliche Möglichkeiten bürgerschaftlichen Engagements bis hin zur Teilnahme an unkonventionellen Partizipationsformen ausschöpfen (Gabriel 2004: 73 ff). Diese Mehrfachmitgliedschaft in Verbänden und Vereinen, verbunden mit ehrenamtlicher Tätigkeit, ließ sich bei der Potsdamer Mitgliederbefragung (Heinrich/Lübker/Biehl 2002: 24) Parteimitgliedern aus Bremen (Roth/Wiesendahl 1986: 128f), aus Stuttgart (Walter Rogg/Held 2004: 309 f), CDU-Mitgliedern (Bürklin/Neu/Veen 1997: 42 f) Oldenburger SPD-Aktiven (Sukow 1989: 144 f) und Mainzer SPD-Mitgliedern (Winkler u.a. 1999: 14) feststellen. Für Mitglieder der britischen Labour-Partei gelten die gleichen Verhältnisse (Seyd/Whiteley 2002: 85 f). Insbesondere Aktive in Parteien repräsentieren eine herausgehobene Trägergruppe des multiaktiven zivilgesellschaftlichen Engagements, auf die sich die „These von der kumulativen politischen Beteiligung" (Gabriel 2004: 73) anwenden lässt.

Geht es hierbei auch nicht um unmittelbare Botschafter- und Überzeugungsaktivitäten für die Parteien, verschaffen ihnen multiaktive Mitglieder eine weitläufige gesellschaftliche Präsenz, die sie mit der Aktivbürgerschaft als Ganzes in Berührung bringt. Es ist dieser über die Parteiaktiven hergestellte zivilgesellschaftliche Verflechtungszusammenhang, der die Bürgernähe der Parteien im Lokalen und Kleinräumigen glaubhaft macht und untermauert.

Wenn man die externe Kontakt- und Kommunikationsleistung von Mitgliedern für Parteien bilanziert, stellen sie die unmittelbar zwischenmenschliche Anbindung der Parteien an die lebensweltlichen Sphäre der Bürgerinnen und Bürger sicher. Absolut raumgreifend und flächendeckend war dies nie, zumal sich die Kontaktnetzwerke immer schon auf den Vorfeldbereich der Parteien beschränkten. Mit jedem weiter verlorenen Parteimitglied geht aber ein weiterer Knotenpunkt in dem schon löchrig gewordenen zwischenmenschlichen Beziehungsnetzwerk der Parteien zur Wählerumwelt verloren. Als Horchposten und Meinungstransmitter ist die Kommunikationsleistung der Parteimitglieder nicht sehr hoch, nicht zuletzt deshalb, weil Parteispitzen sich längst demoskopischer

Informationsbeschaffungskanäle bedienen. Als Multiaktive erzeugen sie eine nicht hoch genug zu veranschlagende vertrauensbildende Präsenz für die Parteien und bilden gleichzeitig eine tragende Säule der zivilgesellschaftlichen Anbindung. Würden die Mitgliederreihen der Parteien weiter entleert, hätten diese erhebliche Beeinträchtigungen, wenn nicht gar das Ende ihres dauerhaft unmittelbaren Kontakts und vertrauensbildenden Dialogs mit der Gesellschaft hinzunehmen. Trotz der Mitgliederverluste haben die lokalen Mitgliederorganisationen der Parteien nichts an ihrer kommunikativen Bedeutung eingebüßt. Dies umso mehr, wie sie nach wie vor eine zentrale Rolle beim „linking citizens with the process of government" spielen (Clark 2004: 41).

6.4 Auswirkungen auf die Parteienfinanzierung

Parteien brauchen Geld und sind, was ihr Streben nach finanziellen Einnahmen und Zuwendungen angeht, immer unersättlicher geworden. Welche neue Geldquelle auch immer erschlossen wird, bleibt es ein charakteristisches Merkmal von Mitgliederparteien, dass Mitgliedsbeiträge eine wesentliche und nicht verzichtbare Säule ihrer Finanzierung bilden. Dies ist auch der Grund, warum nun die Finanzausstattung der Parteien hier einer genaueren Betrachtung unterzogen wird. Denn zunächst einmal ist zu vermuten, dass mit dem Mitgliederschwund die Parteien auf breiter Mitgliederbasis harte Einschnitte bei ihrer Einnahmesituation hinzunehmen haben. Noch dazu ist davon auszugehen, dass anhaltende Beitragsausfälle im Extremfall zum Versiegen dieser Einnahmequelle führen könnten, was den Parteibetrieb beeinträchtigen und die Aufgabenerfüllung der davon betroffenen Parteien einschränken müsste. Empirisch stichhaltig wäre diese Argumentationslogik allerdings erst dann, wenn sich die Beitragsausfälle nicht durch andere Finanzierungsquellen wie etwa Spenden oder Staatsgelder kompensieren lassen.

Vertreter der Party-Change-Debatte können genau aus diesem Grund den hier angestellten Vermutungen nicht folgen, weil ihrer Überzeugung nach Parteispitzen sich längst die Staatsfinanzierung als neue sprudelnde Einnahmequelle erschlossen hätten. Mitgliedsbeiträge hätten ihre Bedeutung eingebüßt, weil sie durch öffentliche Gelder substituiert worden seien. Zu Ende gedacht ist also verstärkter Mitgliederschwund oder gar das Versiegen der Beitragsquelle für das Funktionieren und den Fortbestand der staatsfinanzierten Parteien schadlos. Diese Neueinschätzung der Finanzierungsbasis der Parteien durch die Parteienforschung ging mit den sich europaweit endemisch ausbreitenden staatlichen Subventionierungstrend einher, der, ausgehend von Deutschland, seit den sechziger Jahren einsetzte (Alexander 1989: 14). Die Substitutionsthese ist für alle aus der Party-Change-Debatte hervorgegangenen neuen Parteitypen konstitutiv, die einhellig davon ausgehen, dass es zu deren Finanzierungsbedarf auf Mitgliedsbeiträge nicht mehr ankomme (Jun 2004: 125). Staatsgelder und Spenden seien an deren Stelle getreten. Die öffentliche Finanzierung, so die weitere Argumentation, kam auch deshalb den Parteispitzen und dem Parteiapparat gelegen, weil sie sich bei der Finanzierung kostspieliger Wahlkämpfe und der Politikberatung von Zuwendungen der Mitglieder unabhängig machen konnten (Bartolini 1983: 209). Für die Kartellpartei ist dies der wesentliche Grund, warum Mitglieder als Finanziers der zentralen Parteiapparate und des Wahlkampfes überflüssig geworden seien.

Kritisch wurde allerdings zu dieser Entwicklung bemerkt, dass nur eine hohe Eigenfinanzierung durch Mitgliedsbeiträge und Kleinspenden die Parteieliten dazu zwänge, engen Kontakt zur Basis und zu den Anhängern der Parteien zu halten (Naßmacher 1981: 353). Weiter noch würde mit der Unabhängigkeit von Mitgliederbeiträgen auch der Anreiz für die Parteispitzen wegfallen, neue Mitglieder zu rekrutieren und zu aktivieren (Pierre/Svåsand/Widfeldt 2000: 3). Bezieht man in diesen Diskussionszusammenhang auch noch die Kostenfrage mit ein, könnten anfallende Rekrutierungs- und Betreuungsaufwendungen für Mitglieder den Gedanken aufkommen lassen, sich wegen fehlender „Rentabilität" der Mitgliederbasis ihrer sogar zu entledigen (Grabow 2000: 130 ff).

Die sich um die finanzielle Substitutionsthese rankende Debatte ist für den Erhalt von Mitgliederparteien deshalb so brisant, weil mit staats- und nicht mehr beitragsfinanzierten Parteien in der Tat ein Interesse der Parteieliten an einen breiten Mitgliederstamm verloren gehen könnte. Die Mitgliederkrise würde dann den nutzlos gewordenen Mitgliederparteien den Rest besorgen. Auf empirisch schwankenden Boden steht die Substitutionsthese aber solange, wie nicht konkret der Nachweis erbracht ist, dass Mitgliedsbeiträge für die Finanzausstattung heutiger Parteien tatsächlich überflüssig geworden sind. Hier sind die Belegstellen äußerst dünn, so dass an der Einnahmeentwicklung der Bundestagsparteien rekonstruiert werden soll, inwieweit tatsächlich die Mitgliedsbeiträge zu einer unwesentlichen und zu vernachlässigenden Größe im Finanzaufkommen der Parteien geschrumpft sind. Darin einbezogen ist die Frage, ob sich die Mitgliederverluste in signifikanten Einnahmeausfällen niederschlugen und, falls ja, ob sich diese Lücken durch Staatsgelder schließen ließen.

In erster Linie wird hierbei dem Geldzufluss durch Mitgliedsbeiträge die Aufmerksamkeit geschenkt. Aufzeigen lässt sich daran nämlich die Entwicklung des Beitragsaufkommens als solches. Andere Einnahmequellen sind aber insoweit in die Betrachtung einzubeziehen, wie es um den Anteil geht, mit den die Mitgliedsbeiträge zur Gesamtfinanzierung der Parteien beitragen. Obgleich auch auf einige ältere Angaben zurückgegriffen wird, bilden für die Darstellung die seit 1968 veröffentlichungspflichtigen Rechenschaftsberichte der Bundestagsparteien die eigentliche Datenbasis. Sie enthalten nach den mehrfach verschärften Vorgaben des Parteiengesetzes von 1967 eine genauere Aufschlüsselung der Einnahmequellen der Parteien.

Vor der Transformation von CDU und CSU zu Mitgliederparteien in den siebziger Jahren gingen die Parteien bei der Geldbeschaffung noch unterschiedliche Wege. Während die SPD nach dem Zweiten Weltkrieg ihre Tradition als in erster Linie beitragsfinanzierte Mitgliederpartei beibehielt, wurden die mitgliederschwachen bürgerlichen Parteien CDU, CSU und FDP von Spenden der Wirtschaft ausgehalten (Ebbighausen u.a. 1996: 84). Deren Beitragsanteile überschritten zur damaligen Zeit in den Fünfzigern kaum die 10 Prozent-Marke. Die damals an die Parteizentralen weiter gegebenen Beiträge bezeichnete Heino Kaack (1971: 554) als „Bagatellsumme".

Mit ihrer traditionellen Beitragsdisziplin konnte die SPD zwischen 1949 und 1972 ihr Beitragsvolumen von 6,6 auf knapp 30 Millionen DM (€ 15,34 Millionen) steigern. Die CDU hatte dem nichts entgegensetzen. Typisch für die fünfziger und frühen sechziger Jahre war, dass sich die CDU-Mitglieder entweder ihrer Beitragspflicht entzogen, oder nur Mindestzahlungen entrichteten (Bösch 2001: 196). Infolgedessen kamen die Beitragseinnahmen nur zu einem Sechstel an die Beiträge heran, die die SPD verbuchen konnte. Das Beitragsfehl ließ sich aber durch ein ausgeklügeltes Wirtschaftsspendensystem und ab 1959 durch die beginnende Staatsfinanzierung kompensieren. Mit der Mitgliederschwemme ab 1969 erschloss sich der Partei erstmalig eine neue und stark sprudelnde Einnahmequelle. Dabei waren die damals gestarteten Mitgliederwerbekampagnen stark von dem Gedanken bestimmt, die desolate Finanzlage des vernachlässigten Parteiapparats auf eine solidere Finanzierungsbasis zu stellen (Lange 1994: 134 ff). Die Rechnung ging auf, zumal der einsetzende Beitragssegen den Beitragsanteil am Finanzaufkommen der Partei zwischen 1968 und 1978 von 20,1 Prozent auf 37 Prozent ansteigen ließ (Schönbohm 1985: 258). Trotz günstiger Mitgliederentwicklung der CSU blieben deren Beitragseinnahmen bis Mitte der Sechziger unter einer Million DM stecken. Erst zu Beginn der Siebziger verbesserte sich der Beitragszufluss merklich (Wellner 1973: 48 f). Gleichwohl verweigerten sich zahlreiche Mitglieder, mehr als den 1968 eingeführten monatlichen Mindestbetrag von einer DM zu entrichten. Die FDP konnte bis heute nicht trotz gut betuchter Mitglieder ihre Beitragsschwäche überwinden. Immer noch wirkt das bürgerliche Honoratiorentum nach, welches nie bereit war, sich mit dem Gedanken an eine monatliche Beitragspflicht wie bei den sozialistischen Parteien anzufreunden.

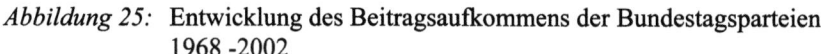

Abbildung 25: Entwicklung des Beitragsaufkommens der Bundestagsparteien 1968 -2002

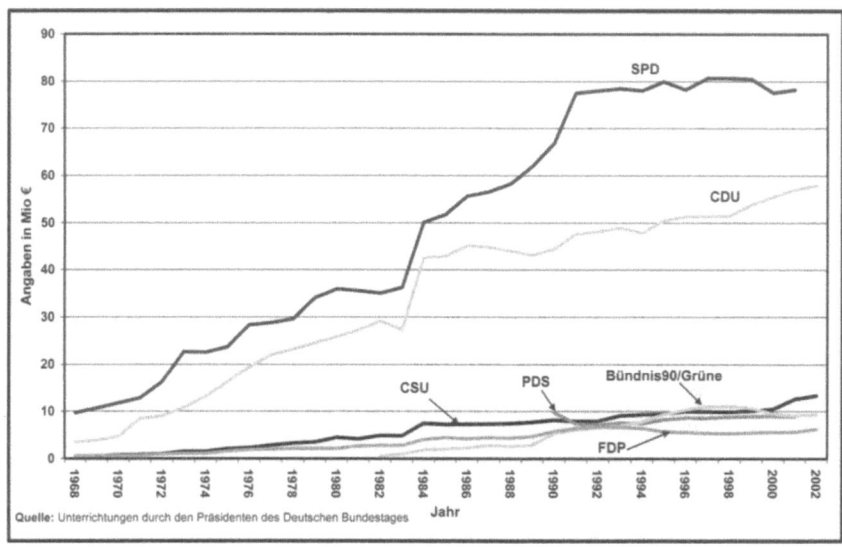

Wie Abb. 25 aufzeigt, ist das Beitragsvolumen der im Bundestag vertretenen Parteien von 1968 an bis heute stetig angestiegen. Insgesamt konnten die Beitragseinnahmen der Bundestagsparteien ab 1980 bis Mitte der Neunziger um ein Vielfaches gesteigert werden (Ebbighausen u. a. 1996: 71 ff). Die SPD nimmt im Aufkommen traditionell eine Spitzenreiterposition ein, wobei die CDU nach dem Jahr 2000 dabei ist, den Abstand stetig zu verringern. Lag ihr Beitragsaufkommen 1968 noch unter sieben Millionen, hat es nach 1995 die Hundert Millionen DM-Grenze überschritten. Obgleich von unterschiedlich großer Mitgliederzahl, müssen sich die restlichen Parteien CSU, PDS, FDP und Grüne mit weitaus geringeren Beitragssummen begnügen. Die drei zuletzt genannten Parteien haben ab 2000 sogar leichte Einnahmeverluste hinzunehmen. In der Gesamtsumme steigen die Beitragsleistungen gleichwohl weiter an und sind sicherlich mit einem Volumen von 335,7 Millionen DM (€ 171,64 Millionen) nicht als unwesentlich oder zu vernachlässigend zu klassifizieren.

Ob es aber eine Substitution von Mitgliedsbeiträgen durch die Staatsfinanzierung gab, lässt sich an diesen absoluten Zahlen nicht ablesen. Um dies zu überprüfen, ist eine Aufschlüsselung der Parteifinanzen nach Einnahmequellen erforderlich.

133

Abbildung 26: Die drei Einnahmequellen der Parteien im Vergleich 1968 - 2002

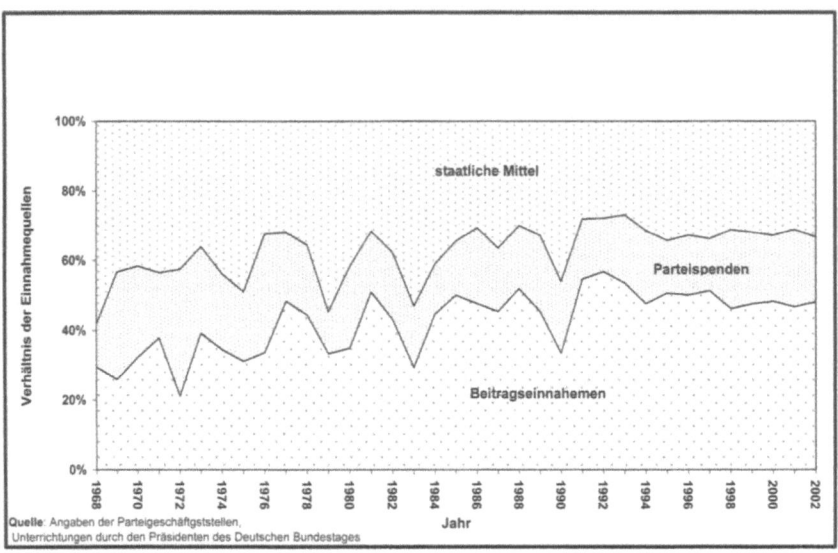

Abb. 26 zeigt auf, dass sich die Parteien bis heute hin auf Staatsgelder, Spenden und Beiträge als Einnahmequellen abstützen. Schon ein oberflächlicher Blick verrät, dass es nie zu einer Verlagerung der Finanzierung weg von den Mitgliedsbeiträgen hin zu staatlichen Subventionen gekommen ist. Ohne hier auf die Ursachen einzugehen, stiegen im Gegenteil die Beiträge seit den Neunzigern über die 40-Prozent-Marge hinaus, während umgekehrt die öffentlichen Gelder seitdem auf einem 30-Prozent-Niveau stagnieren. Die dritte und schwächste Finanzierungsquelle bilden die Spenden. Im Einzelfall ist dies zu differenzieren. Denn hinter der Gesamtdarstellung verbergen sich traditionelle Spendenabhängigkeiten der Parteien, die vor allem die FDP und die CSU betreffen (Landfried 1994: 126 f). Gleichwohl enthält die relativ stabile Drei-Säulenstruktur der Parteienfinanzierung keine Indizien dafür, dass sich die Parteien als Hauptfinanzier den Staat erschlossen hätten. Noch weniger Hinweise gibt es darauf, dass die Mitgliedsbeiträge im Volumen oder im Anteilswert in die Bedeutungslosigkeit abgesunken wären.

Abbildung 27: Beitragseinnahmen- und Mitgliederentwicklung im Vergleich
1984 - 2002

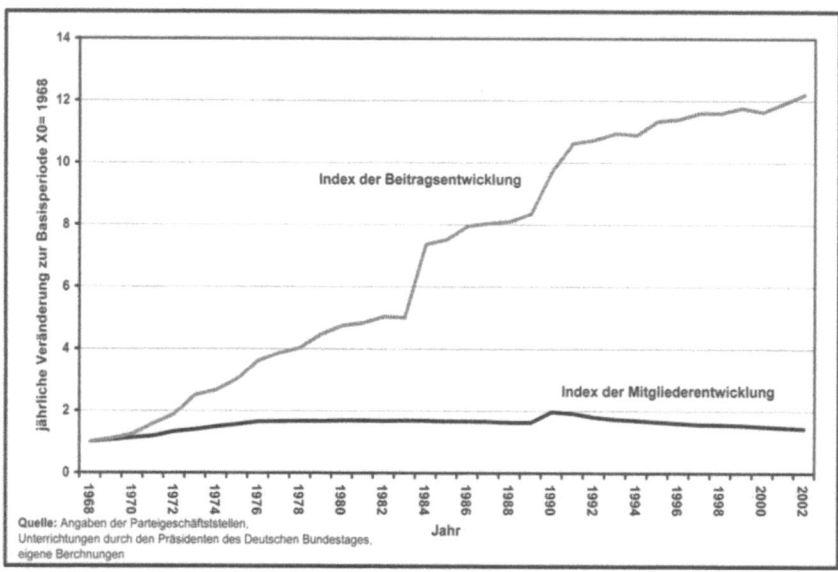

Quelle: Angaben der Parteigeschäftststellen,
Unterrichtungen durch den Präsidenten des Deutschen Bundestages,
eigene Berchnungen

Allerdings wäre es voreilig, aus diesen Befunden heraus bereits auf die Unentbehrlichkeit der Beiträge für die Finanzierung der Parteien schließen zu wollen.
Verwunderlich ist nämlich das in Abb. 27 sichtbar werdende Phänomen, dass das
Beitragsaufkommen der Parteien trotz kräftiger Mitgliederverluste über die Jahre
weiterhin zugelegt hat. Offenkundig tut sich zwischen den kumulierten Verände-
rungsraten der Beitragsentwicklung und dem Index der Mitgliederentwicklung
eine Scherenbildung auf, die auf dem ersten Blick widersinnig ist und nach einer
Erklärung verlangt. So haben die Parteien zwischen 1968 und 1983 eine Ver-
fünffachung ihrer Beitragseinnahmen erlebt, während sich gleichzeitig ihr Mitgliederstamm um rund 70 Prozent verbreiterte. Ein Schlüssel zur Erklärung des
Auseinanderdriftens von Beiträgen und Mitgliedern liefert das Jahr 1984, in dem
die Gesamtmitgliederzahl der Parteien um knapp 9.000 sank, sie aber gleichzeitig einen Beitragseinnahmenanstieg von 141 auf 207 Millionen DM (€ 105,84
Millionen) verzeichneten. Zwischen 1990 und 2002 gingen den Parteien 615.000
Mitglieder verloren (minus 27 Prozent). Gleichzeitig gelang es ihnen, ihr Beitragsaufkommen von 274 (€140,09) auf 343 Millionen DM (€ 175,6 Millionen)
(plus 25,2 Prozent) zu steigern. Die Erklärung für die wundersame Vermehrung
der Beitragseinnahmen bei gleichzeitig starken Mitgliederverlusten ist rasch

135

geliefert. Denn seit 1984 sind die Parteien dazu übergegangen, die vorher gesondert ausgewiesenen Abgaben ihrer Mandatsträger, die sogenannten Parteisteuern, unter der Einnahmerubrik Mitgliedsbeiträge zu verbuchen. Für die in den Beitragseinnahmen versteckten Parteisteuern ist mal der Anteilswert von 20 bis 25 Prozent geschätzt worden (Ebbighausen u.a. 1996: 50). Für die SPD können rund 40 Prozent des Beitragsaufkommens auf Zwangsabgaben der Mandatsträger zurückgeführt werden. Unter den Abgeordneten ist es verschiedentlich auch Praxis geworden, ihre Parteisteuern als Spenden zu deklarieren. Umgekehrt ergab sich bei den Mitgliederjahresbeiträgen der Grünen ab 1990 ein gewaltiger Sprung, weil von da ab die Abgeordnetenabgaben nicht mehr als Spenden, sondern als Beiträge verbucht wurden. Auf jeden Fall erschwert das irreführende Buchungsverfahren der Parteien den Versuch, den tatsächlichen Stellenwert der Beiträge bei der Finanzwirtschaft der Parteien exakt zu taxieren. Keinem Schatzmeister ist zudem daran gelegen, an dieser Verschleierungssituation etwas zu ändern.

Cordes (2002: 254) deutet den dadurch erzielten Verrechnungseffekt so, dass die verdeckt sprudelnde Einnahmenquelle der Abgeordnetenabgaben es den Parteien erlaube, ihre Einnahmeeinbußen wegen schrumpfender Mitgliedschaft zu kompensieren. Vollständig trägt dieser Hinweis nicht, weil nicht außer Acht gelassen werden darf, dass die realen Beitragsleistungen auch noch auf einem anderen Weg erhöht wurden und damit absolut und relativ angestiegen sind. In einer Art diffizilen Gradwanderung sind die Parteischatzmeister nämlich darum bemüht, die individuellen Beitragsleistungen anzuheben. Schwierig ist dieses Unterfangen allemal. Die Beitragsmoral der Parteimitglieder lässt nämlich, gemessen an den durch Parteitagsbeschluss erlassenen Beitragsstaffeln, in eklatanter Weise zu wünschen übrig. Formal gesehen ist die Parteimitgliedschaft zwar beitragspflichtig, was nach den Beitragsstaffeln teils zu recht hohen monatlichen Beitragsleistungen für besser verdienende Mitglieder führen müsste. Doch wird in der Realität über dieses Einstufungssystem großzügig hinweggesehen, zumal Neumitgliedern die Freiheit eingeräumt wird, sich ungeprüft im Beitragssatz selbst einzustufen. Ohne Offenlegung ihrer Einkommensverhältnisse bleibt es also de facto jedem einzelnen Mitglied ins eigene Belieben gestellt, welchen Beitrag es vom Mindestbeitrag aufwärts zu zahlen gewillt ist. Ebenfalls nicht üblich ist es, Altmitgliedern eine regelmäßige Beitragsanpassung abzuverlangen.

Allzu viel Beitragsunehrlichkeit ihrer Mitglieder beugte die SPD solange vor, wie Hausbesuche durch Kassierer vor Ort eine recht wirksame Barriere errichteten. Dies erklärt auch, warum zwischen 1949 und 1969 die Beitragseinnahmen von 6,6 auf das stattliche Volumen von 20 Millionen DM (€ 10,23 Millionen) anwuchsen (Wellner 1973: 47). Dagegen war bis Mitte der Sechziger für CDU-Mitglieder eine schlechte Zahlungsmoral typisch. Nur etwa die Hälfte

zahlte überhaupt Beiträge (Wellner 1973: 44 f). Auch eine 1964 erstmals einge-
führte Beitragsstaffel mit einer DM Mindest- und 50 DM (€ 25,57) Höchstbei-
trag schufen keine Abhilfe (Schönbohm 1985: 91). Erst der Neumitgliederzulauf
und die bei ihnen per Bankeinzug eingetriebenen Beiträge eröffneten der Partei
ab den Siebzigern eine solide und merklich sprudelnde Einnahmebasis (Bösch
2001: 369 ff). Als wirklich Not leidend, was den Beitragsfluss angeht, muss die
FDP bis in die heutigen Zeiten eingestuft werden. Obgleich nicht gerade mit
einkommensschwachen Mitgliedern gesegnet, hat sich die Partei traditionell mit
dem vergleichsweise geringsten monatlichen Durchschnittsbeitrag aller Parteien
zu begnügen. 1999 stimmte die FDP-Spitze ein Klagen an, dass rund 60 Prozent
der Mitglieder keinen oder nur den Mindestbeitrag zahlen würden (Süddeutsche
Zeitung vom 3.4.99).

Trotz der klaffenden Lücke zwischen Beitrags-Soll und Beitrags-Ist sehen
sich die Parteischatzmeister nur sehr begrenzt in der Lage, die durch Austritte
und Todesfälle zwangsläufig rückläufigen Beitragseinnahmen durch Beitragsan-
hebungen auszugleichen. Die Flucht aus diesem Dilemma wird in dem Verfahren
gesucht, in periodischen Abständen per Parteitagsbeschluss die Beitragsstaffeln
nach oben hin zu verändern. In erster Linie führt die Erhöhung des Mindestbeitrags dazu, dass das Beitragsaufkommen trotz Mitgliederverluste stärker spru-
delt. Selbst die durch Großspenden reichlich bedachte CSU hat aus Geldnot
heraus 2001 auf diesem Weg die Gesundung ihrer desolaten Finanzlage betrie-
ben. Mit der Erhöhung des Mindestbeitrags von monatlich sechs auf acht DM
gelang es der CSU-Führung in einem Kraftakt, zwischen 2000 und 2001 den
jährlichen Durchschnittsbeitrag von 113,32 (€ 57,93)auf 138,92 DM (€ 71,03)
(plus 22,6 Prozent) zu steigern. Der FDP-Führung glückt es nach mehreren ver-
geblichen Anläufen auf ihrem diesjährigen Parteitag ebenfalls, den Mindestbeitrag von sechs auf acht Euro anzuheben. Riskant ist solch eine Operation allemal, weil Zwangserhöhungen in Austrittswellen enden können. Als beispielsweise die SPD 1990 eine Solidarabgabe für den Aufbau der neuen ostdeutschen
Parteigliederungen beschloss, verließen in einem engen zeitlichen Zusammenhang damit zwischen 15- bis 20.000 Mitglieder die Partei. Erfüllen die Anpas-
sungen der Mitgliedsbeitragssätze letztendlich ihren Zweck, ist gleichwohl zu
vermerken, dass generell die realen Beitragseinnahmen der Parteien weit von den
Größenordnungen entfernt sind, die eigentlich bei mehr Beitragsehrlichkeit zu-
sammenkommen müssten.

Umso mehr schmerzt es die Parteispitzen, dass sie sich bei der innerparteilichen Verteilung dieses Beitragskuchens mit einem auffallend kleinen Stück
begnügen müssen. Deshalb ist für die Schatzmeister der Zugriff auf die Beitragseinnahmen gleichbedeutend mit einem permanenten und unerquicklichen
Verteilungskampf, den sie zumeist gegen den geschlossenen Widerstand der

unteren Parteigliederungen verlieren. Noch am besten ging traditionell der SPD-Vorstand mit einem Verteilungsschlüssel von 58 : 42 für die unteren Parteigliederungen aus diesen Kämpfen hervor, ohne eine chronische Geldnot der Parteizentrale zu verhindern (Lösche/Walter 1992: 234 f). Gleichwohl vermerkt die SPD noch heute mit Stolz, dass sie angesichts des hohen Beitragsvolumens fähig ist, die Personal- und Verwaltungskosten der Parteizentrale durch Mitgliedsbeiträge abzudecken. Eine in den frühen Sechzigern durchgeführte Beitragsreform (Ebbighausen u.a. 1996: 61) schuf hierfür eine wesentliche Voraussetzung. Erst 1971 gelang es überhaupt erstmalig der CDU, mit einer Beitragsabgabe von einer DM pro Mitglied die Landesverbands- und Kreisverbände der Partei an der Finanzierung der Bundesgeschäftsstelle zu beteiligen (Schönbohm 1985: 120).

Der bis heute anhaltende Verteilungskampf brachte für die Parteizentralen nicht das Ärgernis aus der Welt, dass ihnen gegenüber die unteren Basiseinheiten über ein nicht zu brechendes Maß an Personal- und Finanzhoheit verfügen. Infolgedessen halten sich die zur Finanzierung der zentralen Parteiapparate herangezogenen Beträge fortdauernd in engeren Grenzen und überschreiten bei keiner Partei die 15-Prozent-Marge. Im Einzelnen verfügten im Jahr 2001 der SPD-Parteivorstand über 24,8 Millionen DM (€ 14,73 Millionen) Beitragszufluss; die CDU 19,1 (€ 9,77) Millionen, CSU 10,1 (€ 5,16) Millionen und Grüne 4,1 (€ 2,10) Millionen DM. In Anteilen berechnet ergeben sich damit für die Parteizentrale der SPD 16,7 Prozent, CDU 17,1 Prozent, CSU 44 Prozent und Grüne 22,3 Prozent Beitragsfinanzierung. FDP und PDS haben 2001 auf Beitragsabgaben ihrer Orts- und Kreisverbände verzichtet. 2005 ist es der FDP-Spitze allerdings geglückt, die Parteibasis mit einer Umlage für die Bundespartei zu beteiligen. Das Beispiel der CSU zeigt an, dass es möglich ist, die Abgaben der Orts- und Kreisgliederung an die Zentrale zu erhöhen.

Das Bild über den Stellenwert der Mitgliedsbeiträge für die Finanzausstattung der Parteien sieht jetzt nach dem Blick auf die innerparteiliche Geldverteilung deutlich differenzierter aus, zumal die Beiträge größtenteils nicht aus dem Verfügungsbereich der unteren Parteieinheiten hinausgehen. Die Parteizentralen haben auch deshalb das Nachsehen, weil ein erheblicher Teil des Beitragsgeldes von unten in Form von Zuschüssen wieder an die Untergliederungen zurückfließt. Überraschen kann es deshalb nicht, dass an den Parteispitzen immer wieder mal der Gedanke aufgeworfen wird, welchen finanziellen Nutzen Parteimitglieder überhaupt erbringen würden. Die Frage nach dem Nutzen drängt sich umso eher auf, wie die Parteizentralen für erhebliche Informations- und Verwaltungskosten bei der Mitgliederbetreuung aufkommen müssen. So hat Peter Haungs für die CDU-Zentrale die Rechnung aufgestellt (1990: 184), dass den Beitragszuflüssen Betreuungskosten in dreifacher Höhe entgegenstehen würden. Aus ihrer Finanznot heraus beschloss die CDU im Jahr 2000 daraufhin, ihre

Mitgliederzeitschrift „Union" einzustellen (Bösch 2002: 188). Die CSU unternahm 2001 aus Kostengründen sogar den rigorosen Schritt, die Parteipostille „Bayernkurier" nicht mehr kostenlos an die einfachen Parteimitglieder zu versenden (Frankfurter Rundschau v. 11.8.2001, S. 22).

Solche Einzelmaßnahmen können aber die Tatsache nicht überdecken, dass für die Mitgliederfinanzierung noch nie ein breiter angelegter Kosten-Nutzen-Vergleich erstellt wurde. Die Unterfinanzierung der zentralen Parteiapparate mit Mitgliedsbeiträgen wurde in Wahrheit auch gar nicht wegen der Mitgliederbetreuungskosten zum Problem, sondern deshalb, weil mit dem personellen Ausbau der Parteizentralen und der Einführung professionalisierter und kapitalintensiver Wahlkämpfe die dafür erforderlichen Aufwendungen explodierten (Kaack 1971: 557 ff). Allein der Ausbau des zentralen CDU-Parteiapparats in den frühen Siebzigern verschlang Unsummen an Personal- und Verwaltungskosten. So stiegen erstere zwischen 1968 und 1977 um 464, und die letzteren um 586 Prozent (Schönbohm 1985: 262). Trotz des staatlichen Geldhahns, den die Parteien in ihrer Geldnot aufdrehten (Ebbighausen u.a. 1996: 147 ff), blieb deren Geldhunger ungestillt, so dass der forcierte Personalaufbau schon in den Siebzigern an finanziellen Schranken auflief. Seitdem erzeugt speziell das bezahlte Personal einen Kostendruck (Cordes 2002: 255), so dass die finanzielle Notstandssituation gelegentlich den Gedanken an die Einsparung „unnützer" Mitgliederbetreuungskosten hervorruft. An die Einsparung von überbordenden Wahlkampfkosten ist dagegen nie ernsthaft gedacht worden.

Nicht die Mitglieder sind die eigentlichen Kostgänger. Vielmehr verleitete die mit dem Parteiengesetz von 1967 legalisierte staatliche Parteienfinanzierung die Parteien zum Aufbau eines kostspieligen Parteiapparats. Auch die durch immer teurer werdende Wahlkämpfe ausgelöste Kostenlawine konnte finanziell nicht verkraftet werden. Die chronische Geldnot der Parteien ließ sich seitdem nie wieder abschütteln. Dies ist mit ein wesentlicher Grund, warum die Erschließung von Staatsgeldern als Einnahmequelle die Direktfinanzierung der Parteien durch Mitgliedsbeiträge zu keinem Zeitpunkt ersetzen konnte. Weil die Parteien, ob bei der Staats- oder Spendenfinanzierung, an nicht kostendeckende Einnahmengrenzen stoßen, sind sie umso stärker auf den Erhalt der Beiträge als halbwegs solider und berechenbarer Einnahmequelle angewiesen.

Wo kapitalintensiver Wahlkampf aus Geldnot an seine Grenzen stößt, dürfen auch nicht die zeitaufwendigen geldwerten Dienstleistungen und die unentgeltlich privat bereitgestellte technische Ausrüstung von Parteiaktiven und Ehrenamtlichen vernachlässigt werden, von denen die Parteien profitieren (Ware 1992: 75; Geser 1999: 10; Buch 1999: 260). So hat Wellner (1973: 29 ff) einmal die Höhe dieser durch Mitglieder erbrachten geldwerten Dienstleistungen für die Bundestagswahlkämpfe zwischen 1949 und 1972 überschlägig errechnet. Die

Schätzung ergab, dass der Geldwert dieser arbeitsintensiven Wahlkampfaktivitäten an den Betrag heranreichte, den die Parteien offiziell für ihre Wahlkampfausgaben deklarierten.

Die unmittelbare finanzielle Abhängigkeit der deutschen Parteien von Mitgliedsbeiträgen ist sogar seit 1994 in einschneidender Form angestiegen. Mit dem Urteil des Bundesverfassungsgerichts vom 9.4.1992 wurde die gesetzliche Parteienfinanzierung 1994 auf neue Füße gestellt. Seitdem ist ein Großteil der Staatsfinanzierung der Parteien an die erfolgreich eingeworbene finanzielle Unterstützung durch Mitglieder und Spender gebunden. Die Eigenfinanzierung der Parteien durch Mitgliedsbeiträge erlebt also entgegen den Vorstellungen der Party-Change-Theoretiker geradezu eine Renaissance, weil gleichzeitig dem weiteren Ausbau der Staatsfinanzierung durch eine absolute Obergrenze an Geldzuwendungen ein Riegel vorgeschoben wurde. Seit der Neuregelung von 1994 entspricht es dem Eigeninteresse der Parteieliten, möglichst viele Beitrag zahlende Mitglieder in den eigenen Reihen zu führen, weil je Mitglied jeder Beitragseuro bis in Höhe von € 3300 mit einem Staatszuschuss von € 0,38 prämiert wird. Neben Spendern entscheiden also die von Mitgliedern erbrachten Beitragsleistungen ganz maßgeblich darüber, inwieweit den Parteien als Erfolgsaufschlag hälftig Staatsgeld zufließt. Die weitere Entwicklung geht sogar dahin, dass die Staatsmittel den Parteien überwiegend als Bezuschussung über ihre Beiträge und Spenden zufließen und nicht mehr als Belohnung für ihre bei Wahlen erzielten Wählerstimmen.

In diesem Licht sind die Mitgliederverluste kaum anders als schmerzhafte finanzielle Lückenreisser zu interpretieren. Jedes verloren gegangene Mitglied ist ein Beitragszahler weniger. Die Hunderttausende an Mitgliederschwund bei SPD und CDU haben Millionenlöcher an Einnahmen in die Parteihaushalte gerissen. So wird von der Schatzmeisterin der SPD, Inge Wettig-Danielmeier, 2003 der sich durch Mitgliederverluste bis zum Jahr 2006 ergebende Beitragsfehlbestand auf 13 Millionen Euro erechnet (Süddeutsche Zeitung v. 18.8.03). Und es zeigt sich am Beispiel des dramatischen Mitgliedereinbruchs der SPD in Nordrhein-Westfalen, dass mit dem Beitragsfehl 2003 30 von rund 200 Personalstellen des Landesverbandes dem Rotstift anheim fielen (Der Spiegel, Nr. 43/2003: 22). Wie stark Mitgliederverluste Finanzkrisen bewirken können, wird auch an den dänischen Sozialdemokraten exemplarisch deutlich (Detterbeck 2002: 299 f). Deren Mitgliederbestand verfiel zwischen 1960 und 1995 von 259.000 auf 62.000 Organisierte. Um die Einnahmeverluste auszugleichen, hatten die Restmitglieder innerhalb dieser Frist eine Beitragssteigerung von 17 auf 272 dänische Kronen hinzunehmen.

Das Ergebnis dieser Betrachtung ist, dass Mitgliedsbeiträge weiterhin ein bedeutendes und unverzichtbares Standbein der Parteiengrundfinanzierung bilden. Ohne sie wäre die Deckung der laufenden Fixkosten an Personal und Material nicht zu gewährleisten. Zu keiner Zeit nahm die Staatsfinanzierung eine Größenordnung an, die die Beitragszahlung überflüssig gemacht hätte. Die neue Rechtslage macht den Zufluss von Staatsmitteln sogar in hohem Maße von Mitgliedsbeiträgen und Spenden abhängig. Trotz ihrer Erosion durch Mitgliederschwund bildet die Beitragsfinanzierung im Vergleich zu Spenden und Staatsgeldern nach wie vor die verlässlichste und stabilste Einnahmequelle. Eine breite Mitgliederbasis ist gerade heutzutage ein unverzichtbarer Garant für Parteien, um finanziell überleben zu können.

6.5 Vom angepassten zum selbstbewussten Mitglied

Mit dem organisatorischer Nutzen von Parteimitgliedern ist das so eine Sache. Denn alles was Mitglieder an Geldzuwendungen, Wahlkampfaktivitäten und zwischenmenschlichen Kommunikationsleistungen für ihre Partei aufbringen könnten, liegt solange brach, wie sie nicht tatsächlich aktiv werden und Ressourcen bereitstellen. Da also Nutzen erst aus dem tatsächlich erbrachten Einsatz und Mitmachen möglichst vieler Parteimitglieder resultiert, richtet sich der Blick zwangsläufig auf das Problem, unter welchen Umständen und Bedingungen Parteimitglieder bereit sind, sich für die Partei ins Zeug zu legen. Die Antriebs- und Aktivierungsfrage von Organisierten ist für die Parteimitgliederforschung von grundsätzlicher Bedeutung und schließt darüber hinaus die Frage nach den Eintritts- und Verweilmotiven von Mitgliedern ein. Hier ist jedoch das weite Feld der Beweggründe für parteipolitisches Engagement und Mitmachen nur insoweit interessant, wie zu klären ist, unter welchen Bedingungen Parteimitglieder mit ihrem enormen Beteiligungs- und Mitarbeitspotenzial tatsächlich zu Nutzenträgern für die Parteien werden.

Geht man diesem Aktivierungshintergrund von Mitgliedern genauer nach, wird man rasch an eine schon seit längerer Zeit in der Parteienliteratur geführte Debatte herangeführt, die sich unter dem Stichwort „neues Mitglied" mit dem Anspruchs- und Selbstverständniswandel heutiger Parteimitglieder beschäftigt. Um zu diesem neuen Typus von Mitglied zu gelangen, muss bei dem veränderten gesellschaftlichen Rekrutierungshintergrund der Parteien angesetzt werden. Solange nämlich Parteien noch in intakte, politisch-kulturell prägewirksame Milieustrukturen eingebettet waren, konnten sie sich auf eine Rekrutierungsleistung verlassen, die vom Vereinigungs- und Gesellungswesen der sozial und sozio-kulturell homogenen Lager erbracht wurde, mit denen sie eng vernetzt waren. Katholische Jugend und Kolpingsvereine bildeten ein natürliches Nachwuchsreservoir für die Unionsparteien. Falken und Gewerkschaftsjugend eine für die SPD. In diesen Milieustrukturen wuchsen kollektiv vermittelte und tradierte Solidaritäts- und Vergemeinschaftungsmotive heran, die junge, vorpolitisch geprägte Menschen als Mitglieder an „ihre" Milieuparteien heranführten. Mit der Mitgliedschaft verband sich dabei wie selbstverständlich die Idee, integraler Teil eines kollektiven Ganzen zu sein und in der Partei politische Heimat zu finden sowie einer interessengleichen Solidar- und Schicksalsgemeinschaft anzugehören.

Abbildung 28: Anteil der neuen Mittelschichten an der Mitgliedschaft von CDU und SPD 1968 - 2004

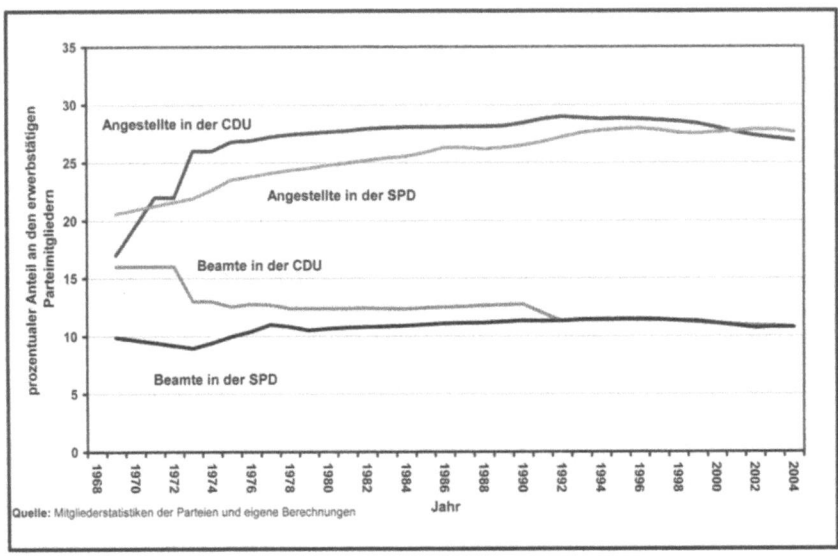

Nachdem im Prozess des Gesellschaftswandels die Milieus zu erodieren und sich auch die Bande zwischen den sich zu Catch-all-Parteien gewandelten Lagerparteien zu ihren alten Milieus zu lockern begannen, drängte sich der nahe liegende Gedanke auf, dass sich der Parteiennachwuchs schwerlich noch aus dem milieugeprägten Rekrutierungsumfeld gewinnen lassen würde. Für diese Entwicklung sprechen Befragungsbefunde der SPD aus dem Jahre 2000 (Polis 2000: 13), nach denen Neumitglieder nur noch zu 39 Prozent wegen der Familientradition oder Tradition unter den Freunden ihren Parteibeitritt vollzogen haben. Dagegen war für 62 Prozent der Altmitglieder dieses Motiv noch von Bedeutung. Die Abkopplung der Parteien von ihrem traditionellen milieugeprägten Rekrutierungshinterland wird auch an ihrer umgeschichteten Mitgliederzusammensetzung deutlich, über die sie sich in ihrem Sozialprofil angenähert haben.

Einerseits verfügen SPD und CDU nach wie vor als Profilkern über einen je nennenswerten Arbeiter- und Selbständigenanteil. Längst aber haben andererseits, wie Abb. 28 aufzeigt, beginnend mit den Sechzigern, Angehörige der neuen Mittelschichten das Zepter unter den Mitgliedern übernommen. Über eine gewandelte Motivstruktur der Mitglieder geben diese sozialstrukturellen Daten allerdings noch keine hinreichende Auskunft.

Um die Verbreitung eines neuen Mitgliedertyps zu erklären, ist der Gesellschaftswandel noch aus einem weiteren Grund heranzuziehen, weil seit den Sechzigern mit ihm die Bildungsexpansion und die kognitive Mobilisierung breiterer Bevölkerungsschichten einhergehen. Anzunehmen ist auch in diesem Fall, dass hiervon erfasste Beitrittsgeneigte andere und anspruchsvollere Erwartungen mit dem Gedanken an eine Parteimitgliedschaft verbinden als solche Mitglieder, die früher noch aus einem prägenden Milieuzusammenhang und aus einem solidarischen Gemeinschaftsempfinden heraus zu den Parteien stießen. Sich mit diesem Gedanken anzufreunden, wird auch noch durch die über die letzten 30 Jahre stark veränderte Bildungsstruktur der Parteimitglieder gefördert. Die politischen Mobilisierungsprozesse seit den späten Sechzigern haben in der Tat einen Strukturwandel der Parteimitglieder mit der Folge forciert, dass sie seitdem Schritt für Schritt immer stärker in ihrer Zusammensetzung von den neuen Mittelschichten und den ressourcenstarken höheren Bildungsschichten beherrscht werden. Wie schon vor diesem gesellschaftlichen Wandlungshintergrund von der kognitiven Mobilisierungsdebatte herausgearbeitet wurde (Kapitel 5.4), werden aller Voraussicht nach heutzutage nach den abgeschlossenen Umschichtungen in den Parteien ressourcenstarke Parteimitglieder vorzufinden sein, die im Vergleich zur Vergangenheit weitaus kompetenter, selbstbewusster und artikulierter ihre Rolle als Mitglieder auszufüllen gedenken.

Überträgt man diese Vermutung in einen anreiztheoretischen Zusammenhang, müssten für die neuen Mitglieder ältere kollektive Vergemeinschaftungs- und Solitaritätsbedürfnisse an Anreizwert verloren und eher zielgerichtete Anreize (Wilson 1973: 34 ff) für das Engagement an Bedeutung gewonnen haben. Der Wandel der Anreizstruktur für eine Parteimitgliedschaft stellt sich für die Party-Change-Debatte in einem besonderen Licht dar. So vermuten Katz und Mair (1995) mit dem Aufstieg der Kartellparteien, dass Mitglieder mehr aus selektiven selbstbezogen-instrumentellen Gründen tätig und ihre Rolle individualistisch und auf sich gestellt ausüben würden. Politisch-ideologische Eintrittsgründe seien dagegen verblasst. Der darin zum Ausdruck kommende Verlust an compliance und solidarischer Bindungsintensität mit der Partei wird auch von Boll (2001: 25) und Holtmann und Boll (2001: 293) so gesehen, die ihre Schlussfolgerungen aus einer Mitgliederbefragung in Sachsen Anhalt ableiten. Ihre These ist, dass gerade in den neuen Bundesländern ein Nährboden für ein eher instrumentelles und rational betontes Nutzenverhältnis der Parteimitgliedschaft entstanden sei. Begründet wird dies mit der „eindeutigen Dominanz politisch-instrumenteller Bindungsmotive" (Boll 2001: 30). In ihrem politischen Einflussstreben würden sich ostdeutsche Parteimitglieder eher als „Kompagnon eines politischen Zweckverbands, weniger als Gefährte einer Gesinnungsgenossenschaft" verstehen (Holtmann/Boll 2001: 293). Obgleich gegensätzlich begründet stimmen beide Positionen darin überein, dass sich bei heutigen Parteimitgliedern die solidarisch-affektive Bindung an die Partei gelockert habe und selbstbezogenen instrumentellen Beitritts- und Mitarbeitsmotiven gewichen sei. Diese Sicht der Dinge schließt an Vorstellungen an, die Streeck (1987: 475) schon vor Jahren mit seiner These von der „nachlassenden Bindungsfähigkeit formal organisierter gesellschaftlicher Aggregate gegenüber ihrer sozialen Basis" entwickelt hat. Dies würde als „affektive Verarmung" der Beziehung von Mitgliedern zu ihrer Organisation und durch den nachlassenden „moralisch-verpflichtenden, informell-obligatorischen" Charakter von Mitgliedschaft sichtbar. Biehl (2004b: 10) fasst den Kern der Debatte um einen neuen Mitgliedertyp so zusammen, dass die „Mitgliedschaft heutzutage seltener Ausdruck einer besonderen Verbundenheit mit der Partei und häufiger Ergebnis eines rationalen Kalküls (sei). Immer mehr Bürger entschieden sich aufgrund einer Kosten-Nutzen-Abwägung für (oder gegen eine) Parteizugehörigkeit. Die Parteien würden von ihren Angehörigen deshalb auch nicht mehr vorrangig als Gesinnungsgemeinschaften verstanden, sie dienten vielmehr als politische Dienstleistungsagenturen der Durchsetzung politischer und persönlicher Ambitionen".

Entgegen der Entbindungs- und Instrumentalisierungsthese von Parteimitgliedschaft kann Biehl allerdings anhand der Potsdamer Mitgliedererhebung von 1998 zwischen den vor und nach 1990 Eingetretenen keinen Wandel in der Bindungsintensität und dem Zugehörigkeitsgefühl von „Alt"- und „Neumitgliedern" feststellen (2004a: 691). Anderenorts bezieht er zur gängigen Instrumentalisierungsthese eine noch krassere Gegenposition. Erwiesen ist nach den Potsdamer Befunden für ihn, dass die „Übereinstimmung mit einer Partei ebenso wie die innere Verbundenheit mit ihr weiterhin von überragender Bedeutung für den Entschluss, sich einer Partei anzuschließen", sei (2004b: 175).

Sichtet man die Befunde aus anderen jüngeren empirischen Mitgliederstudien, stützen diese eher die von Biehl verfochtene „No Change"-These. So ließen sich schon im Jahre 1977 SPD-Mitglieder bei ihrem Eintritt und Engagement vorwiegend von den Wünschen, „sich politisch betätigen, informieren, äußern, mitarbeiten und politisch durchsetzen" zu wollen, leiten (Infas 1977: 47). Für im Jahre 2000 befragte SPD-Aktive sind sowohl politisches Gestaltungsstreben,

Teilhabe an der Elitenauslese und die Programmunterstützung antriebsprägend (Polis 2000: 12). Bemerkenswert ist, dass, anders als bei allen anderen Beitrittsmotiven, bei neun von zehn SPD-Mitgliedern über die Dauer der Parteizugehörigkeit hinweg die aktive Identifikation mit dem Parteiprogramm die oberste Priorität beibehält (Polis 2000: 13). Auch nach der jüngsten SPD-Neumitgliederbefragung (Polis 2004) sind Motive wie „ich will politisch teilhaben und mitwirken können" und „ich will dazu beitragen, dass die Werte, für die die SPD steht, weiterhin Gültigkeit haben", ausschlaggebend für den Beitragsentschluss. Die Identifikation mit den Parteizielen ist auch für Mainzer SPD-Mitglieder antriebsleitend (Winkler u.a. 1999: 26). Für ostdeutsche PDS-Mitglieder zählt noch auffallend stark der solidarisch-emotionale Milieuzusammenhang, zumal die Beziehung an die Partei zu 98 Prozent über das Merkmal „politische Heimat" und zu 96 Prozent über „einen Ort, wo ich mich wohl fühle" bestimmt wird. Den Ausschlag gibt jedoch ein Bindungsmotivgemisch, was darin zum Ausdruck kommt, dass 96 Prozent der im Jahr 2000 befragten Mitglieder der politisch-instrumentellen Aussage „die einzige Partei, der man sich als Linker anschließen kann" zustimmen. Gleichermaßen eklatant hoch fällt mit 99 Prozent die Bejahung der Aussage „die PDS ist für mich eine Partei, die für mich auf wichtigen Werten beruht", aus (Chapra/Wittich 2001: 13).

Bei den CDU-Mitgliedern ergab sich schon 1972 und 1977 ein Höchstwert für die politisch-ideologische Übereinstimmung mit der Partei, der zum Eintritt führte (Falke 1980: 97). 1993 ergibt eine Kombination aus politisch-weltanschaulicher Identifikation und Mitgestaltungswünschen, die die Mitglieder in die CDU geführt haben (Veen/Neu 1995: 123 f). Und auch nach der bundesweiten Potsdamer Befragung von 1998 lassen sich Parteimitglieder bei ihrem Eintritt von ideologischer Identifikation und vom Einsatz für die Ziele der Partei leiten (Heinrich/Lübker/Biehl 2002: 3 f). Auf dieser Linie liegen ebenfalls die partizipatorischen Problemlösungs- und Politikgestaltungsmotive, die in Stuttgart Mitglieder in die Parteien hineinführten (Müller/Traub 2004: 29 f).

Ein weiterer Gleichklang in den Beitrittsmotiven lässt sich zudem zu Mitgliederstudien aus anderen Ländern herstellen. Dazu passt, dass für Mitglieder der britischen Labour Partei, Konservativen und Liberaldemokraten die Prinzipien und politischen Ziele ihrer Partei den wichtigsten Eintrittsgrund liefern (Seyd/Whiteley 2000: 10 f). Norwegische Vergleichsdaten von 1991 und 2000 zeigen ebenfalls die unveränderte Dominanz von Überzeugungen und Politikpositionen, die beim Parteieintritt obenan stehen (Heidar/Saglie 2003a: 778). Gleichfalls steht die Identifikation mit der Parteiideologie für dänische Parteimitglieder als Eintrittsgrund an der Spitze (Pedersen u.a. 2004: 369). Selbst für die im Jahr 2000 befragten Mitglieder kanadischer Parteien, die eher dem Modell ideologisch entschlackter opportunistischer Broker-Parteien entsprechen, müssen die ideologischen Übereinstimmungen bzw. die Identifikation mit den politischen Zielen ihrer Partei mit 84 Prozent als bei weitem wichtigste Eintrittsgründe herhalten (Young/Cross 2002: 557 f).

Verallgemeinerungsfähig ist wohl vor diesem internationalen Datenhintergrund die Aussage, dass spätestens seit den Sechzigern eine neue Generation von Parteimitgliedern herangewachsen ist, für die sich ihr parteipolitisches Engagement mit einer engen Identifikation mit den Parteizielen verbindet. Baer und Bositis (1988: 32) bringen das auf den Satz, „that more and more citizens are becoming active in party politics for purposive incentives". Doch damit nicht genug. Es schält sich nämlich des weiteren aus den weitgehend übereinstimmenden Befragungsbefunden heraus, dass neben der ideologischen Parteiidentifikation der politische Einflussnahme- und Gestaltungswunsch ein zweites Hauptmotiv beim Eintritt in eine Partei bildet (Müller/Traub 2004: 29 f; Winkler u.a. 1998: 29; Blessing (Hrsg.) 1993: 203; Niedermayer 1997: 336 f). Veen und Neu (1995: 9) sehen auf der Basis dieser Motivationsschwerpunkte sogar einen „neuen Mitgliedertyp ... auf dem Vormarsch, dem es ... zunehmend darum geht, die gemeinsame Überzeugung politisch mitzugestalten, der die Mitgliederrechte stärken und sich politisch aktiv beteiligen möchte".

Soviel ist für die „Neue Mitglieder"-Debatte gewiss, dass sich für die unter Party-Change-Vertretern vorherrschende Instrumentalisierungs- und Rationalisierungsthese der Parteimitgliedschaft keine stichhaltigen empirischen Belege finden lassen. Stattdessen werden Mitglieder bei ihrem Eintritt wohl von Antriebsgründen bestimmt, die in erster Linie auf starke ideologische Übereinstimmung und Verbundenheit mit der Partei und auf aktiven politischen Gestaltungswünschen fußen. Diese Commitment- und Einbindungsbasis heutiger Parteimitglieder muss aber, und das ist das einzig neue, losgelöst von einem nicht mehr wirksam werdenden Milieu geprägten Rekrutierungshintergrund gesehen werden. Die Ursache hierfür bildet die stark verschobene und auch angeglichene soziale Basis der Parteien, „während die Motive keine wesentlichen Veränderungen erfahren haben" (Biehl 2004b: 193).

Aus der Nutzenperspektive ergibt sich für heutige Parteien daraus die weitreichende Konsequenz, die gemeinsame soziale Herkunft bzw. die Zugehörigkeit zu einer soziokulturellen Großgruppe als Gefolgschafts- und Loyalitätsreserven bei der Aktivierung von Parteimitgliedern abschreiben zu müssen. Die aus milieuhafter Vergemeinschaftung heraus entstandenen Solidaritäts- und Unterstützungsmotive für die eigene Partei sind sedimentiert. Und mit deren Verschwinden gehört auch das angepasste und blindlings folgebereite Mitglied weitgehend der Vergangenheit an. Was jedoch entgegen aller Party-Change-Vorstellungen nicht von der Bildfläche verschwunden ist, sind Parteien, die aus den Augen ihrer einfachen Mitglieder nichts an ihrem Charakter als Überzeugungs- und

Gesinnungsgemeinschaften eingebüßt haben. Die nach wie vor enge Verbundenheit der Mitglieder mit ihren Parteien fußt nämlich, wie deutlich wurde, auf einer ideologischen Identifikationsbasis. Parteien von ihrem überständigen Geruch als politische Heimat, Weltanschauungs- und Gesinnungsgemeinschaft oder säkularisierte Religionsgemeinschaft zu befreien, daran ist unter diesen Umständen nicht zu denken. Im Gegenteil stellen in den Augen heutiger Mitglieder Parteien nach wie vor politisch-ideologische Vergemeinschaftsgebilde dar, in denen sich Menschen gleicher Anschauung und Gesinnung und gleichen politischen Standorts zusammenfinden, um sich über politische Gestaltungskonzepte zu verständigen und um sich für die Verwirklichung der hochgehaltenen Parteiziele und – prinzipien politisch aktiv einzusetzen.

Der Parteivorsitzende der SPD, Franz Müntefering, hat diesen Identifikationskern von weltanschaulich ausgewiesenen Mitgliederparteien in einem Interview mit ihm über „Gefühle" (Frankfurter Rundschau vom 30.4.2004, S. VII) in charakteristische Worte gekleidet und Parteien als „säkularisierte Kirchen" bezeichnet. Dazu führte er aus: „Auch eine Partei ist eine Art Überzeugungsgemeinschaft, eine Partei, zu der man dazugehört, die sich einig ist, in der alle auf das eine Ziel hingehen, in der es gemeinsame Überzeugungen – ich will nicht sagen: Glauben – und auch bestimmte gemeinsame Rituale gibt. Und ich bin einer in diesem ganzen Geschehen". Dieser konsonante Überzeugungs- und Anschauungskern bleibt zwischen Alt- und Neumitgliedern einer Partei selbst noch nach einem radikalen Kurswechsel erhalten, wie ihn die Labour Partei in den Neunzigern unter Blair vollzog (Seyd/Whiteley 2002: 49 ff). Und nicht einmal an den Organisationsgrenzen macht die Corporate Identity von Parteien als politische Tendenzbetriebe Halt. Denn, wie Richard Stöss (1997: 182 f, 2002: 423 ff) betont, bezieht das Bild von Parteien als „Wertegemeinschaften" Mitglieder, Anhänger und Wähler ein, die in ihren Überzeugungen, Wünschen und politischen Zielvorstellungen weitgehend übereinstimmen.

Diese über ideologische und partizipatorische Anreize verlaufende Selbstrekrutierung von Parteimitgliedern wäre nicht viel Aufhebens wert, wenn hieraus nicht für Parteieliten ein kapitales Einbindungs- und Motivationsproblem gegenüber den Mitgliedern entstünde. Aus der Nutzenperspektive wachsen nämlich die ideologischen und partizipatorischen Kosten in die Höhe, die dafür zu bezahlen sind, wenn Mitglieder bereit sein sollten, sich mit ganzem Elan als Wahlkämpfer und zwischenmenschliche Kommunikatoren für die Partei einzusetzen. Anders herum sind Mitglieder nicht um den Preis ihrer Mitarbeit und ihres freiwilligen Einsatzes gewillt, ihre mit der Partei in Eins gesetzten Prinzipien und Überzeugungen auf dem Altar windiger Politikkarrieristen und inhaltsloser, opportunistischer Wähleransprache zu opfern. Damit werden aus Elitensicht der Einsatz und das Engagement der Mitglieder an Konditionen substantieller Mitwirkung an der

Kursbestimmung und der Prinzipientreue der Partei gebunden, die ihren strategischen Manövrierraum verengen und in Kollision zu Stimmenmaximierungsinteressen geraten können. Schlimmstenfalls sehen sie sogar im „influence seeking" und „policy seeking" der Aktiven und Ehrenamtlichen, die sich für die Außenkommunikation und für das „grassroots campaigning" einsetzen sollen, ein ärgerliches Störmoment, dem sie schwerlich Einhalt gebieten können.

Noch die geringste Zügelung dieses ideologischen Sinnverständnisses der Parteibasis besteht darin, von oben zu fordern, dass die „Arbeit an medialen Präsentationsformen ... künftig das gleiche Gewicht ... wie die Arbeit an inhaltlichen Schwerpunkten (bekommen)" müsse (Machnig 1999: 38). Das strategische Problem der Nutzenmobilisierung von Mitgliedern wird durch solche Beschwörungen nicht gelöst, weil sich Mitglieder in ihrem gestiegenen Selbstbewusstsein nicht gegen ihre persönlichen Wünsche von oben gängeln lassen. Aus diesem Oben-Unten-Irritationen geht für die Parteieliten vielmehr ein strategisches Nutzungsdilemma von Mitgliederressourcen hervor. Denn auf der einen Seite setzen die heutigen, von Berufspolitikern dominierten und auf Wahlerfolge ausgerichteten Parteien entgegen allem Substitions- und Marginalisierungsgerede auf einen breiten und aktiven Mitgliederstamm, der zwischenmenschliche Außenkommunikation betreiben und der Partei Soldaten stellen soll, die in Wahlkämpfen direkte Wählermobilisierungsaufgaben übernehmen. Auch als verlässliche Einnahmequelle wissen Parteispitzen den Wert von Parteimitgliedern richtig einzuschätzen.

Auf der anderen Seite haben es die Parteispitzen heutzutage mit kompetenten, selbstbewussten und anspruchsvollen Mitgliedern zu tun, die auf die Einhaltung der Parteiprinzipien und Ziele der Partei pochen und sich dafür einsetzen wollen. Angesichts dieser Grundeinstellung können die Parteispitzen und Mannschaftsführer nur solange mit hochmotivierten und loyalen Aktivisten rechnen, wie sie sich in ihrem Verhalten und strategischen Manövern mit Wertvorstellungen und Gefühlen der Parteibasis in Einklang befinden (Wiesendahl 2002c: 200 ff). Parteiaktivisten stehen dann engagiert bereit, wenn ihnen gesagt wird, für welche große Sache und Zielsetzung sie kämpfen sollen. Und sie sind dann dabei, wenn sich die Parteiziele und Prinzipien in der politischen Richtung und Kursbestimmung wiederfinden lassen.

Die Vertreter und Spitzenmanager von wählerorientierten Parteien wünschen sich die Parteimitglieder aber eher so, wie diese partout nicht sein wollen, nämlich als handzahme „campaign soldiers" sowie als Verbreiter von Werbebotschaften und Parteislogans, die ihnen von oben vorgegeben werden. Für solch eine Steuerung und Instrumentalisierung durch die Parteizentrale stehen heutige selbstbewusste Parteimitglieder nicht zur Verfügung. Mit anderen Worten gehen den strategischen Spielführern oben die Mannschaftsspieler unten verloren, die noch blindlings bereit sind, aufs gegnerische Tor zu stürmen. Das prekäre an dieser Situation ist, dass heutige elektoral-professionelle Berufspolitikerparteien weiterhin auf freiwillige Mitglieder angewiesen sind, um den Parteibetrieb aufrechtzuerhalten und Wahlerfolge steigern zu können. Nur diejenigen Lastenträger und Hilfswilligen, die sie gebrauchen könnten, kriegen sie nicht, sondern solche eigensinnigen Mitglieder, die sich für ihren freiwilligen Einsatz nicht mit ein paar Solidaritäts- und Disziplinappellen abspeisen lassen. Die Freiwilligen wollen als Gratifikation für ihr Engagement in erster Linie Prinzipientreue und Ideologie. Doch darauf wollen sich die Parteispitzen aus Gründen elektoraler Flexibilität eben nicht bindewirksam festlegen lassen. Das Parteiverständnis von wählerorientierten Berufspolitikern und policy-orientierten Parteiaktiven will sich unter diesen spannungsgeladenen Bedingungen nicht mehr synthetisieren lassen.

7 Die gescheiterten Reformen der Mitgliederpartei

Sollten Parteieliten auf Mitglieder wirklich nichts mehr geben, müssten sie eigentlich der Mitgliederkrise und der chronischen Erosion der Mitgliederorganisation ihrer Parteien tatenlos zusehen. Wenn auch nicht gerade über das Fernbleiben des Parteiennachwuchses erfreut, müssten sie sich längst mit dem Ende der Mitgliederparteien abgefunden haben. Umgekehrt ist bei ihnen von einem primären Interesse am Erhalt der Mitgliederparteien auszugehen, wenn sie sich offenkundig gegen eine weitere Schrumpfung des Mitgliederstamms stemmen und vielleicht sogar Anstrengungen unternehmen, um den Abstiegsprozess zu stoppen und möglichst ins Positive umzukehren.

Die seit den Neunzigern eingeleiteten Reformen der Parteiorganisationen sollen im Folgenden unter diesem Blickwinkel beleuchtet werden. Die verfolgten Reformintentionen und beschlossenen Maßnahmen sollen darüber Aufschluss geben, inwieweit sie um den Erhalt der Mitgliederpartei kreisen. Ob es bei alledem um die Fortexistenz und Revitalisierung der Mitgliederparteien ging, müsste sich aus den Zeilen der Reformbeschlüsse ablesen lassen. Genau so wichtig ist aber auch, ob sich die Parteien bei ihrem konkreten Tun zum Modell der Mitgliederpartei bekennen. Begonnen wird deshalb mit einem Blick auf die Anstrengungen, die im Kampf gegen den Mitgliederschwund unternommen wurden. Dann sollen die Parteireformen einer genaueren Betrachtung unterzogen werden.

7.1 Der Kampf gegen den Schwund

Wider allen abstrakten Geredes um die Vernachlässigung der durch Staatsfinanzierung und Medienkampagnen überflüssig gewordenen Mitglieder, ist das Verhalten der verantwortlichen Parteispitzen und Parteizentralen davon bestimmt, möglichst viele Mitglieder zu rekrutieren und eine möglichst breite Basis an Mitgliederorganisationen aufrechtzuerhalten. Nirgendwo in Europa oder Nordamerika ist über die letzten 30 Jahre eine Partei ausfindig zu machen, die nichts gegen den Verlust von Mitgliedern unternommen hätte. Und Tatsache ist auch, dass Parteien ununterbrochen Anläufe unternommen haben, um Werbekampagnen zur Rekrutierung von Neumitgliedern durchzuführen. Schon zu Zeiten der CDU als mitgliederschwacher Honoratiorenpartei in den 1950ern führten damalige Spitzenmanager der Partei wie Heck und Meyers über die fehlende elektorale Mobilisierungsfähigkeit der Parteibasis Klage. Dies mündete in dem Appell, dass sich die „CDU von einer Wähler- zur Mitgliederpartei entwickeln müsse" (Schönbohm 1985: 47, 160). Und in einem Leitfaden der CDU-Bundesgeschäftsstelle zur Mitgliederwerbung von 1972 werden all die Gründe genannt, warum die Partei Mitglieder benötige: Sie würden eine lebendige Verbindung der Amts- und Mandatsträger zur Gruppenumwelt der Partei herstellen und zur Meinungs- und Willensbildung beitragen. Gebraucht würden sie als „Beitragszahler, Wahlkampfmitarbeiter und Werber für neue Mitglieder" (Schönbohm 1985: 160 f). Nur müssten den Neumitgliedern zu deren Integration politische Diskussions- und „reale Mitwirkungs- und Einflussmöglichkeiten" geboten werden.

Nach dem Regierungsverlust 1969 und nachdem 1972 Helmut Kohl den CDU-Vorsitz übernommen hatte, wurden diese Ideen auch praktisch umgesetzt, und es begann die Zeit erfolgreicher systematischer Mitgliederwerbung. Welchen Umfang diese Aktivitäten angenommen haben, lässt sich daran erkennen, dass die CDU allein zwischen 1970 und 1981 auf Landesverbandsebene mindestens 23 Mitgliederwerbefeldzüge startete und dies mit überragenden Erfolgen. 1995/96 setzte die CDU mit ihrer Werbeaktion „Hunderttausend Gespräche" wieder bei ihrer Erfolgsstrategie aus den frühen Siebzigern an, welche auf das sogenannte Kontaktermodell zurückgeht. Der schlichten und um so wirksameren Idee nach spricht ein Kontakter durch persönliche Kontaktanbahnung ausgesuchte Zielpersonen an, die von Parteimitgliedern als potenzielle Neumitglieder genannt wurden (Schönbohm 1985: 162 ff). Auf dieser Basis sind Mitte der Neunziger von der CDU-Bundesgeschäftsstelle erneut zahlreiche „Dialogpartner" und „Aktionspartner" für den Mitgliederwerbeeinsatz geschult worden. Die jüngste Kampagne der Partei nach dem „Botschaftermodell" startete im Juli 2003, wobei im Herbst 2004 30.000 Neumitglieder als Erfolgsbilanz genannt wurden.

Die Werbeoffensiven der SPD waren in den Neunzigern vor allem auf den Osten der Republik ausgerichtet. 1995 wurde unter dem Motto „Rot steht Dir gut" eine bundesweite Kampagne eingeleitet. Eine neue Kraftanstrengung ist im September 2004 mit der Aktion „In unserer Mitte ist noch Platz" begonnen worden. Auch der jüngeren massiven Austrittswelle begegnete die SPD 2003 mit einem persönlich gehaltenen Brief des damaligen Parteivorsitzenden Schröder, um die ausgetretenen Mitglieder zur Rücknahme ihres Entschlusses zu bewegen. Die PDS startete 1998 eine als „Mitgliederprojekt" bezeichnete Werbekampagne, die den Zustrom neuer Mitglieder erhöhen konnte.

Zu dieser Linie zählt, dass sich auch die Spitze der britischen Konservativen seit Beginn der Neunziger in mehreren Werbeaktionen gegen ihren Mitglieder-abwärtstrend und die Verödung ihrer Lokalorganisationen stemmte (Scarrow 1996: 83). Nach ihrer schweren Niederlage von 1997 verstärkte sie zur Wieder-herstellung ihrer Massenbasis diese Anstrengungen (Peele 1998: 143 ff). Ihr ambitioniertes Ziel von 1997 war, bis zur Jahrtausendwende den Bestand auf eine Million Mitglieder aufzustocken (Seyd/Whiteley 2000: 6). Die Labour Par-tei unter Blair stand diesen hochgesetzten Zielen kaum nach, zumal auch sie bis 2001 ihre Zahl an individuellen Mitgliedern auf eine halbe Million zu steigern gedachte (ebda).

Die Nachwuchsnot machte die Parteien in Deutschland sogar besonders er-finderisch. Sie haben damit begonnen, mit Hilfe von materiellen Vorteilsanrei-zen, in deren Genuss Neumitglieder bei ihrem Eintritt gelangen, Nachwuchs anzusprechen. So erhalten seit 2000 mit der „SPD-Card" Parteimitglieder Ver-günstigungen in größerem Stil, die vom verbilligten Handy-Tarif über Kraftfahr-zeugversicherungen bis zur Schnäppchen-Urlaubsreise reichen. Mit der FDP-Card lassen sich vergünstigt Autos mieten und Kreditkarten erwerben. Stilgemäß erleichtern die Grünen ihren Mitgliedern, durch die „Green-Card" Ökoprodukte und Ökodienstleistungen zu erwerben.

All diese Rekrutierungskampagnen und Werbeaktionen sprechen dafür, dass Parteiführungen nach wie vor ein elementares Interesse aufbringen, um den Mit-gliederstand mit den lokalen Basisorganisationen zu erhalten und auszubauen. Der jüngeren Entwicklung nach ist sogar ein Stellenwertzuwachs des Mitglieder-elements der Parteien zu beobachten. So erklären Ende der Neunziger weltweit befragte Parteimanager und Spitzenorganisatoren von Parteien zu zwei Dritteln, dass die Rolle der traditionellen Parteiorganisationen bei Wahlen angestiegen sei (Plasser/Plasser 2002: 395). Noch deutlicher wird dieser Trend bei 1997 befrag-ten Landes- und Kreisgeschäftsführern von SPD und CDU, die auf die Parteior-ganisation mit ihren Mitgliedern und nicht auf einzelne „Spitzenkandidaten und deren medienwirksame Darstellung" als „primäre Wahlkampfressource" setzen (Grabow 2000: 136 f). Wahlen erfolgreich zu gewinnen, steht bei diesen organi-sationspolitischen Überlegungen innerparteilich im Mittelpunkt der Strategie. Doch ist den Spitzenvertretern der Parteien mehr noch als in der Vergangenheit bewusst, dass es dabei auf die in mobilisierbaren Mitgliedern gemessene Stärke der Parteiorganisation ankommt.

7.2 Demokratisierung und Öffnung der Parteien

Neben der verstärkten Nachwuchswerbung stellen die inneren Organisationsreformen eine weitere Anpassungsleistung dar, mit denen auf die Nachwuchsprobleme und die soziologischen Verzerrungen in der Mitgliederzusammensetzung reagiert wurde. Angesichts des anhaltenden Mitgliederschwunds und der wachsenden Strukturprobleme unter den noch organisierten Mitgliedern war den Spitzen und Chefmanagern der Parteien schon Ende der achtziger Jahre klar, der wachsenden Organisationsdistanz der Bundesbürger anders als nur durch Werbekampagnen begegnen zu müssen. Schließlich war an ihnen die gesellschaftliche Partizipations- und Wertewandeldebatte nicht vorbeigegangen. Im Gegenzug setzten in den Neunzigern vielfältige organisatorische Erneuerungsprozesse in den Parteien ein, so dass die Phase als „Jahrzehnt der Parteireform" (Kießling 2001: 29) bezeichnet wurde.

Die dabei verfolgten Intentionen und beschlossenen Maßnahmen werfen zwangsläufig die Frage auf, welchen Stellenwert ihnen im Rahmen der Niedergangsdebatte der Mitgliederparteien zukommt. Schließlich sagt es einiges über den Erhalt und die Zukunft von Mitgliederparteien aus, wenn sich Parteispitzen und Topmanager durch gezielte Strukturreformen gegen die Mitgliederauszehrung und die Verödung ihrer Parteien wehren. In der Tat sagen die Organisationsreformen etwas über die Rettung und Wiederbelebung von Mitgliederparteien aus, weil es gezielt um selektive Anreize für Beitrittsinteressierte geht. Für sie soll, und das gehört zum Kern von Mitgliederparteien, durch mehr „political rights" (Scarrow/Webb/Farrell 2000: 132) der Eintritt und die Mitarbeit in Parteien greifbar attraktiver gemacht werden. Vor allem in erweiterten direktdemokratischen Beteiligungsrechten für Parteimitglieder sehen Parteienforscher ein Zeichen der Zeit, um in Reaktion auf erhöhte Beteiligungsansprüche die Attraktivität von Parteien als Partizipationsanbietern zu steigern (Becker 1999: 464; Kießling 2001: 30). Mit dieser Zielsetzung allein ist es aber bei den Organisationsreformen nicht getan. Denn, wie sich zeigen wird, geht es neben dem Ausbau der unmittelbaren Mitgliederbeteiligung auch um die organisatorische Öffnung für Nichtmitglieder und auf einem dritten Gebiet darum, den Prozess der innerparteilichen Elitenbildung zu entkrusten und zu flexibilisieren (Wiesendahl 1997: 368 ff; Walter-Rogg/Mößner 2004: 155 ff).

Eine Vorreiterrolle bei den Organisationsreformen hat die CDU bereits Ende der achtziger Jahre übernommen. Den Auslöser hierfür lieferte die wachsende innerparteiliche Unzufriedenheit an der Verkrustung der Partei, die sich auf dem Wiesbadener Parteitag 1987 Luft machte. Eine Reformkommission wurde eingesetzt, deren Ergebnisse sich im Parteitagsbeschluss „Moderne Parteiarbeit in den 90er Jahren" von 1989 niederschlugen (Dürr 2001a: 78ff). Den Ausgangspunkt des umfangreichen Papiers der Reformkommission lieferten nicht mehr übersehbare Überalterungsprobleme der CDU und schon chronisch zu nennende Mitgliederlücken bei Frauen und Jungmitgliedern. Die unverbindlichen Beschlussempfehlungen liefen darauf hinaus, die Führungsauslese durch offenere, bessere und bürgernähere Amts- und Mandatsträgerauswahl durchlässiger und repräsentativer zu machen. Einige weitere Reformimpulse gingen von den CDU-Landesverbänden aus. Wo es jedoch ans Eingemachte wie Schnuppermitgliedschaften, Amtszeitbegrenzung oder die Urwahl von Kandidaten ging, scheiterten diese Vorschläge am Veto der Parteitagsdelegierten (Bösch 2002: 143). Die Reformbeschlüsse „moderne Parteiarbeit in den neunziger Jahren" des Bremer Parteitags von 1989 zeigten innerparteilich keinerlei Wirkungen. Auf dem Karlsruher Parteitag von 1995 unternahm die Partei mit ihrem Beschluss „Reform der Parteiarbeit" (Schriftenreihe CDU-Dokumentation 1995) einen zweiten Anlauf. Darin sind die Ziele des ersten Reformpapiers von 1989 wiederholt, durch die mehr Jugendliche, Frauen und Arbeitnehmer gewonnen und generell die Hemmschwelle für einen Parteibeitritt abgesenkt werden sollte. Neu in das Parteistatut aufgenommen wurden die befristete Gastmitgliedschaft bzw. Schnuppermitgliedschaft, konsultative Mitgliederbefragungen und Ämterzahlbegrenzungen (Wiesendahl 1997: 369). Gegen die inhaltliche Mitgliederabstimmung und Frauenquote sperrte sich die Parteitagsmehrheit (Bösch 2002: 145 f). Mit einem dritten Reformanlauf unter der neuen Parteivorsitzenden Angela Merkel auf dem Essener Parteitag 2000 ging eine Kommission unter dem Interimsgeneralsekretär der CDU, Ruprecht Polenz, das Thema beherzter an. Der Reformvorstoß, der solche Vorschläge wie die zeitliche Ämterbegrenzung enthielt, stieß aber auf heftige Ablehnung der Parteifunktionäre (Reichart-Dreyer 2001: 580). Selbst ein entschärftes Beschlusspapier „lebendige Volkspartei" mit Forderungen wie Ämterbefristungen, Ämterbegrenzungen, Urwahlen und Mitgliederbefragungen war für die Parteilandesverbände nicht akzeptabel. Um einer Blamage zu entgehen, ist es auf dem Dresdner CDU-Parteitag 2001 vom Parteivorstand kassiert worden (Dürr 2001b: 78). Zur Wiedervorlage kam die Parteireform mit dem Beschluss des 17. Parteitags der CDU von 2003 zur „Bürgerpartei CDU. Reformprojekt für eine lebendige Volkspartei". In seinen Vorschlägen sieht das Papier kaum anders als die Reformansätze von 1989 aus und ähnelt ihnen auch in seinen allgemein gehaltenen Reformzielen und Appellen. Neu an dem 2003-Beschluss ist, Mitgliederbefragungen auch bei Sachfragen zu ermöglichen und die direkte Wahl von Vorständen und Kandidaten bis zur Kreisverbandsebene zuzulassen. Zudem hat sich die Partei dazu durchgerungen, von der Kreisverbandsebene aufwärts die Zahl von Vorstandsämtern auf drei zu begrenzen. Allzu bekannt ist der darin enthaltene Satz, dass „die jetzige Mitgliederstruktur der Partei sowohl im Blick auf den Altersaufbau als auch hinsichtlich der sozialen Struktur (z.B. Frauenanteil, Anteil jüngerer Menschen) repräsentativer für die Bevölkerungsstruktur werden" müsse (CDU Deutschlands 2003: 9 f).

Bei der SPD setzte die Reformarbeit 1991 auf dem Bremer Parteitag ein, auf dem das Projekt „SPD 2000" aus der Taufe gehoben wurde. Die Leitung der dafür eingerichteten Projektgruppe übernahm der neue Parteivorsitzende Björn Engholm. Die Aufgabe war, „Strukturen und Arbeitsformen" der SPD zeitgemäß zu gestalten. Die durch den damaligen Bundesgeschäftsführer Karlheinz Blessing formulierten Reformziele lauteten für die Partei, „größte Mitgliederpartei Deutschlands" zu bleiben, mehr Mitglieder zu gewinnen, den Aktivitätsgrad durch mehr Demokratie und größere parteiinterne Mitgliederbeteiligung an den Entscheidungsprozessen zu erreichen und „neue attraktive Formen von Politik" zu entwickeln und umzusetzen (SPD-Parteivorstand (Hrsg.) 1991: 3). Auf der Grundlage des Ergebnisberichtes der Projektgruppe „SPD 2000" beschloss die SPD auf ihrem Wiesbadener Parteitag 1993 eine Satzungsänderung. Ermöglicht wurde, den Parteivorsitzenden und Abgeordnetenkandidaten per Urwahl zu wählen. Auch wurden Mitgliederbegehren und –entscheide in Sachfragen zugelassen. Weiterhin wurden Nichtmitgliedern innerparteiliche Mitwirkungsmöglichkeiten eröffnet (Wiesendahl 1997: 369). Wie vorgeschlagen, Parteiämter und öffentliche Mandate zu trennen und die Ausübung von Ämtern zu befristen, ließ sich jedoch gegen den Widerstand der mittleren Funktionsträger nicht durchsetzen.

Vor dem Hintergrund zunehmender Mitgliederverluste setzte der SPD-Vorstand Anfang 1995 die Arbeitsgruppe „Mitgliederentwicklung" ein, die sich an die Umsetzung des Projekts „SPD 2000" heranmachte. Das Hauptziel der Arbeitsgruppe war, Maßnahmen zu entwickeln, durch die sich die Mitgliederzahlen stabilisieren und neue Mitglieder gewinnen lassen (SPD-Parteivorstand (Hrsg.) 1995: 4). Zugleich sollten unterrepräsentierte Gruppen wie Jugendliche und Frauen gezielt angesprochen werden. Wie wenig von den Parteitagsbeschlüssen von 1993 praktisch Wirklichkeit wurde, zeigt sich an dem im Jahre 2000 vom damaligen Generalsekretär Müntefering verfassten Reformthesen, zumal sie inhaltlich stark mit den Vorschlägen der Projektgruppe „SPD 2000" übereinstimmten. Als Novum hob sich allerdings der Vorschlag heraus, die Kandidatenaufstellung bei Bundestagswahlen offen nach dem Vorbild von Vorwahlen zu gestalten. In diesem Punkt verweigerte im Mai 2000 der SPD-Parteivorstand (2000) Müntefering brüsk die Gefolgschaft. Umgesetzt wurde dagegen bei diesem zweiten Reformanlauf der Vorschlag, Seiteneinsteiger und Jüngere unter 40 Jahren stärker bei der Kandidatenaufstellung zum Bundestag zu berücksichtigen. Der vorerst letzte Schritt zur Parteireform der SPD wurde mit einem im Frühjahr 2005 vorgelegten Bericht „für eine lebendige, kampagnenfähige Mitgliederpartei" getan, der von einer vom Bochumer Parteitag 2003 erneut eingerichteten Arbeitsgruppe „Mitgliederpartei" verfasst wurde. Der Bericht setzt bei den Reformbeschlüssen von 1993 an und fordert im Wesentlichen deren konsequentere innerparteiliche Umsetzung. Neu ist die Empfehlung, eine befristete beitragspflichtige SPD-Gastmitgliedschaft einzuführen (Arbeitsgruppe „Mitgliederpartei" 2005: 21).

Die FDP setzte sich mit ihrer auf dem Wiesbadener Parteitag von 1997 beschlossenen Organisationsreform vor allem das Ziel, die Parteiarbeit vom Gremienritualismus zu befreien und auf offene Bürgerorientierung und –mitwirkung hin auszurichten (Beerfeltz 2001: 91 ff). 1998 setzte der Parteivorstand weiterer Reformakzente, von denen die befristete „Kampagnenmitgliedschaft" erwähnenswert ist. Angesichts der dramatischen Überalterung der Partei überrascht es nicht, dass auch die PDS die Gewinnung von Neumitgliedern auf die Fahnen ihrer Parteireform schrieb (Bartsch 2001: 100 f). Wie bei den anderen Parteien auch ist sie überdies bestrebt, die innerparteiliche Partizipation zu beleben und die PDS nach außen hin zu öffnen. Auf der Gegenspur zu diesen Reformarbeiten bewegen sich eher die Bündnis-Grünen, die 1980 als basisdemokratische Antipartei mit eliten- und hierarchiekritischem Basiskult starteten. Seitdem gehört der direktdemokratische Sachentscheid über Programm-, Richtungs- und Satzungsfragen zur Grundausstattung der ersten Stunde. Heute hat die Partei bis auf einen immer noch gegenüber den Basisgliederungen strukturell schwachen Bundesvorstand ihre sonstigen basisdemokratischen Fesseln weitestgehend abgeworfen. 1998 richtete sie einen Parteirat ein, um sich ein arbeitsfähiges Koordinationszentrum an der Spitze der Partei zu schaffen (Raschke 2001: 40 ff). Und als letzte Festung des basisdemokratischen Urverständnisses der Partei fiel dann 2003 noch die Trennung von Amt und Mandat, dem eine erforderliche Zweidrittelmehrheit der Mitglieder in einer Urabstimmung zustimmte. Die Abweichung von diesem radikaldemokratischen Prinzip erlaubte es Claudia Roth 2004, sich als Bundestagsabgeordnete gleichzeitig zur Parteivorsitzenden wählen zu lassen.

Die deutschen Parteien vollzogen mit ihren Organisationsreformen Schritte nach, die schon in den Achtzigern und frühen Neunzigern vor allem zur Stärkung unmittelbarer Mitgliederabstimmungsrechte über Personen und Sachfragen bei verschiedenen europäischen Parteien durchgeführt wurden (Heidar/Saglie 2003b: 228). Seyd und Whiteley (2002: 116 f) gewinnen der direktdemokratischen Stärkung des individuellen Mitglieds am Beispiel der Blair'schen Labourparteireformen einiges Kritische ab, weil zwar die Mitglieder über die ihnen vorgelegten Angelegenheiten abstimmen könnten, aber von der Formulierung der zur Abstimmung gestellten Frage ausgeschlossen seien. Insofern verstände die Parteiführung, ihre eigenen Vorschläge in plebiszitärer Form zu legitimieren, ohne dass den Mitgliedern eine aktive Rolle bei der Entscheidungsbildung eingeräumt würde. Noch dazu wird den Parteieliten bei der Einführung unmittelbarer Entscheidungsrechte für einfache Mitglieder bei der Personalauslese und bei Sachfragen unterstellt, den traditionellen Einfluss der Parteigremien und der mittleren Führungsschicht in den Parteien aushebeln zu wollen.

Unabhängig von diesen Nebenabsichten haben, bis auf die CSU, alle Bundestagsparteien ihre Satzungen soweit angepasst, dass direktdemokratische Urabstimmungen der Mitglieder in personal- und sachpolitischen Entscheidungsfragen möglich werden. Die SPD nahm 1993 den verbindlichen Mitgliederentscheid in ihre Satzung auf, insoweit ein Fünftel aller Mitglieder dem Entscheid zugestimmt haben. Auch die FDP hat sich bei ihrer Satzungsreform Mitte der Neunziger zu einem verbindlichen Mitgliederentscheid in Sachfragen durchgerungen. Zuletzt gab sich die CDU 2003 einen Ruck, um wenigstens auf Kreis- und Ortsverbandsebene den Mitgliedern direkte Sachentscheidungsrechte einzuräumen.

Der bisherige Einsatz des Instruments der personal- und sachpolitischen Urabstimmung bei den deutschen Parteien weist wie bei der Labour Partei in eine eher pseudo-partizipatorische und legitimationsbeschaffende Richtung. Schon 1995 ließ die rheinland-pfälzische SPD ihre Mitglieder in unverbindlicher Form über einen von der Parteispitze formulierten Programmentwurf für die Landtagswahlen abstimmen. Ähnliche Absichten der Mitgliedermobilisierung für den Wahlkampf 2002 bewegte die Bundes-SPD Ende 2001 dazu, ihre 700.000 Mitglieder unter dem Motto „Deine Meinung zählt" zum anstehenden Wahlprogramm zu befragen. Die Resonanz auf diese Scheinmitwirkung blieb gering, zumal sich nur 30.000 Mitglieder per Fragebogen beteiligten. Dass die stumpfe Waffe des Mitgliederbegehrens durchaus auch scharf werden kann, beweist allerdings die 2003 über das Internet von SPD-Opponenten der Agenda 2010-Reform des Kanzlers Schröder gestartete Kampagne „wir sind die Partei". Zwar scheiterte das Begehren an der erforderlichen Unterschriftenzahl. Doch zwang das Rebellionspotenzial der Aufbegehrenskampagne von unten die SPD-Spitze, entgegen ihrer ursprünglichen Absicht einen Parteitag zur Abstimmung über die Reformagenda abzuhalten (Jun 2004: 281 ff).

Bei der Aufstellung der Wahlkreiskandidaten der Parteien für Bundestags- und Landtagswahlen zeigt sich der Trend, die Auswahl direktdemokratisch durch Mitgliedervollversammlungen durchzuführen. Hingegen ist bei der Auswahl des Spitzenpersonals nicht in gleicher Weise eine direktdemokratische Welle zu beobachten. Schon die Direktwahl Rudolf Scharpings 1993 zum SPD-Parteivorsitzenden hat weder in der SPD noch in anderen Parteien je wieder eine Nachahmung gefunden. Die Urwahl eines Landeschefs wie bei der Hamburger SPD 1994 ist eine große Seltenheit geblieben.

Das statuarische Prinzip der personellen Urwahlen hat sich praktisch als Ausnahmefall und Notlösung in Form geschlossener innerparteilicher Vorwahlen bei SPD und CDU eingebürgert. Zum Einsatz kommt das Instrument in solch einem Fall, wenn sich rivalisierende AnwärterInnen zuallererst für öffentliche Spitzenpositionen innerparteilich gegenseitig blockieren. Mit hohem öffentlich-keitswirksamen Aufmerksamkeitswert wird dann ein unmittelbares Mitglieder-votum eingeholt, um den Sieger aus dieser Stichwahl direktdemokratisch zum Kanzler- oder Ministerpräsidentenkandidaten zu krönen. Unter großem Medien-echo hat die Berliner SPD 1995 auf diesem Weg ihre Bürgermeisterkandidatin auf den Thron gehoben. 2000 folgte ihr die SPD Baden-Württembergs, um Ute Vogt als Spitzenkandidatin für die anstehenden Landtagswahlen aufzustellen. Die CDU im Ländle ahmte im Jahre 2004 das Verfahren für die Ministerpräsi-dentennachfolge nach und erzielte dadurch große innerparteiliche Mobilisie-rungserfolge. Im gleichen Jahr klärte auch die CDU Rheinland-Pfalz die strittige Spitzenkandidatur für die Landtagswahlen auf die gleiche Weise.

Die hohen Teilnahmeraten der Mitglieder an dem personellen Urentscheid verleihen diesem Instrument eine ausgeprägte direktdemokratische Weihe. Den Parteimitgliedern ist bewusst, dass ihnen mit diesem Schiedsrichterspruch ein nicht abtretbares und teilbares Recht auf unmittelbare Elitenauslese zugespielt wird. Ganz ohne Tücken ist dieses interne Personalplebiszit für elektorale Er-folgsgewissheiten einer Partei indessen nicht. Beweist doch die innerparteiliche Direktwahl 1997 des rechten Flügelmannes William Hague zum Führer der briti-schen Konservativen und Chef der Opposition, dass Favoriten der Parteibasis wegen mangelnder elektoraler Ausstrahlungskraft und Führungsschwäche schei-tern können.

Als weiteres Heilmittel gegen die innere Abschottung und Entwurzelung der Parteien ist vielfach für die Öffnung und Durchlässigkeit der Parteien gegen-über Nichtmitgliedern plädiert worden (Langguth 2003: 183 ff). Durch die Ein-führung von Gastmitgliedschaften und den Einbezug von Nichtorganisierten in die innerparteiliche Willensbildung ist dieser Weg der Durchlüftung statuarisch längst beschritten worden. Dem Prinzip nach sägen die Parteien dabei an ihrem Ast, auf dem sie als Mitgliederparteien sitzen. Werden nämlich Interessierten ohne Parteibuch keine Beiträge abverlangt und gleichzeitig innerparteiliche Be-teiligungsrechte eingeräumt, würde das Geben-und-Nehmen-Verhältnis des Mit-glieds gegenüber der Partei ausgehebelt. Hierdurch würde der Anfang vom Ende der Mitgliederparteien eingeläutet. Würden Nichtmitgliedern substantielle Mit-entscheidungsrechte eingeräumt, wäre deshalb in der Tat, wie es Mielke (2003: 164) formuliert, das Tor für eine „revolutionäre Annäherung an das Amerikani-sierungsparadigma in den Parteien" aufgestoßen. Allerdings sind die begrenzten Mitwirkungsspielräume für Schnuppermitglieder und befristet mitarbeitenden Externen nicht danach, um Exklusivrechte, die bislang beitragspflichtigen Mit-gliedern vorbehalten waren, auf Nichtorganisierte zu erweitern. Die Hofierten nutzen nicht einmal das auf sie zielende Lockangebot, zumal die Mitwirkung und Zeitmitgliedschaft nur von einer verschwindend kleinen Zahl von Nichtparteimitgliedern genutzt wird. So beträgt die Anzahl der Gastmitglieder bei der CDU im Jahre 2002 kaum mehr als 1.000. Zudem zeigt die harsche Ausbremsung des Müntefering-Vorschlags von 2000 durch den SPD-Vorstand, die Kandidatenauslese nach offenen Vorwahlen zu gestalten, dass niemand am Status der Mitgliederpartei zu rütteln bereit ist.

Nach mehr als 10 Jahren Parteireform ergibt sich als Zwischenbilanz, dass, bis auf die Grünen und die CSU, alle übrigen Bundestagsparteien gezielte Reformen einleiteten, um sich nach außen gegenüber Nichtmitgliedern zu öffnen und gleichzeitig die Attraktivität für freiwillige Mitarbeit in ihren Reihen zu steigern. Schaut man sich genauer an, welche erhofften und effektiven Wirkungen durch die Reformmaßnahmen eingetreten sind, sind die tatsächlichen innerparteilichen Demokratisierungs- und externen Öffnungserfolge mehr als ernüchternd. Wie sehr Soll und Ist auseinanderklaffen, wird an den Fragen deutlich, die ein Organisationspraktiker, der SPD-Landesgeschäftsführer von Brandenburg, Klaus Ness (2003: 66), stellt: „Haben die Parteimanager versagt? Haben all die vielen Kommissionssitzungen, die dicken Diskussionspapiere, die wissenschaftlichen Expertisen professoraler Politologen und die schönen gebunden Bücher zur Zukunft der Volksparteien nichts gebracht?"

Allem Anschein nach ist dem so, denn von den hinter den Organisationsreformen stehenden Zielen ist keines auch nur annähernd verwirklicht worden: Der Mitgliederschwund wurde nicht gestoppt, und an der Repräsentationsverzerrung der Parteimitglieder im Hinblick auf Jugendliche, Frauen und Angehörige des produktiven ökonomischen Sektors hat sich so gut wie nichts verändert. Auch die Öffnung der Parteien für Interimspartizipanten und Schnuppermitglieder ist nicht auf die erhoffte Resonanz gestoßen. Trotz der neuen statuarisch eingeräumten Kann-Möglichkeiten hat sich das Binnenleben der Parteien nirgendwo in Richtung auf eine lebendige direktdemokratische Beteiligungskultur verändert. Von einer praktischen Aufhebung der ehernen Gremien- und Delegiertenherrschaft und der Einführung unmittelbarer Mitgliedersouveränität sind die Parteien Welten entfernt. Unmittelbare Mitgliederbefragungen, Mitgliederbegehren und Mitgliederentscheide stehen auf dem Papier, ohne auch nur einen Deut an dem seit eh bestehenden krassen Beteiligungsgefälle unter den Parteimitgliedern geändert zu haben. Ausgeräumt wurde allerdings mit der ausgebliebenen plebiszitären Abstimmungsdemokratie in den Parteien der unter Parteienforschern häufiger geäußerte Verdacht (Mair 1994: 16, 1997: 150 f), dass es den Parteispitzen mit Hilfe direkter Abstimmungen gelingen könnte, die einfachen inaktiven Mitglieder gegen die mittlere ehrenamtliche Führungsschicht auszuspielen.

Die Auffrischung und Wiederbelebung der überalterten, selbstbezogenen und in Organisationsroutinen erstarrten Mitgliederorganisationen der Parteien ist ausgeblieben. Der frische Wind, der durch die Organisationsreformen durch das Binnenleben wehen sollte, ist zum lauen Lüftlein verkümmert. Anstatt neu entfachter Dynamik steht die Zeit in den Ortsvereinen weiterhin still; ein innerer Erneuerungs- und Aufbruchprozess ist nirgendwo eingetreten. Allerdings handelt es sich bei den versandeten Reformen nicht um einen auf die deutschen Parteien begrenzten Sonderfall. Denn wie Heidar und Saglie (2003b: 232) bei norwegischen Parteien feststellen konnten, beließen Organisationsreformen weitgehendes alles beim Alten. Selbst bei der innerparteilichen Aktivität und dem Delegiertenprinzip innerparteilicher Willensbildung zeigten sich keine nennenswerten Veränderungen.

Nun kann man für das Scheitern der Reformen, an deren Ende die „professionell geführte, flexible Partizipartionspartei" (Kießling 2003: 92) stehen sollte, noch am wenigsten die mangelnde Reformbereitschaft der Parteimitglieder selbst verantwortlich machen. Denn Reformbausteine wie Ämterbefristung und Ämterbegrenzung oder die Direktwahl von Funktionsträgern und Mandatsträgern ist von CDU-Mitglieder schon 1993 mehrheitlich unterstützt worden (Veen/Neu 1995: 29). Genauso wohlwollend bekundeten SPD-Mitglieder im Jahre 2000 (Polis 2000) mit 78 Prozent Zustimmung die Öffnung der Kandidatenaufstellung für Seiteneinsteiger und mit 81 Prozent für die Direktwahl der Parteiführung. Wie sich auch bei der Stuttgarter Mitgliederbefragung herausstellte (Walter-Rogg/Mößner 2004: 167 f), regt sich unter SPD-Mitgliedern jedoch dann der Widerstand, wenn Nichtmitglieder stärker bei der Kandidatenaufstellung berücksichtigt werden sollen, oder diese gar nach dem amerikanischen Vorwahlmodell durchgeführt werden sollte. Die Stuttgarter Befragungsbefunde weisen ebenfalls auf, dass SPD- und Mitglieder der Grünen direkte Mitsprache und Entscheidungskompetenzen der Mitglieder stärker als die der bürgerlichen Parteien befürworten (S. 152). Dies deckt sich mit Ergebnissen der bundesweiten Potsdamer Mitgliederbefragung von 1998, nach denen ein Mitgliederentscheid bei zentralen Sachfragen nur von einem Drittel der CDU- und CSU-Mitglieder unterstützt wird (Heinrich/Lübker/Biehl 2002: 46). Aus dieser Umfrage geht auch hervor, dass Maßnahmen zur Demokratisierung der personal- und sachpolitischen Willensbildung insgesamt auf mehrheitlich keineswegs überschäumende Zustimmung stoßen. Für die Haltung unterschiedlicher Akteursgruppen gegenüber dem Reformprozess ist interessant, dass nicht die passiven, sondern vor allem die aktiven Mitglieder die stärkste Unterstützergruppe bilden. Dies entzieht der immer mal wieder vorgebrachten These die empirische Grundlage, dass sich die Aktiven und Ehrenamtlichen mit ihrer Gremienmacht gegen eine Verlagerung von Entscheidungskompetenzen hin zu den einfachen Mitgliedern stemmen würden (Lübker 2002: 721 f; Walter-Rogg/Mößner 2004: 173). Als Quertreiber der Öffnungs- und Demokratisierungsbestrebungen ist die aktive Mitgliederbasis der Parteien jedenfalls nicht auszumachen.

Die Reformwirkungen sind bis auf harte Quotierungsregelungen für Frauen deshalb verpufft, weil es Parteien als Freiwilligenorganisationen an strategischen Change-Agents, Change-Managern und Durchsetzungskraft mangelt, um verharschte Strukturen und eingefahrene Routinen des Organisationslebens durchlüften und modernisieren zu können. Ohne durchdachtes strategisches Konzept und Change-Management-Kapazitäten sitzen Parteien dem Irrtum auf, dass satzungsrechtliche Änderungen des formalen Rahmens oder langatmige Parteitagsbeschlüsse als solches schon praktische Wirkungsmacht entfalten könnten. Was dagegen viel wichtiger ist aber fehlt, sind gezielte Implementationsstrategien und konkrete Schritte, die die Kluft zwischen Resolutionen auf geduldigem Papier und gelebter Praxis überwinden könnten. Für die konkrete Umsetzung, Kontrolle und Nachsteuerung angestoßener Reformmaßnahmen scheint keiner richtig zuständig zu sein oder gar die Verantwortung zu übernehmen. Weil es, anders als in Unternehmen oder Behörden, an konkreten Umsetzungsprogrammen fehlt, hängt das Wohl und Wehe in entscheidender Weise von einzelnen Spitzenkräften und ihnen zuarbeitenden Reformkommissionen ab, die als Promotoren den Reformprozess initiieren, antreiben und in Bewegung halten.

Solche Reformlokomotiven sind in den Parteispitzen und -zentralen nicht nur rar gesät. Sondern einem Reformprozess geht auch noch dann alsbald die Puste aus, wenn durch häufigere Führungswechsel die strategischen Schlüsselakteure der Reform ihre Schaltstellen räumen. So ließ der Reformelan um das Projekt „SPD 2000" an der Spitze der SPD in dem Moment rapide nach, als 1993 der Parteivorsitz von Engholm auf Scharping wechselte und der Bundesgeschäftsführer Blessing ausgetauscht wurde. Später dann ließ das Desinteresse von Gerhard Schröder am organisatorischen Wohlergehen der Partei weitere ernsthafte Reformimpulse, die von der SPD-Spitze hätten ausgehen können, erstarren. Noch aufschlussreicher ist der 2002 erzwungene Weggang des engagierten SPD-Bundesgeschäftsführers Matthias Machnig, dessem Reformprojekt der Netzwerkpartei nicht einmal ein ehrenvolles Begräbnis beschieden war. Beispielhaft ist auch die Rolle des CDU-Parteivorsitzenden Helmut Kohl, der sich 1987 auf dem Wiesbadener Parteitag mit dem Jubel auslösenden Satz: „Das letzte was die CDU-Deutschland gebrauchen kann, sind Bonzen" an die Spitze einer innerparteilichen Reformbewegung setzte. Wie es aus dem engsten Kreis der damals beteiligten Reformer heißt, bestand sein Ziel jedoch nur darin, mit seiner Rede und der Einrichtung einer von ihm geleiteten Reformkommission dem angestauten Reformdruck die Spitze zu brechen. Anders als noch in den frühen siebziger Jahren ging ihm jedoch jegliches strategisches Interesse ab, um die Partei ernsthaft zu modernisieren. Wie sich aber an dem erneuten mühsamen

Reformanlauf der CDU nach 2000 unter den Generalsekretären Polenz und Meyer erwies, ist immer dann eine innerparteiliche Blockadefraktion aus der mittleren Führungsschicht der Partei am Werk, wenn sich Refomlüftchen in Richtung Ämterbegrenzung und Ämterbefristung regen. Infolgedessen gehen auf dem Feld innerparteilicher Machtverteilung die statuarischen Reformschritte nur soweit, wie sie mit den Ämterverewigungs- und Absicherungsinteressen der gewählten Funktionäre und der aus den Parteien hervorgehenden Berufspolitiker konform gehen.

Ein untrügliches Anzeichen dafür, dass sich die Organisationsreformen seit fast nunmehr 15 Jahren auf der Stelle bewegen, ist in dem Neuaufguss von jüngsten Reformbeschlüssen und –papieren von SPD und CDU zu sehen, die sich kaum von ihrer Beschlusslage Ende der achtziger und Anfang der neunziger Jahre unterscheiden. Sarkastisch hat Dürr für diesen leer laufenden Wiedervorlageprozess nur noch den Begriff des „brandneuen Budenzaubers" übrig (2001b: 78). Für die innerparteiliche Praxis wirklich verbindlich wurde die Beschlusslage bis heute anscheinend nie. Der Reformprozess geht nicht nur im Schneckentempo voran, sondern dreht sich auch noch im Kreis. Es zeigt sich in aller Deutlichkeit, wie wenig sich Mitgliederparteien, die sich auf einem breiten Stamm aus Freiwilligen abstützen, für notwendige Reformen, die nicht aus der Mitte der Mitglieder selbst hervorgehen, eignen.

Was aber des weiteren als Lehre für die Zukunft der Mitgliederparteien festzuhalten ist, ist, dass von den eingeleiteten Öffnungs- und Partizipationsausweitungsmaßnahmen offensichtlich nicht, wie erhofft, gesteigerte Anreizeffekte ausgegangen sind, um mehr Interessierte in die Parteien hineinzulocken. Dieses Scheitern war bei den vermutlichen Ursachen der Mitgliederkrise vorauszusehen, weil es nicht in erster Linie die fehlenden innerparteilichen Beteiligungsmöglichkeiten, sondern mentale Vertrauens- und Entfremdungsprobleme sind, die Eintrittswillige vom Parteibeitritt abhalten. Noch aus einem weiteren Grund drängen sich Zweifel daran auf, ob nicht mit einer falschen Diagnose und fehlgesteuerten Reformmaßnahmen (Zeuner 2003: 168) an der Mitgliedermalaise und der inneren Verödung der Parteien herumgedockert wurde. Denn das aus elektoralen Gründen hervorgetretene Problem der ideologischen Standortlosigkeit und Profilverwässerung ist bei der ganzen Reformdiskussion wohlweislich außen vorgehalten worden. Warum sollte aber das Gros heutiger selbstbewusster Aktivbürger sich indirekt oder direktdemokratisch in Parteien engagieren, wenn unklar ist, für welche begeisterungsfähigen Prinzipien und Ziele die Parteien stehen und inwieweit sie überhaupt sicher gehen können, dass sich Programmlinien auch im Regierungshandeln der Parteien wiederfinden lassen.

7.3 Internet und Netzwerkpartei

Organisationsreformen sind, wie es nach der bisherigen Darstellung den Anschein haben könnte, nicht nur aus der Not ausbleibender und überalterter Mitglieder heraus geboren, sondern ergeben sich auch aus den Chancen, die sich mit der Nutzung neuer technischer Möglichkeiten auftun. Insofern ist das Kapitel über gescheiterte Reformen noch nicht abgeschlossen, solange nicht die Frage beantwortet wird, was Parteien aus ihrem Eintritt in das digitale Zeitalter gemacht haben. Gemeint sind die Intentionen, Maßnahmen und Folgen, die mit der Nutzung von Onlinetechnologie durch die Parteien verbunden sind.

Kommunikation ist für das Machtstreben und die Mobilisierung von Unterstützung so existentiell, dass Parteien immer schon einen ausgeprägten Hang entwickelten, um neue Techniken, beginnend mit dem Radio und endend beim Fernsehen, alsbald als Informationsverbreitungsmittel zu nutzen. Die praktischen Implementationsprobleme solcher neuen Kommunikationstechnologien sind relativ begrenzt, weil es für die Parteispitzen und Spitzenmanager darum geht, die ihrer Kontrolle unterworfenen Parteistäbe und Propagandaapparate mit jeweils neuester Technik und dafür erforderlichem Know-how auszustatten. Aus diesen technischen und methodischen Aufrüstungsprozessen für die Öffentlichkeitsarbeit und die Kampagnenführung ist vielfach auf die Professionalisierung der Parteien geschlossen worden.

Vor diesem Hintergrund wundert es nicht, dass die Parteien sehr rasch das Tor zum Internetzeitalter aufgestoßen haben. Mit der dadurch möglichen Online-Kommunikation taten sich weitläufige Chancen auf, um in kostengünstiger Form die Informationsverbreitung sowohl im Innern als auch nach draußen ohne die Einschaltung von externen Massenmedien zu erweitern, zu beschleunigen und zu intensivieren (Clemens 1998: 150 ff; 1999: 53 ff). Hinzu tritt noch der zielgenaue Reichweiteneffekt (many-to-many-communication), durch den sich ohne organisatorische Barrieren Mitglieder, Unterstützer, Wahlhelfer und Spender rekrutieren und Wählerzielgruppen von Parteien ansprechen und in möglichst umfassenden und interaktiven Onlinenetzwerken integrieren lassen (Ward/ Lusoli/Gibson 2002: 202 f). All diese Möglichkeiten sind von US-Parteien längst erschlossen worden (Goodhart 1999: 129 ff; Bibby 1999: 81 ff). Die neuartigen Potenziale des Internets und der Online-Kommunikation sind für die hier thematisierten Organisationsreformen der Parteien von großem Belang, weil sich neben der effektiveren Wählerzielansprache auch Chancen auftun, um Parteien zu öffnen und die innerparteilichen Partizipationsmöglichkeiten zu erweitern.

Die mit diesen neuen Phänomenen der internetgestützten Binnen- und Außenkommunikation der Parteien befassten Experten in Deutschland haben vor allem das riesige technisch induzierte Potenzial betont, das sich aus der digitalen

Kommunikation ergebe (Marschall 2001). So weist Thilo Barth (2001: 77) drei Anwendungsfelder aus, wobei sich einmal durch Online-Kommunikation die Binnen- und Außenkommunikation der Parteien öffnen, erweitern und effektivieren lasse. Bei Wahlkämpfen und Kampagnen käme die Online-Mobilisierung zum Tragen. Und durch Online-Aktivierung seien Partizipationserweiterungen möglich. Hier schließen weitläufige positive Schlussfolgerungen an, die aus einem virtuellen Parteitag der baden-württembergischen Grünen gezogen wurden (Hebecker 2002: 248 f).

Ganz allgemein ist für diesen Bereich die Online-Kommunikation mit der Erwartung verknüpft, dass sich durch sie die Mitgliederpartizipation quantitativ erweitern und qualitativ vertiefen bzw. verbessern lasse (Lusoli/Ward 2003: 6 f). In elektoraler Hinsicht wird der intranetgestützten Top-Down-Kommunikation aber auch für den Wahlkampf eine wichtige Bedeutung beigemessen (Gellner/Strohmeier 2002: 193 f). Last but not least wird davon ausgegangen, dass es mit dem Einstieg in die digitale Kommunikation auch zum umfangreichen Ausbau von professionalisierten Online-Stabsstellen im Parteiapparat kommen würde (Bieber 2001a: 12). Aus der damit einhergehenden Virtualisierung der Parteizentralen und der Kommunikationsvernetzung der Organisationseinheiten werden Folgewirkungen deduziert, die die bisherigen Arbeits- und Organisationsstrukturen der Parteibürokratien umwälzen würden (Bieber 2001a: 15).

Gibt es über die in digitaler Kommunikationstechnologie schlummernden Möglichkeiten keinen weiteren Dissens, zeichnet sich die deutschsprachige Debatte dadurch aus, nie bis zur tatsächlichen innerparteilichen Einsatz- und Nutzerpraxis der Online-Kommunikation vorgedrungen zu sein. Wie Lusoli und Ward (2003: 5 f) festgestellt haben, hat sich auch die noch junge internationale Forschung über die Auswirkungen neuer Medien auf die Parteien schwerpunktmäßig auf deren Außenkommunikation begrenzt, während die Binnenkommunikation eine Leerstelle bilde. Der noch lückenhafte und unbefriedigende empirische Kenntnisstand macht es gleichwohl nicht entbehrlich zu klären, inwieweit sich mit der Internettechnologie die Mitgliedermalaise der Parteien bekämpfen lässt und aus Attraktivitätsgründen innerparteiliche Partizipationsmöglichkeiten ausweiten lassen.

Der Zusammenhang zwischen Internet und Organisationsreform der Parteien stellt sich nach Ansicht einiger Beobachter der Entwicklung umso mehr, wie sich für sie aus der Verbindung beider die Konturen eines neuartigen Parteityps herausschälen würde. So sieht die britische Forscherin Helen Margetts (2001: 911) in den Nutzungsmöglichkeiten des Internets ein Entwicklungspotenzial, durch das Parteien sich nach der Ära der Kartellparteien ab den späten Neunzigern zu „Cyber-Parties" transformieren würden. Ohne einen festen Mitgliederstamm würden sie sich für die Binnen- und Außenkommunikation der Internet-

Technologie bedienen. Hierdurch ließen sich Anhänger und Wähler unmittelbar kontaktieren und mit Informationen versorgen. Jetzt schon könnten sich Internetnutzer beim Besuch von Web-Seiten der Parteien in Unterstützerlisten eintragen und an Diskussionsforen beteiligen. Obgleich Margetts dies nicht näher thematisiert, wäre eine Netzwerkpartei einerseits als reine virtuelle Partei mit Online-Mitgliedern oder aber auch andererseits als Mischgebilde, bestehend aus Offline- und Online-Mitgliedern, vorstellbar.

In der deutschsprachigen Diskussion hat sich Klaus Leggewie (2002: 182 ff) das Modell der „Netzwerk"- oder „Online-Partei" zu eigen gemacht, wobei er diesen Typus durch technische Merkmale wie Online-Kommunikation und virtuelle Organisationselemente (virtuelle Mitgliedschaft, Ortsvereine, Landesverbände, Parteizentralen, Parteitage) ausdeutet. So wie sich die Dinge entwickelt haben, erscheint für ihn die „Tendenz zur Online-Partei ... irreversibel" (S. 184).

Zu größerer Prominenz ist allerdings die „Netzwerkpartei" des ehemaligen Bundesgeschäftsführers der SPD, Matthias Machnig gelangt, die für ihn eine „Weiterentwicklung bestehender Organisationsformen" darstellt (2002: 111 f). Dies trifft durchaus den Kern, weil das Internet ohne jeglichen empathischen Überschwang zu dem gemacht wird, was es ist, nämlich ein technisches Instrument, das mit seinen Möglichkeiten in den Dienst der Netzwerkpartei gestellt wird. Damit handelt es sich bei der Online-Partei um nichts weiteres als die technisch-kommunikative Seite der Netzwerkpartei. Ermöglicht würde dadurch nach Machnig (2001: 37 f) eine schnellere, umfassendere und direktere Informationsversorgung der Parteigliederungen und der Mitglieder. Auch zu Unterstützern ließe sich über das Internet Brücken bauen. Unter Ausschöpfung dieser Möglichkeiten geht es Machnig aber mit der Netzwerkpartei um mehr, nämlich um ein neuartiges Organisationsmodell, mit dem Parteien gegen ihren Mitgliederschwund vorgehen und sich an den gesellschaftlichen Wandel anpassen (2001: 35). Auszugehen sei von der Prämisse, dass sich die fest strukturierte Lager- und Milieugesellschaft, die politisch ein Sprachrohr in festen gesellschaftlichen Partei-Lager-Koalitionen fand, aufgelöst habe. An deren Stelle sei eine mobile, ausdifferenzierte und individualisierte Gesellschaft im Übergang zum Informationszeitalter getreten. Die für Wahlen einzunehmenden „Unterstützergruppen" müssten deshalb nach Machnig auf eine andere Art und Weise angesprochen und für temporäre „Wähleralliancen" gewonnen werden.

Um unter diesen gesellschaftlichen Entstrukturierungs- und Individualisierungsbedingungen Kontakte zur Wählerumwelt herstellen und lose Bündnisse auf Zeit organisieren zu können, müssten aus Parteien „Organisationskerne" zum „Schmieden von Allianzen zwischen individualisierten Menschen" werden (Machnig 2000: 656). Auf den Netzwerkgedanken greift Machnig deshalb zurück, weil ein Netzwerk – anders als die starre Mitgliederpartei – sich durch

„flexible Organisationsformen" auszeichne (ebenda 660). Machnig schwebt eine Partei mit festen Organisationskernen vor, die von „im unterschiedlichen Maße und zu unterschiedlichen Zeiten aktiven Mitgliedern, aktiven Unterstützern und interessierten Dialogpartnern" als Teil des Netzwerkes umgeben sei (2000: 655). Offenkundig gibt es in der Netzwerkpartei ein Zentrum bzw. inneren Kreis, der von „Kompetenzkernen" gebildet wird. Als Träger dieser Organisations- und Kompetenzkerne sind die Fraktionen und Parteizentralen unter Einschluss von europäischen Schwesterparteien, Verbänden, professionellen Beratern oder vergleichbare Institutionen vorgesehen (S. 660). Drum herum gruppieren sich in einem „Nebeneinander" die „Mitgliederpartei" und die „Unterstützerpartei", die je nach Gelegenheit und Interessenlage von den Organisationskernen aktiviert würden. Den Ehrenamtlichen und Aktiven an der Parteibasis stehe es frei, ihrerseits Kontakt- und Unterstützernetzwerke aufzubauen.

Machnig zieht aus Mitgliederschwund und Überalterung der Parteien die Konsequenz, die bisherigen starren Organisationsgrenzen zu überwinden und sie in von einem Zentrum aus gesteuerten Netzwerk aus Mitgliedern, Unterstützern und Dialogpartnern einzubetten. Den harten Kern bilden Berufspolitiker mit ihnen zuarbeitenden Beratern und der Parteiapparat, von wo aus Netzwerke zum Unterstützerumfeld aufgebaut und für elektorale Mobilisierungszwecke aktiviert werden. Um Nichtorganisierte zur befristeten und punktuellen Mitarbeit und Unterstützung für die SPD zu gewinnen, wird an unterschiedliche Zielgruppen gedacht, zu denen Kompetenz-, Konsens-, Diskurs-, Generationen- oder Multiplikatorennetzwerke geknüpft werden sollen (Machnig 2002: 112 f). Über diese losen Kontakt- und Kommunikationskanäle soll der „Dialog mit gesellschaftlichen Gruppen" hergestellt und „ihnen Probleme, Optionen und Handlungsstrategien" der Partei vermittelt werden (S. 113).

Mit der Netzwerkpartei wird den Mitgliederorganisationen der Parteien unverhohlen eine Kampfansage erteilt, weil an ihnen vorbei die Parteieliten ein ihnen genehmes Unterstützer- und Dialogpartnernetzwerk aufbauen und unterhalten könnten. Die Mitglieder rangieren im Extremfall unter ferner liefen. Aus elektoraler Sicht ist noch nicht einmal ausgemacht, welchen Nutzen sie zukünftig für die Ansprüche beweglicher externer Wählergruppen erfüllen könnten. Während Machnig bei diesem Schlüsselproblem noch vorsichtig taktiert, sind Sofie Geisel, Markus Thielbeer und Stefan Schaible, allesamt Beschäftigte der Roland-Berger-Unternehmensberatung, nicht bereit, den Widerspruch zwischen den „Partikularinteressen" der Mitgliederpartei und der Wählergruppenorientierung der Catch-All-Partei hinzunehmen. Ihr Ratschlag geht dahin, die bisherige inflexible und programmversessene Parteistruktur durch „Netzwerkstrukturen" für ambitionierte Seiteneinsteiger abzulösen (2001: 43 f). „Think-Tanks" sollten anstelle der Parteimitglieder die inhaltliche Kursbestimmung der SPD entwickeln. Dagegen falle den Mitgliederorganisationen eine Dienstleistungsfunktion als Botschafter und Brückenkopf zu „potenziellen Wählergruppen" zu (S. 44). Unter den Mitgliedern seien zukünftig diejenigen abzuschreiben, „welche nicht bereit sind, eine Unterordnung der Rolle der Mitgliederpartei unter die Funktion der Regierungs- und Volkspartei mitzumachen" (S. 45).

Die Vision einer internetgestützten Netzwerkpartei besitzt immerhin den Charme, das Problem des Mitgliederschwunds auf eine elegante Art und Weise zu lösen. Denn die Netzwerkpartei löst die Differenz zwischen Mitglieder drinnen und Anhängern draußen einfach auf und setzt sie auf die gleiche Stufe. Dem Prinzip nach lässt sie das Konzept der organisatorisch verfassten Mitgliedschaft fallen und ersetzt es durch das Modell zielgruppengenauer Erreichbarkeit von Menschen ohne feste Parteibindung. Lässt man sich auf diese Modellvorstellungen ein, ließe sich das beitragszahlende und Wahlkampfhilfe leistende Mitglied durch über das Internet eingeworbene Checkbuch–Anhänger und temporär mobilisierte ungebundene Wahlkampfaktivisten ersetzen. Die durch ausbleibende Mitglieder drohende Auflösung der Mitgliederorganisationen der Parteien könnte durch Einbettung in einen Online betreuten und integrierten Unterstützerkreis schadlos kompensiert werden.

Soweit ist es allemal noch nicht. Doch allein der Gedanke daran, die Parteispitzen könnten sich Online unter Ausschaltung von Ehrenamtlichen und Aktiven und an ihnen vorbei Unterstützergruppen aufbauen, rief Kritiker der Netzwerkpartei auf den Plan, die das Ende der Mitgliederpartei heraufziehen sahen (Rudolph 2000; Dürr 2001b). So charakterisiert Thomas Leif (2001) die Netzwerkpartei als „Partei neuen Typs", die „enorme Sprengkraft" für die SPD in sich berge und aus ihr wohl letztendlich eine „andere Partei" machen würde. Dagegen lässt sich, wie Lofgren und Smith (2003: 44 ff) herausgearbeitet haben, die Internettechnologie grundsätzlich multifunktional verwenden und damit sowohl auf die besonderen Anforderungen von Mitglieder- oder Eliteparteien ausrichten.

Wenn sich in SPD und CDU auch einiges Murren erhoben hat (Kießling 2003: 89), ist vor diesem Hintergrund nichts dagegen einzuwenden, wenn sich Parteien angesichts schrumpfender Mitglieder und gesellschaftlicher Loslösungstendenzen aus der Wagenburg der Binnenorganisation heraus begeben und zu freundlich gesonnenen Akteursgruppen Beziehungen herstellen. Auf diesem Wege raus in die Gesellschaft zu den organisatorisch ungebundenen Aktivbürgern zu gehen und zu ihnen lose temporäre Kontakte und Dialoggelegenheiten herzustellen, ist ein Kernanliegen, das mittlerweile alle Parteien unter dem Dachbegriff der Netzwerkpartei in den Mittelpunkt ihrer Außenkontakte und Vorfeldarbeit gerückt haben. So ist am CDU-Reformmodell der „Bürgerpartei" unschwer zu erkennen, dass es Ideen aufgreift, die ihren Niederschlag in der

Netzwerkpartei der SPD gefunden haben. Aufschlussreich ist hierfür ein jüngerer Parteitagsbeschluss (CDU-Deutschland 2003: 3 f), zur Reform der Parteiarbeit. Darin heißt es, dass die Partei über traditionelle Vorfeldarbeit ihrer Vereinigungen und Sonderorganisationen hinaus „die neuen Formen politisch-sozialer Artikulation in Netzwerken, Bürgerinitiativen und informellen Gruppen positiv aufnehmen und in ihrer ganzen Vielfalt ansprechen" müsse. Wie bei der SPD geht es um „informell aktive Multiplikatoren" als Zielgruppen und um bisher nicht hinreichend angesprochene Gruppen, zu deren „Lebenswelten und ihren Aktionsformen Brücken zu bauen und so die ganze Breite des Bürgerdialogs zu sichern" seien. Die Partei soll dabei die Rolle als „Initiator, logistische Basis und Moderator für Netzwerkarbeit" übernehmen und dafür Foren und „Projekte auf Zeit" einrichten (S. 5). Als ambitioniertes Ziel der Netzwerkarbeit wird definiert, „einen intensiven und konstanten Austausch mit Netzwerken aller Organisationsformen, von Internetforen und Mailinglisten bis zu thematischen Arbeitskreisen und Interessengruppen ... zu erreichen" (S. 5). Bei dieser Neuausrichtung der zivilgesellschaftlichen Vorfeldarbeit ist darauf hinzuweisen, dass die FDP mit ihren „liberalen Netzwerken" schon in den späten Neunzigern eine Vorreiterposition übernahm, über die Dialogbrücken zu nicht organisierten Sympathisanten geschlagen werden sollten.

Die um Online-Kommunikation und Netzwerkbildung kreisende Reformdebatte setzt bei technologischen Möglichkeiten an, die sich mit dem Internetzeitalter eröffnen. Auf einem anderen Blatt Papier steht jedoch der Aspekt, inwieweit die weitläufigen Visionen um Öffnung und Partizipationsausweitung auch ihren Niederschlag in der Organisationswirklichkeit von Parteien mit einem breiten Mitgliederstamm finden. Parteien stehen in ihrem Kampf um öffentliche Aufmerksamkeit und Wählerunterstützung viel zu sehr unter Wettbewerbsdruck, als dass sie die Internettechnologie nicht für die Effektivierung ihrer Außen- und Binnenkommunikation genutzt hätten. Infolgedessen zählen nach 1995 Internetauftritte in Gestalt von Homepages und Web-Sites zur Grundausstattung aller Bundestags-Parteien (Bieber 1999: 136 ff, Rederer 2000). In der dabei erreichten Internetpräsenz können die deutschen Parteien weltweit zur Spitzengruppe gezählt werden (Norris 2001). Zwar begannen die Parteien kaum wesentlich später mit dem Aufbau interner Datennetze zur Informations- und Materialverteilung von oben an die internen Parteigeschäftsstellen und –gliederungen (Gellner/Strohmeier 2002: 204, Bieber 2001a: 14 f). Doch hat sich die Forschung in erster Linie einseitig auf das Online-Campaigning sowie auf Portale und Internetauftritte der Parteien konzentriert (Hebecker 2002: 48 ff), während es an Kenntnissen über den tatsächlichen praktischen Stellenwert der Online-Binnenkommunikation mangelt (Clemens 1999: 149, Bieber 2001b: 566).

Indizien sprechen aber dafür, dass die 1998 begonnene interne Onlinever-netzung nur schleppend in den Parteien voranschreitet. Die CDU geht 2005 mit ihrem CRM-Projekt (Customer-Relationship-Management-System) als Bürger-partei@CDU an den Start, durch das auf einer einheitlichen Programmbasis und Datenbank alle Gliederungen und Parteivereinigungen untereinander vernetzt werden sollen. Nach Auskünften der SPD von Ende 2004 ist davon auszugehen, dass nur etwa 10 Prozent der Mitglieder das Partei-Intranet nutzen. Diese geringe Zahl von Onlinern weist genauso wie in Norwegen getätigte Befunde (Heidar/Saglie 2003a: 775) darauf hin, dass das Intranet noch weit davon entfernt ist, den Kommunikationsalltag in Parteien zu bestimmen. Selbst für ehrenamtliche Funktionsträger der britischen Parteien gehört die Nutzung des Intranets nicht zur gewohnten Praxis (Smith 1998: 183). Genauso wenig ließ sich anhand erster Erhebungen zur Nutzung der parteiinternen Onlinetechnologie in Dänemark (Lofgreen 2000, Pedersen 2001) und England (Gibson/Ward 1999) ein Anstieg in den Partizipationsraten der Mitglieder feststellen. Vielmehr diente das Internet nach einer Befragung von britischen Liberaldemokraten als Mittel zur Aktivitäts-steigerung von bereits Aktiven (Ward/Lusoli/Gibson 2002: 214). Anstelle eines Mehrs an Partizipation werden stattdessen angesichts des krassen Nutzergefälles von innerparteilicher Webkommunikation die Parteien mit dem Problem des „digital divide" konfrontiert (Norris 2001: 228, Wiesendahl 2002: 382 ff), so dass sich die bereits bestehende innerparteiliche Partizipationskluft weiter verfes-tigt.

Mehr zum Optimismus laden dagegen erste Befragungsbefunde ein, die an-deuten, dass sich über das Internet als Rekrutierungskanal Neumitglieder werben lassen. So sind nach einer SPD-Neumitgliederbefragung von 2004 (Polis 2004) 53 Prozent der Newcomer Online beigetreten. Als Onliner unterscheiden sie sich deutlich in ihrem jüngeren Alter, der Bildungs- und Ausbildungshöhe sowie großstädtischem Wohnsitz von den Offlinern. Auffallend ist zudem ihre ausge-prägtere Aktivitätsbereitschaft und Ämterorientierung. Dieses spezielle Profil der Online-Rekrutierten spiegelt sich auch bei den britischen Liberaldemokraten wieder (Ward/Lusoli/Gibson 2002: 6). Mit ersten Befunden aus England tun sich Hoffnungen auf, dass das Internet gerade jüngere Onlinenutzer für eine virtuelle Parteimitgliedschaft und für punktuelle Onlineaktivitäten erreicht, die auf eine andere Art und Weise politisch nicht ansprechbar sind (Gibson/Lusoli/Ward 2002). Nicht auszuschließen ist, dass sich das Jungmitgliederdefizit der Parteien auf diese Weise ein Stück schließen ließe.

Bis dahin ist es aber noch ein weiter Weg, weil die Onlinepartei sowohl von der Anwender- als auch Nutzerseite aus noch nicht aus den Kinderschuhen he-rauskommen will. Dies bestätigen auch Schweizer Befunde (Geser 2003: 5). Während die Onlinerekrutierung von Aktivisten, Spendern und Wahlkampfhelfern für die US-Parteien längst zur Praxis zählt (Goodhart 1999: 120 ff) bestehen hierzu in Deutschland trotz der verfügbaren Technologie noch Welten. Die Anpassungsfähigkeit der Parteien an das Internetzeitalter begrenzt sich in erster Linie auf die Aktualisierung ihrer Web-Seiten und des dort zugänglichen Informationsangebots. Doch um sich von geschlossenen, versammlungszentrierten Mitglieder- zu offenen web-gestützten Netzwerkparteien zu mausern, fehlt der strategische Wille, die organisatorische Kapazität sowie die Akzeptanz der Ehrenamtlichen und Mitglieder.

Nach zehn Jahren Aufbruch in die Cyberspace-Ära ist festzustellen, dass bis auf die professionelle Internetpräsenz und www.polit-PR alles weitere wie virtuelle Orts- und Landesverbände oder virtuelle Parteitage eine exotische Randerscheinung im Organisationsleben der Parteien einnehmen (Wiesendahl 2002a: 382). Bei den personell schmalbrüstig ausgestatteten Internetredaktionen und Onlinestäben der Parteien sowie fehlendem Anwender-Know-how ist auch nicht mehr zu erwarten. Abgesehen von konventionellen Dialogforen mit speziellen Zielgruppen ist die Debatte um eine digitale Netzwerkpartei nirgendwo über ein geräuschvolles Gedankenspiel hinausgelangt. Nach dem Weggang von Machnig 2002 ist die Diskussion in der SPD um die Netzwerkpartei vollständig abgestorben. Technische Möglichkeiten der „Online-Aktivierung" (Barth 2001: 77) von Parteimitgliedern und Sympathisanten in Richtung auf mehr direkte Cyber-Demokratie sind vom Ansatz her ungenutzt geblieben oder nicht weiter verfolgt worden. Eine quantitativ und qualitativ beachtenswerte Partizipationsausweitung und demokratische Stärkung der Parteimitglieder durch Onlinebinnenkommunikation ist gegenwärtig nirgendwo festzustellen. Ernüchternd ergibt sich aus englischen, dänischen und kanadischen Befragungsergebnissen zum Einsatz und zur Nutzung des Internets in der innerparteilichen Kommunikation der Befund, dass sich daran kein interner Partizipations- und Diskursgewinn ablesen lasse (Ward/Lusoli/Gibson 2002: 203; Ward/Gibson/Nixon 2003: 31). Als Ursache hierfür wird angeführt, dass das Inter- und Intranet für Parteien nur einem Zweck dienen: „To bolster one particular opinion – the leadership viewpoint" (Wring/Horrocks 2001: 207). Noch deutlicher schält sich aus der Befragung britischer Parteien heraus, dass die elitengesteuerte Online-Binnenkommunikation allein elektoralen Kampagnenzwecken und nicht der Partizipationssteigerung der Mitglieder oder der Demokratisierung innerparteilicher Willensbildung dienen würde (Smith 1998: 182).

Worum es beim Einsatz moderner Internettechnologie nach innen und außen bei der Parteienkommunikation auch in Deutschland geht, ist, Zwecke beschleunigter und wirksamer Wahlkampf- und Kampagnenführung zu befriedigen (Hetterich 2000: 120 f). Hierfür bediente schon das erste Internetangebot der Parteien Mitte der Neunziger als top-down Einwegkommunikation reine Marketinginteressen der Parteispitzen (Bieber 1999: 101 f). Diese Zweckausrichtung ist nach Ward,Gibson und Nixon (2001: 19) den Parteien-Web-Sites inhärent, zumal sie in ihrer einseitigen Kommunikationsausrichtung, so jedenfalls Internetportale der US- und britischen Parteien, Wählern und Interessen nur höchst restriktive interaktive Kommunikationsmöglichkeiten anbieten würden (Gibson e.a. 2003: 49). Schon wie bei der Binnenkommunikation ginge es den Parteispitzen auch gar nicht um mehr dialogische Cyber-Kommunikation, sondern um rein elitengesteuerte top-down-Kommunikation ohne partizipatorische Ausrichtung (S. 66).

Mit dem Eintritt in das digitale Kommunikationszeitalter ist für die ausgedünnten und erstarrten Mitgliederparteien keine Besserung ihrer Lage eingetreten. Online-Mitgliederrekrutierung hat den Mitgliederschwund nicht stoppen können. Hochtrabende Erwartungen an digitale Partizipationsausweitung und elektronische innerparteiliche Demokratie haben sich in Nichts verflüchtigt. Ob elitengesteuerte Online-Kommunikation den Kampagnennutzen der Mitgliederorganisationen erhöht, wird sich erst noch genauer herausstellen müssen. Onlinepartei und Netzwerkpartei sind Gedankensplitter aus der akademischen und organisationspolitischen Ideenwerkstatt geblieben, ohne der nach wie vor geschlossenen Organisationsstruktur heutiger Mitgliederparteien wirklich etwas anhaben zu können.

8 Schluss

Anders als ihnen prophezeit, leben die Mitgliederparteien noch, doch etwas Vitales und Kraftstrotzendes will von ihnen nicht mehr ausgehen. Allerdings droht ihnen bei weiter anhaltender Nachwuchskrise und Mitgliederebbe ein schleichendes Ableben durch physische Auflösung. Absehbar ist dieser Zeitpunkt noch lange nicht. Dafür sind 1,5 Millionen in Parteien organisierte Mitglieder immer noch zu viele. Selbst das weitere Absacken auf unter eine Million wäre nicht der springende Punkt, weil die schlichte Zahlengröße als solche noch nichts über das Wohl und Wehe von Mitgliederparteien aussagt.

Es gibt nach einem angeblichen goldenen Zeitalter auch keinen allgemeinen unaufhaltsamen Niedergangsprozess, zumal schon in der Vergangenheit Parteien mit einer sehr breiten Mitgliederbasis immer schon die Ausnahme bildeten (Scarrow 2000: 100). Das Beispiel der Bundesrepublik spricht sogar für das glatte Gegenteil, weil sich die bürgerlichen Parteien CDU und CSU erst in den 1970ern von ihrer Basis her zu Mitgliederparteien gewandelt haben. Von da an ließ sich berechtigt von einem bundesdeutschen Mitgliederparteiensystem sprechen. Die ab den Achtzigern beginnende Zeit des Mitgliederschwunds traf vor allem die klassische Mitgliederpartei SPD, so dass sie längst in der Mitgliedersubstanz von CDU und CSU überrundet wurde. Was allerdings das Jungmitgliederfehl und die chronische Überalterung angeht, teilen sie mit der SPD das gleiche Schicksal. Beim Frauenanteil unter ihren Mitgliedern können sie sich bei den Sozialdemokraten sogar noch eine Scheibe abschneiden. Bis auf die Grünen und die CSU unternahmen alle Bundestagsparteien mehrere Anläufe zur Parteireform, die jedoch weitgehend versickerten und dem Grundübel der Mitgliedermalaise nichts anhaben konnten. Die Nachwuchskrise hält die Parteien weiter im Griff, und sie wissen kein Rezept, wie sie zu frischer Blutzufuhr kommen könnten. Unverdrossen setzen sie ihre Mitgliederwerbekampagnen fort, um nicht noch weiter vom Nachwuchs abgeschnitten zu werden.

Mit dem Erhalt ihres Status als Mitgliederparteien meinen es die Parteien erklärtermaßen ernst, und nichts kann gegen sie verwandt werden, dass sie offen oder insgeheim ihre Mitgliederbasis los werden wollten. Schon in ihrer detaillierten deutsch-britischen Vergleichsstudie fand Susan Scarrow (1996: 209) keinerlei Anhaltspunkte dafür, dass sich die Parteispitzen auch nur entfernt eine Zukunft ihrer Parteien ohne „Fußsoldaten" herbeigesehnt hätten. Das Gegenteil ist bis heute der Fall. Schon von ihrer Parteiidentität her gab es für die Parteireformer der SPD keinen Zweifel daran, den Charakter der Partei als Mitgliederpartei zu erhalten und durch Rekrutierung von Nachwuchs zu verstärken. Um, wie es die Arbeitsgruppe „Mitgliederentwicklung" formulierte, „nicht zu einem bloßen Wahlkampfapparat (zu) werden, über den die Hauptamtlichen und die MandatsträgerInnen im Hinblick auf Medienwirkung verfügen" (SPD 1995: 5). Geradezu beschwörend bringt zuletzt der Bericht der Arbeitsgruppe „Mitgliederpartei" vom März 2005 (Arbeitsgruppe Mitgliederpartei 2005: 3) zu Papier, dass die SPD eine Mitgliederpartei „ist und bleibt". Um sich von einer „Netzwerkpartei der Profis und Mandatsträger" abzusetzen, kehrt der Bericht fett gedruckt heraus: „Für die Sozialdemokratie gibt es keine Alternative zum Prinzip der Mitglieder- und Volkspartei" (S. 8). Nicht weniger unmissverständlich heißt es in den Beschlüssen zur „Reform der Parteiarbeit" des Karlsruher Parteitags der CDU von 1995 (CDU-Dokumentation 1995: 4): „Die CDU muss auch in Zukunft eine starke Mitgliederpartei sein, um im 21. Jahrhundert ihre führende politische Rolle behaupten zu können". Bekenntnishaft wird jüngst erst wieder 2003 durch Parteitagsbeschluss (CDU-Deutschland 2003: 4) diese Haltung wiederholt, indem die Partei unter dem Leitbegriff der Bürgerpartei für eine „Stärkung der CDU als Mitgliederpartei" eintritt.

Dies alles lässt sich schwerlich als nichts sagende Lippenbekenntnisse abtun, weil für das Gegenteil die Mitgliederwerbekampagnen und Reformen bürgen. Offenkundig verfolgen die Parteien mit ihren Aktionen das Ziel, sich als Mitgliederparteien zu erneuern (Biehl 2004b: 248). Selbst der Prototyp einer Medienpartei, wie die Forza Italia unter Berlusconi, sah es angebracht, sich ein in lokalen Clubs organisiertes breites Mitgliederfundament zuzulegen. Und die Kernstruktur der Mitgliederpartei ist dermaßen überlebenszäh, dass auch ungarische und tschechische Neugründungen sich des Mitgliederpartei-Modells bedient haben (van Biezen 2003).

Jedenfalls ist vor diesem Hintergrund das Untergangsszenario, mit dem große Teile der Parteienforschung die Mitgliederparteien bedenken, stark zu relativieren. Die weitere Entwicklung läuft nicht auf Parteien ohne Mitglieder hinaus, sondern auf Parteien mit immer weniger Mitgliedern. Ein Verdrängen von Parteimitgliedern durch gesellschaftliche Modernisierungsprozesse oder durch den Aufstieg angeblicher professioneller Wählerparteien, Kartellparteien oder Medienparteien findet so nicht statt. Erst recht stehen die Vorstellungen, dass Parteimitglieder durch Medienwahlkämpfe und Staatsfinanzierung nutzlos geworden seien, mit der Wirklichkeit auf Kriegsfuß. Die Mitgliederpartei hat für Parteispitzen und Spitzenorganisatoren nicht abgedankt, weil Parteimitglieder als Geldquelle, Wahlkampfhelfer und Botschafter in der Lebenswelt der Menschen weiterhin gebraucht werden. Insofern sind Mitglieder als Garanten für die gesellschaftliche Beziehungsfähigkeit der Parteien unerlässlich. Auch aus Gründen bürgernaher Legitimationsbeschaffung werden Parteien auf eine breitere Mitgliederbasis kaum verzichten können (Haungs 1994: 113).

Selbst wenn sich, wogegen die Realität spricht, für Parteieliten die vollständige Nutzlosigkeit und sogar Dysfunktionalität von Parteimitgliedern herausstellen sollte, liefe auch dies noch nicht auf das Ende von Mitgliederparteien hinaus. Denn gerade in Deutschland wird ihre Weiterexistenz durch das Grundgesetz und rechtliche Normen des Parteiengesetzes garantiert. Insofern errichten gegen Parteien als reine Berufspolitikteams, die sich ohne eingeschriebene Mitglieder nur mit einem ungebundenen und nur für Wahlkämpfe zu aktivierenden Unterstützerkreis umgeben (Mielke 2003: 164), das Parteiengesetz und die deutsche Rechtskultur hohe Hürden. Anders als bei den US-Parteien, die schon lange die Kontrolle über die politische Elitenrekrutierung verloren haben, ist am privilegierten Status von Parteimitgliedern in Europa nicht gerüttelt worden. Sie allein bestimmen über den Kandidatenaufstellungsprozess und die Besetzung innerparteilicher Führungspositionen. Und sie verfügen weiterhin über Exklusivrechte bei der programmatischen Kursbestimmung.

Zaghafte Öffnungsversuche der Parteien gegenüber Außenstehenden haben den personal- und sachpolitischen Privilegien von Parteimitgliedern nichts anhaben können. Mit der Abschaffung der kollektiven Mitgliedschaft in Großbritannien, Schweden und Norwegen wurde der Trend zur Mitgliederpartei sogar noch verstärkt, weil die Mitwirkungskompetenzen einfacher Mitglieder zunahmen. Zudem haben Parteireformen die Entscheidungsstrukturen von ehemals stark elitenzentrierten Parteien - wie bspw. die britischen Konservativen - demokratisiert, so dass heutzutage das Urwahlprinzip über die Auswahl der Parteiführung entscheidet. Auch bei anderen europäischen Parteien machte dieses Beispiel Schule. Für den Erhalt ihrer Teilhabeprivilegien haben Parteimitglieder einen ausgeprägten Instinkt. Sonst würden sie nicht Reformen blockieren, bei denen sie ihre Exklusivrechte mit Nichtmitgliedern teilen müssten. Ein gelegentlich in die Diskussion geworfener Vorschlag an Berufspolitiker, sich doch der Mitglieder in ihren Parteien zu entledigen, ist deshalb auch mehr als absurd, weil die betroffenen Mitglieder nach dem Satzungsrecht in ihre Selbstenthauptung einwilligen müssten.

Das eigentliche Problem mit der Mitgliederpartei ist, dass deren Basis aus der organisatorischen Nutzenperspektive mit dem Übergang in das 21. Jahrhundert kraft- und saftlos geworden ist. Überaltert, selbstbezogen und immer schon mit dem Parteibuch dabei, stehen ihre Mitglieder längst nicht mehr mittendrin, dort wo sich das pulsierende gesellschaftliche Leben abspielt. Für ein Abbild der gesellschaftlichen Verhältnisse haben sie sich zu sehr aufs Altenteil zurückgezogen. Im schrumpfenden Organisationsgrad der Parteien zeigt sich insgesamt auch eine gesellschaftliche Loslösungstendenz und die nachlassende Integrationsfähigkeit des Parteiensystems. Im anhaltenden Mitgliederschwund kann deshalb auch ein Vorbote für den sich verstärkenden Wählerschwund und für eine allgemeine Klimaverschlechterung der Parteien zur Gesellschaft hin gesehen werden.

Dass von den Parteispitzen unter diesen misslichen Umständen an der real existierenden Mitgliederpartei festgehalten wird, geschieht, weil ihnen die Hände gebunden sind und mangels greifbarer organisatorischer Alternativen. Der Zeit, zu der noch zwischen Spitze und Basis ein reziprokes Vertrauens- und Loyalitätsverhältnis bestand, ist ohnehin längst die Grundlage entzogen worden (Mair 1997: 153). Vorstellungsdifferenzen und mentale Irritationen zwischen oben und unten taten sich über die Jahre in den Maße auf, wie sich mit der elektoralen Catch-all-Strategie der Parteieliten das Stimmenmaximierungsstreben nicht mehr in Einklang mit den Politikvorstellungen bringen ließ, für die Parteimitglieder zu kämpfen bereit sind.

Grundsätzlicher noch wird in heutigen von Berufspolitikern und ihren Stäben dominierten Mitgliederparteien ein stillschweigender und mitunter offen aufbrechender Konflikt darüber ausgetragen, wozu eine Partei da sein sollte. Die Parteieliten und Spitzen des Parteiapparats gehen davon aus, dass sich die Partei auf dem Wählermarkt so positionieren sollte, dass sich ein größtmöglicher Anteil der Wähler mit ihren Präferenzen in dem, was die Partei an Kandidaten und politischen Problemlösungen anzubieten hat, wiederfinden und identifizieren kann. Selbstverständlich ist, dass die Personen- und Politikofferten mit dem professionellen Einsatz modernster Kampagnentechniken über die Medien und Mitglieder an die Wählerzielgruppen kommuniziert werden. Den Ausgangspunkt dieser Stimmenmaximierungsstrategie bilden die demoskopisch ermittelten Wählerwünsche, die von den Parteien aufgegriffen und durch vage Versprechungen bedient werden. Die Partei wird also um des Wahlerfolgs halber zur Serviceagentur für die Befriedigung von Wählerwünschen. Als „Vote-Seeking"-Partei ordnet sie Programme und Grundsätze dem Ziel des Wählergewinns unter (Wolinetz 2002: 151). In ihrem ideologischen Profil treten solche wahlprofessionellen Parteien stark verwaschen auf und sind kaum noch unterscheidbar. Stattdessen führen sie sachpolitische Problemlösungen im Gepäck und tragen untereinander einen Wettbewerb darüber aus, wer für die gerade anstehenden und von ihnen selbst oder die Medien auf die öffentliche Agenda gehievten Probleme die sachkundigsten und wählerattraktivsten Problemlösungen anzubieten hat. Um nicht Wählerzielgruppen zu verprellen, zielt die elektorale Wettbewerbsstrategie darauf, den Interessen-, Vorteils-/Nachteilscharakter von Politik unkenntlich zu machen. Politik gerät so, wie der Wettbewerb inszeniert wird, zu einer interessenneutralen sachpolitischen Veranstaltung. Im Rahmen dieses strategischen Modells von Wählerservicepartei haben sich Parteieliten aus Erfahrung abgewöhnt, die Welt nach klaren Zielvorgaben eines ausformulierten Parteiprogramms gestalten zu wollen.

Dazu querliegend sehen Parteimitglieder zumeist in der Partei ihrer Wahl immer noch eine Gemeinschaft von Gleichgesinnten und ein Instrument, um mit für richtig und wünschenswert gehaltenen Politikzielen Einfluss auf das wirtschaftliche und gesellschaftliche Umfeld der Parteien zu nehmen. Mit ihrem Eintritt und ihrer Mitarbeit verbinden Parteimitglieder die Idee, dass die Partei für hoch gehaltene Prinzipien und Werte steht, an denen sich die Programmvorstellungen und der politische Kurs zur Lösung von Problemen sowie die Umsetzung von Kollektivinteressen ausrichten sollten. Sie bevorzugen eher ein Modell der „Policy-Seeking"-Partei, die ihren Politikvorstellungen höchste Priorität einräumt (Wolinetz 2002: 150). Mit anderen Worten werden ausgehend von den grundlegenden Zielen und Prinzipien der Partei in Wahlkämpfen Politikgestaltungsvorstellungen offeriert, für die um Zustimmung und Unterstützung geworben wird. In einer Gesinnungs- und Programmpartei dieser Art verschaffen sich die Mitglieder Klarheit darüber, welcher Politik- und Regierungskurs gefahren werden sollte und erhoffen sich hierfür Wählerstimmen. Dass Handlungsprogramme auch an den akuten Wünschen der Wähler vorbeizielen könnten, ist nicht ausschlaggebend. Vorrang hat, dass sich die zur Wahl gestellten Politikvorstellungen und die Parteiidentität decken.

Zwischen der Wählerorientierung und Programmorientierung einer Mitgliederpartei besteht heutzutage eine nicht wirklich mehr überbrückbare Kluft. Sie besteht darin, dass Mitglieder Prinzipien und Programme, für die ihre Partei eintreten sollten, ernst nehmen, während die Parteioberen und Wahlstrategen das allein für maßgeblich halten, was bei wahlentscheidenden Wählern ankommt. Insofern ziehen Spitze und Basis in einer Mitgliederpartei nicht an einem Strang, sondern verfolgen auseinander driftende strategische Interessen. Parteimitglieder von oben für eine elektorale Catch-all-Strategie zu gewinnen, fällt schwer, weil sich heutige anspruchsvolle und politisch selbstbewusste Mitglieder nicht mehr sozialintegrativ für sie nicht akzeptable politische Linien der Parteiführung einbinden lassen. Deshalb lässt sich die Parteibasis auch nicht auf einen ihr nicht genehmen Kurs verpflichten und disziplinieren. Glücken könnte dies der Parteispitze nur, wenn sie mit Hilfe symbolischer Ressourcen wie Ideologie, Visionen und Sinn Antriebsenergien mobilisieren könnte, die Mitglieder zum freiwillig engagierten Einsatz für die Partei bewegen. Mit der Ausrichtung des ideologisch entschlackten Parteikurses auf Wählerpräferenzen ist das jedoch riskant, und das „Policy Seeking" der Mitglieder wird sich schwerlich befriedigen lassen. Im Gegenteil neigen nicht wenige unter den Mitgliedern dazu, in der Wählerausrichtung der Strategie Verrat an den Parteiprinzipien zu wittern.

Angesichts dieses für Parteieliten lästigen und mitunter auch hinderlichen strategischen Wähler-Programm-Spagats keimen gelegentlich Gedanken auf, die auf die Entmachtung und Ausbootung der Parteimitglieder zielen. So hat sich etwa Peter Radunski (1991: 5) für eine von Mitgliedern befreite Fraktions- und Berufspolitikerpartei stark gemacht, die nur noch politisch Karriereambitionierten eine Plattform bieten solle. Auch Nickig (1998: 389) möchte die Berufspolitiker vom Einfluss der Mitglieder abgeschüttelt sehen, wozu ein „Abschied von der Mitgliederpartei" erforderlich wäre.

Zweifelsohne reichen solche eleganten „Kehraus"-Ansätze allemal aus, um die Fantasie von Anhängern der Berufspolitiker- und Medienpartei zu beflügeln. Doch ist der Strategiekonflikt in der Praxis nicht durch Trennung des Berufspolitikerkopfs vom Mitgliederrumpf zu lösen. Die Parteispitzen werden die Mitglieder als Klotz am Bein nicht los. Und umgekehrt bleibt es den Aktiven und Ehrenamtlichen an der Basis der Partei verwehrt, die Parteioberen auf die von ihnen hochgehaltenen Parteiprinzipien festzunageln. Unter dem einen Dach der Mitgliederpartei werden infolgedessen einerseits Gesinnungen, Prinzipien und Programme favorisiert, während sich andererseits Parteispitzen und Wahlkampfstrategen nicht daran hindern lassen, die Außenansicht und Außenkommunikation auf stimmenförderliche Wählerorientierung auszurichten.

Von einer Mitgliederpartei in Reinkultur ist unter diesen obwaltenden Umständen nicht mehr zu sprechen. Denn im Zweifelsfall wird der Primat des Programms politischen Sachzwängen und Wählergewinninteressen geopfert. Falsch wäre jedoch anzunehmen, dass deshalb die Parteieliten kein Auge mehr für die Identitätsbedürfnisse der Parteimitglieder hätten. Sie müssen die Basis bei der Stange halten und ihr das Gefühl vermitteln, gebraucht und wertgeschätzt zu werden. Auch gebietet die Parteiidentität, dass sie sich mit ihrer Wahlkampfstrategie und ihrem pragmatischen Handlungskurs nicht zu offenkundig von der Gefühlswelt und den Wertvorstellungen der Mitglieder fortbewegen. Schlimmer noch wäre der Frustrationseffekt, wenn sich die Mitwirkung der Parteibasis an der Positionierung der Partei für sie als wirkungslose Pseudopartizipation herausstellen sollte. Kurzum müssen sich die Parteieliten und Spitzenorganisatoren wohl oder übel mit den vorhandenen Mitgliedern, die sie sich nicht aussuchen konnten, abfinden und diese noch dazu pfleglich behandeln. Dies ist alles andere als neu, aber ein bewährtes Rezept, um nicht die Basis, deren Unterstützung man das eigene Spitzenamt verdankt, gegen sich aufzubringen.

Allerdings ist die Aura der Mitgliederpartei als bürgerschaftliche Politikgestaltungswerkstatt und Plattform des effektiven zivilgesellschaftlichen Engagements längst verblasst, seitdem die einseitige Ausrichtung der Wahlkämpfe auf Stimmenmaximierung sowie die Eigenlogik der praktischen Parlaments- und Regierungsarbeit von der originären Programmfunktion dieses Typs nicht mehr viel übrig gelassen haben. Für Whiteley, Seyd und Richardson (1994: 8) steht trotz alledem fest, dass es der Parteimitglieder bedarf, um das Parteiensystem funktionsfähig und Demokratie intakt zu erhalten. Diese wahrhaft heroische Aussage mutet unter den gegebenen Umständen bereits jetzt schon wie ein vergilbtes Vermächtnis an, dem etwas offenkundig überholtes und unzeitgemäßes anhaftet, als der Nachwelt noch seinen Stempel aufdrücken zu können.

9 Literatur

Abendroth, Wolfgang (1965): Innerparteiliche und innerverbandliche Demokratie als Voraussetzung der politischen Demokratie. In: Ders. (1965): Wirtschaft, Gesellschaft und Demokratie in der Bundesrepublik. Frankfurt a.M.: 74-109

Alexander, Herbert E. (1989): Money and Politics: Rethinking a Conceptual Framework. In: Ders (1989): Comparative Political Finance in the 1980s. Cambridge: 1-18

Alemann, Ulrich von (2001): Das Parteiensystem der Bundesrepublik Deutschland. 2. Auflage. Opladen

Arbeitsgruppe "Mitgliederpartei" (2005): Für eine lebendige, kampagnenfähige Mitgliederpartei, o.O., o.J. (interner Abschlussbericht der Arbeitsgruppe für den SPD-Parteivorstand vom 31. März 2005)

Arbeitsgruppe Berliner Wahlanalyse (1989): Mitgliederbefragung 1988. Bericht über eine Repräsentativbefragung unter Berliner SPD-Mitgliedern im Februar/März 1988, Berliner Arbeitshefte und Berichte zur sozialwissenschaftlichen Forschung Nr. 12, Berlin

Baer, Denis L./Bositis, David A. (1988): Elite Cadres and Party Coalitions: Representing the Public in Party Politics. New York

Bardi, Luciano (2002): Italian Parties. Change and Functionality. In: Webb, Paul/Farrell, David M./Holliday, Ian (Hrsg.) (2000): Political Parties in Advanced Industrial Democracies. Oxford: 46-76

Barnes, Samuel H./Kaase, Max u.a. (1979): Political Action: Mass Participation in Five Western Democracies. Beverly Hills

Bartolini, Stefano: The Membership of Mass Parties (1983): The Social-Democratic Experience. In: Daalder, Hans /Mair Peter (1983) (Hrsg.): Western European Party Systems. London: 177-220

Bartsch, Dietmar (2001): Immer in Bewegung bleiben. Die Reformen der PDS. In: Forschungsjournal NSB 14. 3. 99-104

Beck, Ulrich/Beck-Gernsheim, Elisabeth (1994): Individualisierung in modernen Gesellschaften – Perspektiven und Kontroversen einer subjektorientierten Soziologie. In: Dies. (1994) (Hrsg.): Riskante Freiheiten. Frankfurt a.M.: 10-39

Becker, Bernd (1996): Wozu denn überhaupt Parteimitglieder? Zum Für und Wider verstärkter parteiinterner Partizipationsmöglichkeiten. Eine Antwort auf den Beitrag von Stefan Schieren. In: ZParl 27. 712-718.

Becker, Dierk-Eckhard/Wiesendahl, Elmar (1972): Ohne Programm nach Bonn oder die Union als Kanzlerwahlverein. Reinbek

Becker, Horst u. a. (1998): NRW-SPD von innen - die wichtigsten Ergebnisse: In: Walsken, Ernst Martin /Wehrhöfer, Ulrich (Hrsg.) (1998): Mitgliederpartei im Wandel. Veränderungen am Beispiel der NRW-SPD. Münster u.a.: 55-7

Beerfeltz, Hans-Jürgen (2001): Für eine radikale Öffnung der Parteiarbeit. Die FDP auf Reformkurs. In: Forschungsjournal NSB 14. 3. 91-95

Berglund, Frode (2002): Cognitive Mobilisation - a Cause of Partisan Dealignment? Papier für die 10. Nationale Konferenz in Politikwissenschaft. Institute for Social Research. Oslo. Norwegen. Januar 2002

Beyme, Klaus von (2000): Parteien im Wandel. Wiesbaden

Bibby, John F. (1998): Party Organizations 1946-1996. In: Shafer, Byron E. u.a. (Hrsg.) (1998): Partisan Approaches to Postwar American Politics. New York/London: 142-185

Bibby, John F. (1999): Party Networks. National State Integration, Allied Groups, and Issue Activists. In: Green, John C./Shea, Daniel M. (Hrsg.): The State of the Parties. The Changing Rote of Contemporary American Parties. 3. Aufl. Lanham u.a.: 69-85

Bieber, Christoph (1999): Politische Projekte im Internet. Online-Kommunikation und politische Öffentlichkeit. Frankfurt/New York

Bieber, Christoph (2001a): Internet, Parteienkommunikation, Multimediapolitiker. Eine Einführung. In: Friedrich-Ebert-Stiftung (Hrsg.) (2001): Parteipolitik 2.0. Der Einfluss des Internets auf parteiinterne Kommunikations- und Organisationsprozesse. Bonn: 6-17

Bieber, Christoph (2001b): Parteienkommunikation im Internet: Modernisierung der Mitgliederparteien? In: Gabriel, Oskar W./Niedermayer, Oskar/Stöss, Richard (Hrsg.) (2001): Parteiendemokratie in Deutschland. Bonn: 553-569

Biehl, Heiko (2004a): Parteimitgliedes neuen Typs? Sozialprofil und Bindungsmotive im Wandel. In: ZParl 35. 4. 681-699

Biehl, Heiko (2004b): Parteimitglieder im Wandel. Partizipation und Repräsentation. Halle [Diss. Phil. Martin-Luther-Universität Halle-Wittenberg]

Biezen, Ingrid van (2003): Patterns of Party Organization in New Democracies: A Comparative Assessment of Southern and East-Central Europe. Manuskript zum Panel "Post-Communist Party Development". APSA. Boston. Sept. 2003

Bille, Lars (1994): Denmark: The Decline of the Membership Party? In: Katz, Richard S./Mair, Peter (Hrsg.) (1994): How Parties Organize. London/Thousand Oaks/New Dehli: 297-312

Blessing, Karlheinz (2002): Abschied von der Mitgliederpartei. Die Zukunft liegt in punktuellen und themenbezogenen Allianzen. In: Bartels, Hans-Peter/Machnig, Matthias (Hrsg.) (2002): Der rasende Tanker. Analysen und Konzepte zur Modernisierung der sozialdemokratischen Organisation. Göttingen. 90-100

Blessing, Karlheinz (Hrsg.) (1993): SPD 2000. Die Modernisierung der SPD. Marburg

Boll, Bernhard (2001): Beitrittsmotive von Parteimitgliedern. In: Boll, Bernhard/Holtmann, Everhard (Hrsg.) (2001): Parteien und Parteimitglieder in der Region. Sozialprofil, Einstellungen, innerparteiliches Leben und Wahlentscheidung in einem ostdeutschen Bundesland. Das Beispiel Sachsen-Anhalt. Wiesbaden: 19-30

Bookmann, Adam Jerrod (o.J.): Party Activists – Still Relevant? Arbeitspapier University of Michigan, USA (http://www.umich.edu/~mjps/archives/issue33/33bookman.htm)

Bösch, Frank (2001): Die Adenauer-CDU. Gründung, Aufstieg und Krise einer Erfolgspartei 1945-1969. Stuttgart/München

Bösch, Frank (2002): Macht und Machtverlust. Die Geschichte der CDU. Stuttgart/München

Bösch, Frank (2003): Angepasste Pragmatiker? In: Dettling, Daniel/Bismarck (Hrsg.) (2003): Marke D. Das Projekt der nächsten Generation. Opladen: 73-84

Brömme, Norbert/Strasser, Hermann (2001): Gespaltene Bürgergesellschaft? Die ungleichen Folgen des Strukturwandels von Engagement und Partizipation. In: APuZ B. 25-26/01. 6-14

Buch, Jensen, R. (1999): Local Party Organisations in Denmark: Crisis or Adaption? In: Saiz, Martin/Geser, Hans (Hrsg.) (1999): Local Parties in Political und Organizational Perspective. Oxford: 258-261

Bürklin, Wilhelm (1992): Gesellschaftlicher Wandel, Wertewandel und politische Beteiligung. In: Starzacher, Karl u.a. (Hrsg.) (1992). Protestwähler und Wahlverweigerer: Krise der Demokratie? Köln: 18-39

Bürklin, Wilhelm F./Neu, Viola/Veen, Hans-Joachim (1997): Die Mitglieder der CDU. KAS-Interne Studie Nr. 148/1997. Sankt Augustin

Bürklin, Wilhelm/Klein, Markus (1998): Wahlen und Wählerverhalten. Eine Einführung. Opladen

Carty, R. Kenneth/ Eagels, Munroe (1999): Do local campaigns matter? Campaign spending. The local canvass and party support in Canada. In: Electoral Studies 18. 69-87

CDU-Bundesgeschäftsstelle (Hrsg.) (2003): Beschluss des 17. Parteitages der CDU Deutschlands 2003 Bürgerpartei CDU. Reformprojekt für eine lebendige Volkspartei. Berlin

Chrapa, Michael/Wittich, Dietmar (2001): „Die Mitgliedschaft, der große Lümmel". Studie zur Mitgliederbefragung 2000 der PDS. O.O.

Clark, Alistair (2004): The Continued Relevance of Local Parties in Representative Democracies. In: Politics 24. 1. 35-45

Clemens, Detlef (1998): Wahlkampf im Internet. In: Gellner, Winand/Korff, Fritz von (Hrsg.) (1998): Demokratie im Internet. Baden-Baden: 143-156

Clemens, Detlev (1999): Netz-Kampagnen. Parteien und politische Informationskosten in den Internet-Wahlkämpfen 1998 in Deutschland und den USA. In: Kamps, Klaus (Hrsg.) (1999): Elektronische Demokratie? Perspektiven politischer Partizipation. Wiesbaden: 153-174

Cordes, Doris (2002): Die Finanzierung der politischen Parteien Deutschlands, Österreichs und der Niederlande. [Diss.rer.pol. Universität Oldenburg]

Cotter, P. Cornelius/Gibson, James L./Bibby, John F./Huckshorn, Robert J. (1984): Party Organizations in American Politics. New York u.a.

Cross, William/Young, Lisa (2004): The Contends of Political Party Membership in Canada. In Party Politics 10. 427-444

Cusack, Thomas (1999): Die Unzufriedenheit der deutschen Bevölkerung mit der Performanz der Regierung und des politischen Systems. In: Max Haase/Günther Schmid (Hrsg.): Eine lernende Demokratie. 50 Jahre Bundesrepublik Deutschland. Berlin: 237-261

Cutright, Phillips (1963): Measuring the Impact of Local Party Activity on the General Election Vote. In: Public Opinion 27. 372-386

Cutright, Phillips/Rossi, Peter H. (1958): Grass Roots Politicans and the Vote. In: American Sociological Review 23. 171-179

Dalton, Russell J. (1984): Cognitive Mobilization and Partisan Dealignment in Advanced Industrial Democracies. In: The Journal of Politics 46. 264-284

Dalton, Russell J. (1988): Citizen Politics in Western Democracies. Public Opinion and Political Parties in the United States, Great Britain, West Germany and France. Chatham, N.J.

Dalton, Russell J./McAllister, Jan/Wattenberg, Martin (2002): Political Parties and their Publics. In: Luther, Kurt Richard/Müller-Rommel, Ferdinand (Hrsg.) (2002): Political Parties in the New Europe. Political and Analytical Challenges. Oxford: 19-42

Dalton, Russell J./Wattenberg, Martin P. (2000a): Partisan Change and the Democratic Process, In: Dies. (Hrsg.) (2000): 261-285

Dalton, Russell J./Wattenberg, Martin, P. (2000a): Unthinkable Democracy. Political Change in Advanced Industrial Democracies. In: Dies. (Hrsg.): (2000): Parties without Partisans. Political Change in Advanced Industrial Democracies. Oxford: 3-16

Denver, David/Hands, Gordon (1997): Modern Constituency Electioneering. Local Campaigning in the 1992 General Election. London/Portland

Denver, David/Hands, Gordon/Fisher, Justin/Mac Allister, Jain (2003): Constituency Campaigning in Britain 1992-2001. Centralization and Modernization. In: Party Politics. 9. 5. 541-559

Deschouwer, Kris (1994): The Decline of Consociationalism and the Reluctant Modernization of Belgium Mass Parties: In: Katz, Richard S./Mair, Peter (Hrsg.) (1994): How Parties Organize. London: 80-108

Deschouwer, Kris (2002): The Colour Purple. The End of predictable Politics in the Low Countries. In: Webb, Paul/Farrell, David M./Holliday, Ian (Hrsg.) (2000): Political Parties in Advanced Industrial Democracies. Oxford: 151-179

Deth, Jan W. van (2000a): Das Leben, nicht die Politik ist wichtig. In: Niedermayer, Oskar/Westle, Bettina (Hrsg.) (2000): Demokratie und Partizipation. Festschrift für Max Kaase. Wiesbaden: 115-135

Deth, Jan W. van (2000b): Soziale und politische Beteiligung: Alternativen, Ergänzungen oder Zwillinge. In: Koch, Achim/Wasmer, Martina/Schmidt, Peter (Hrsg.) (2000): Politische Partizipation in der Bundesrepublik Deutschland. Opladen: 195-219

Deth, Jan W. van (2001): Wertewandel im internationalen Vergleich. Ein deutscher Sonderweg? In: APuZ B29. 23-30

Detterbeck, Klaus (2002): Der Wandel der politischen Parteien in Westeuropa. Opladen

Dörner, Andreas (2002): Diagnosen und Prognosen zum Kontextwandel parteipolitischen Handelns: In: ZParl 33. 759-769

Dürr, Tobias (2001a): Parteireform als Ritual. Die CDU zum Beispiel. In: Forschungsjournal NSB 14. 3. 75-81

Dürr, Tobias (2001b): Es fährt ein Zug nach nirgendwo. In: Neue Gesellschaft/Frankfurter Hefte 1-2. 16-20

Duverger, Maurice (1959): Die politischen Parteien, Tübingen

Düx, Wiebken (1999): Das Ehrenamt in Jugendverbänden. In: Beher, Karin/Liebig, Rainhard/Rauschenbach, Thomas (Hrsg.) (1999): Strukturwandel des Ehrenamtes. Weilheim/München

Ebbighausen, Rolf u.a. (1996): Die Kosten der Parteiendemokratie. Studien und Materialien zu einer Bilanz staatlicher Parteienfinanzierung in der Bundesrepublik Deutschland. Opladen

Eimeren, Birgit van/Gerhard, Heinz/Frees, Beate (2004): ARD/ZDF-Online-Studie 2004. Internetverbreitung in Deutschland: Potenzial vorerst ausgeschöpft? In: Media Perspetiven 8. 350-370

Epstein, Leon D. (1979): Political Parties in Western Democracies. 2 Auflage. London

Falke, Wolfgang (1982): Die Mitglieder der CDU. Berlin.

Falter, Jürgen W./Schoen, Harald (1999): Wahlen und Wählerverhalten: In: Thomas Ellwein/Holtmann Everhard (Hrsg.): 50 Jahre Bundesrepublik Deutschland. Wiesbaden/Opladen. 454-470

Farrell, David. M./Webb, Paul 2000: Political Parties as Campaign Organizations. In: Dalton, Russell J./Wattenberg, Martin P. (Hrsg.), Parties without Partisans. Political Change in Advanced Industrial Democracies. Oxford. 102-128

Fisher, Justin (1997): Small Kingdoms and Crumbling Organizations: Examining the Variation in Constituency Party Membership and Resources. In: Cowley, Philip u.a. (Hrsg.) (1997): British Elections and Parties Review 10. 133-150

Forschungsgruppe Wahlen (Hrsg.) (2004): Politische Partizipation in Deutschland. Ergebnisse einer repräsentativen Bevölkerungsumfrage im November 2003. Mannheim

Frendreis, John/Gitelson, Alan R. (1999): Spokes in a Candidate-Centered Wheel. In: Green, John C./Shea, Daniel M. (Hrsg.) (1999): The State of the Parties. Dritte Auflage. Lanham: 135-153

Fuchs, Dieter (1999): The Democratic Culture of United Germany. In: Norris, Pippa (Hrsg.) (1999): Critical Citizens. Global Support for Democratic Government. Oxford: 124-145

Gabriel, Oscar W. (2004): In welchen Arenen spielen sie? Außerparteiliche Partizipation und Politikerkontakte von Parteimitgliedern. In: Walter-Rogg, Melanie/Gabriel, Oscar W. (Hrsg.) (2004): Parteien, Parteieliten und Parteimitglieder in einer Großstadt. Wiesbaden: 69-94

Gabriel, Oscar W./Niedermayer, Oskar (1997): Entwicklung und Sozialstruktur der Parteimitgliedschaften: In: Dies./Stöss, Richard (Hrsg.) (1997): Parteiendemokratie in Deutschland. Bonn: 277-300

Gabriel, Oscar W./ Niedermayer, Oskar/Stöss, Richard (Hrsg.) (2001): Parteiendemokratie in Deutschland. 2. akt. Aufl. Bonn

Geisel, Sofie/Schaible, Stefan/Thielbeer, Markus 2001: Die SPD und ihre Reformbemühungen. Fünf Thesen zum Thema Modernisierung. In: Forschungsgruppe NSB 14. 3. 40-45

Gellner, Winand/Strohmeier, Gerd (2002): Parteien in Internetwahlkämpfen. In: Alemann, Ulrich von/Marschall, Stefan (Hrsg.) (2002): Parteien in der Mediendemokratie. Wiesbaden: 189-209

Gerber, Alan S./Green, Donald P. (2000): The Effects of Canvassing, Telephone Calls, and Direct Mail on Voter Turnout: A Field Experiment. In: American Political Science Review 94. 3. 653-663

Geser, Hans (1999): The Local Party as an Object of Interdisciplinary Comparative Study. In: Saiz, Martin/Geser, Hans (Hrsg.) (1999): Local Parties in Political und Organizational Perspective. Oxford: 3-43

Geser, Hans (2003): Das Internet und die parteiinterne Demokratie. Manuskript. http://geser.net/par/ges

Gibson, Rachel K./Lusoli, Wainer/Ward, Stephen (2002): Online Campaigning in the UK: The Public Respond: Papier für die Jahrestagung der APSA. Boston

Gibson, Rachel K./Margolis, Michael/Reswick, David/Ward, Stephen J. (2003): Election Campaigning on the WWW in the USA and UK. A Comparative Analysis. In: Party Politics 9. 1. 47-75

Gibson, Rachel/Ward, Stephen (1999): Intra-Party Democracy On-Line: The Politics of the Future? Unveröff. Manuskript. Universität Salford, GB

Glaab, Manuela (2003): Mehr Partizipation wagen? Der Wandel politischer Beteiligung und seine Konsequenz für die Parteien. In: Glaab, Manuela (Hrsg.) (2003): Impulse für einen neuen Parteiendemokratie. Analysen zu Krise und Reform. 117-140

Glotz, Peter (1997): Die politische Krise als Kommunikations-Krise. In: APuZ, B 36-37. 3-6

Gluchowski, Peter/Graf, Jutta/Wilamowitz-Moellendorf, Ulrich von (2001): Sozialstruktur und Wahlverhalten in der Bundesrepublik Deutschland. In: Gabriel, Oscar/Niedermayer; Oskar/Stöss, Richard (Hrsg.): Parteiendemokratie in Deutschland. 2. akt. Aufl. Bonn: 181-227

Goodhart, Noah, J. (1999): The New Party Machine: Information Technology in State Political Parties. In: John C. Green/Daniel M. Shea (Hrsg.) (1999): The State of the Parties. Dritte Auflage. Lanham: 120-134

Grabow, Karsten (2000): Abschied von der Massenpartei. Entwicklung der Organisationsmuster von SPD und CDU seit der deutschen Vereinigung. Wiesbaden

Greven, Michael Thomas (1987): Parteimitglieder. Ein empirischer Essay über das politische Alltagsbewusstsein in Parteien. Opladen

Grießner, Axel (2000): Massenverbände und Massenparteien im wilhelminischen Reich. Zum Wandel der Wahlkultur 1903-1912. Düsseldorf

Gunther, Richard/Ramón-Montero, José/Linz Juan J. (Hrsg.) (2002): Political Parties. Old Concepts and New Challenges. Oxford

Hallermann, Andreas (2003): Partizipation in politischen Parteien. Vergleich von fünf Parteien in Thüringen. Baden-Baden

Harth, Thilo (2001): Digitale Partizipation. In: Friedrich-Ebert-Stiftung (Hrsg.) (2001): ParteiPolitik 2.0. Der Einfluss des Internet auf parteiinterne Kommunikations- und Organisationsprozesse. Bonn: 72-87

Haungs, Peter (1990): Die CDU: Prototyp einer Volkspartei. In: Oberreuter, Heinrich/Mintzel, Alf (Hrsg.) (1992): Parteien in der Bundesrepublik Deutschland. Bonn 158-198

Haungs, Peter, (1994): Plädoyer für eine erneuerte Mitgliederpartei. Anmerkungen zur aktuellen Diskussion über die Zukunft der Volksparteien. In: ZParl 1. 108-115

Hebecker, Eike (2002): Experimentieren für den Ernstfall. Der Online-Wahlkampf 2002. In: APuZ B 49-50. 48-54

Heidar, Knut/Saglie, Jo (2003a): Predestined Parties? Organizational Change in Norwegian Political Parties. In: Party Politics 9. 2. 219-239

Heidar/Knut/Saglie, Jo (2003b): A decline of linkage? Intra-party participation in Norway 1991-2000. In: European Journal of Political Research 42. 761-786

Heinrich, Roberto/Lübker, Malte/Biehl, Heiko (2002): Parteimitglieder im Vergleich. Partizipation und Repräsentation. Kurzfassung des Abschlussberichts zum gleichnamigen DFG-Projekt, Universität Potsdam

Heinze, Rolf/Olk, Thomas (1999): Vom Ehrenamt zum bürgerschaftlichen Engagement. Trends des begrifflichen und gesellschaftlichen Strukturwandels. In: Kistler, Ernst u.a. (Hrsg.) (1999): Perspektiven gesellschaftlichen Zusammenhalts: Empirische Befunde, Praxiserfahrung, Messkonzepte. Berlin: 77-100

Herrnson, Paul S. (1988): Party Campaigning in the 1980s. Cambridge, Mass./London

Hetterich, Volker (2000): Von Adenauer zu Schröder - Der Kampf um Stimmen. Opladen

Hoffmann-Lange, Ursula (1994): Zur Politikverdrossenheit Jugendlicher in Deutschland - Erscheinungsformen und Ursachen. In: Politische Studien 45 (Juli/August 1994). 92-106

Hoffmann-Lange, Ursula (2000): Bildungsexpansion, politisches Interesse und politisches Engagement in den alten Bundesländern. In: Niedermayer, Oskar/Westle, Bettina (Hrsg.) (2000): Demokratie und Partizipation. Opladen: 46-64 [Festschrift für Max Kaase]

Hofmann, Bernd (2004): Annäherung an die Volkspartei. Eine typologische und parteiensoziologische Studie. Wiesbaden

Holliday, Jan (2002): Spain. Building a Parties State in a New Democracy. In: Webb, Paul/Farrell, David M./Holliday, Ian (Hrsg.) (2002): Political Parties in Advanced Industrial Democracies. Oxford: 250-268

Holtmann, Everhard/Boll, Bernhard (2001): Parteien in der ostdeutschen Region: Parteien mit Zukunft? In: Boll, Bernhard/Holtmann, Everhard (Hrsg.) (2001): Parteien und Parteimitglieder in der Region. Sozialprofil, Einstellungen, innerparteiliches Leben und Wahlentscheidung in einem ostdeutschen Bundesland. Das Beispiel Sachsen-Anhalt. Wiesbaden: 289-297

Holtz-Bacha, Christina (2002): Parteien und Massenmedien im Wahlkampf. In: Alemann, Ulrich von/Marschall, Stefan (Hrsg.): Parteien in der Mediendemokratie. Opladen: 42-56

Hradil, Stefan (2002): Der Wandel des Wertewandels. In: Gesellschaft-Wirtschaft-Politik 51. 409-420

Immerfall, Stefan (1991): Politische Kommunikation von Parteimitgliedern. Ergebnisse einer schriftlichen Befragung von Mitgliedern der CSU und der SPD in Südostbayern. Passauer Papiere zur Sozialwissenschaft. Universität Passau. 6/1998

Immerfall, Stefan (1993): Politische Kommunikation von Parteimitgliedern. Eine mehrebenenanalytische Fallstudie zur Bundestagswahl 1990. In: Zeitschrift für Politische Psychologie (1993): 247-271

Immerfall, Stefan (1998): Strukturwandel und Strukturschwächen der deutschen Mitgliederparteien. In: APuZ B 1-2. 3-12

Infas (Hrsg.) (1977): Infas Report. Parteiensoziologische Untersuchungen 1977. Bonn

Infratest dimap (2003): Deutschland TREND Januar 2003. Berlin

Inglehart, Ronald (1977): The silent Revolution. Changing values and political styles among western publics. Princeton

Inglehart, Ronald (1989): Kultureller Umbruch. Wertewandel in der westlichen Welt. Frankfurt/New York

Jun, Uwe (2004): Der Wandel der Parteien in der Mediendemokratie. SPD und Labour Party im Vergleich. Frankfurt am Main

Kaack, Heino (1971): Geschichte und Struktur des deutschen Parteiensystems. Opladen

Katz, Daniel/Eldersveld, Samuel (1961): The Impact of Local Activity upon the Electorate. In: Public Opionion Quarterly 25. 1-24

Katz, Daniel/Eldersveld, Samuel J. (1971): The Impact of Local Party Activity upon the Electorate. In: Wrigt, William E. (Hrsg.) (1971): A Comparative Study of Party Organization. Columbus: 538-553

Katz, Richard S. (1990): Party as linkage: A vestigal function? In: European Journal of Political Research, 18, 1990. 143-161

Katz, Richard S. (2002): The Internal Life of Parties. In: Luther, Richard/Müller-Rommel Ferdinand (Hrsg.) (2002): Political Parties in the new Europe. Oxford: 87-118

Katz, Richard S./Mair, Peter u.a. (1995): Changing Models of Parts Organization and Party Democracy. The Emergence of the Cartel Party. In: Party Politics 1. 1. 5-28

Katz, Richard S./Mair, Peter u.a., (1992): The Membership of Political Parties in European Democracies 1960-1990. In: European Journal of Political Research 22. 329-345

Kießling, Andreas (1999): Politische Kultur und Parteien im vereinten Deutschland. Determinanten der Entwicklung des Parteiensystems. München

Kießling, Andreas (2001): Politische Kultur und Parteien in Deutschland. Sind die Parteien reformierbar? In: APuZ 51. H.B. 10. 29-57

Kießling, Andreas (2003): Changemanagement als Reformoption; Strukturelle und kulturelle Perspektiven für die deutschen Parteien. In Glaab, Manuela (Hrsg.) (2003): Impulse für eine neue Parteiendemokratie. Analysen zu Krise und Reform. München: 69-94

Kießling, Andreas (2004): Die CSU. Machterhalt und Machterneuerung. Wiesbaden

Kirchheimer, Otto (1954): Parteistruktur und Massendemokratie in Europa. In: AöR 79. 4. 301-325

Kirchheimer, Otto (1965): Der Wandel des westeuropäischen Parteiensystems. In PVS 6. 30-41

Klingemann, Hans-Dieter/Fuchs, Dieter (Hrsg.) (1995): Citizens and the State. Oxford

Knapp, Andrew (2002): France. Never a Golden Age. In: Webb, Paul/Farrell, David M./Holliday, Ian (Hrsg.) (2002): Political Parties in Advanced Industrial Democracies. Oxford: 107-150

Koch, Susanne (1994): Parteien in der Region. Eine Zusammenhangsanalyse von lokaler Mitgliederpräsenz, Wahlergebnis und Sozialstruktur. Opladen

Koch, Willi/Niedermayer, Oscar (1991): Parteimitglieder in Leipzig und Mannheim. Wiesbaden

Köcher, Renate (2004): Mit Verständnis statt Konzepte. In: Frankfurter Allgemeine Zeitung vom 18. August 2004. 5

Kühn, Hartmut/Walsken, Ernst-Martin (1998): Demokratische Mitgliederparteien oder politische Werbeagentur? Zur politischen Kommunikation im Vorfeld von Wahlen am Beispiel des Wahlkampfes der NRW-SPD zur Landtagswahl 1995. In: Walsken, Ernst-Martin/Wehrhöfer, Ulrich (Hrsg.) (1998): Mitgliederpartei im Wandel. Veränderungen am Beispiel der NRW-SPD, Münster u.a.: 39-53

Ladner, Andreas/Brändle, Michael (2001): Die Schweizer Parteien im Wandel. Von Mitgliederparteien zu professionalisierten Wählerorganisationen? Zürich

Landfried, Christine (1994): Parteifinanzen und politische Macht. 2. Aufl. Baden-Baden

Lange, Hans-Jürgen (1995): Responsivität und Organisation. Eine Studie über die Modernisierung der CDU von 1973-1989. Marburg

Langguth, Gerd (2003): Das Verhältnis von Parteien und zivilgesellschaftlichen Organisationen. In: Deutscher Bundestag - Enquete-Kommission 2002 „Zukunft für der bürgerschaftlichen Engagements" (Hrsg.) (2003): Bürgerschaftliches Engagement in Parteien und Bewegungen. Opladen. 177-190

Lawson, Kay (1980): Political Parties and Linkage. In: Lawson, Kay (Hrsg.) (1980): Political Parties and Linkage. A Comparative Perspective. New Haven/London: 3-24

Leggewie, Claus (2002): Netzwerkparteien? Parteien in der digitalen Öffentlichkeit. In: Alemann, Ulrich von/Marschall, Stefan (Hrsg.) (2002): Parteien in der Mediendemokratie. Wiesbaden: 173-188

Leif, Thomas 2001: Von der linken Volkspartei zum flexiblen Wahlverein. In: Frankfurter Rundschau, 21. Aug. 2001, S. 7

Lepsius, Rainer M. (1973): Parteiensystem und Sozialstruktur. Zum Problem der Demokratisierung der deutschen Gesellschaft. In: Ritter, Gerhard A. (Hrsg.): Die deutschen Parteien vor 1918. Köln: 56-80

Lipset, Seymour/Rokkan, Stein (1967): Cleavages Structures, Party Systems and Voter Alignments: An Introduction. In: Dies. (Hrsg.): Party Systems and Voter Alignments. Cross National Perspectives. New York: 1-64

Löfgen, Karl (2000): Danish Political Parties and New Technology: Interactive Parties or new Shop Windows. In: Hoff, Jens u.a. (Hrsg.) (2000): Democracy and New Technology. London, New York: 57-70

Löfgren, Karl/Smith, Colin (2003): Political parties and democracy in the information age. In: Gibson, Rachel/Nixon, Paul/Ward, Stephen (Hrsg.): Political Parties and the Internet. Net Again? London/New York: 39-51

Lösche, Peter (2000): Verkalkt - verbürgerlicht - professionalisiert. Der bittere Abschied der SPD von der Mitglieder- und Funktionärspartei. In: Universitas 55. 779-793

Lösche, Peter/Walter, Franz (1992): Die SPD: Klassenpartei-Volkspartei-Quotenpartei. Darmstadt

Lübker, Malte (2001): Neue Wege innerparteilicher Partizipation: Mitgliederbefragungen und Mitgliederentscheide. Potsdam [Diplomarbeit Universität Potsdam].

Lusoli, Wainer/Ward, Stephen (2003): Digital rank-and-file: party activists' perception and use of the Internet, Paper zum Annual Meeting of the American Political Science Association. Philadelphia (28-31. August 2003)

Machnig, Matthias (2000): Auf dem Weg zur Netzwerkpartei. In: Die Neue Gesellschaft/Frankfurter Hefte 47. 654-660

Machnig, Matthias (2001): Organisation ist Politik - Politik ist Organisation. Moderne Parteistrukturen als Voraussetzung für strategische Mehrheitsfähigkeit. In: Forschungsjournal NSB 14. 3. 30-37

Machnig, Matthias (2002): Vom Tanker zur Flotte. Die SPD als Volkspartei und Mitgliederpartei von Morgen. In: Bartels, Hans-Peter/Machnig, Matthias (Hrsg.) (2002): Der rasende Tanker. Analysen und Konzepte zur Modernisierung der sozialdemokratischen Organisation. Göttingen: 101-117

Maier, Jürgen (2003a): One Nation – Two Cultures? Political Orientations in East and West Germany Ten Years After Reunification. IOC Discussion Papers No. 14. University of Tokyo. March 2003

Maier, Jürgen (2003b): Political Culture in East and West Germany. Bamberger Beiträge zur Politikwissenschaft Nr. II-14. Universität Bamberg

Mair, Peter (1989): Continuity, Change and Vulnerability of Party. In: Western European Politics, 12, 4, S. 169-187

Mair, Peter (1994). Party Organizations: From Civil Society to the State. In: Katz, Richard S./ Mair, Peter (Hrsg.) (1994): How Parties Organize: Change and Adaption in Party Organizations in Western Democracies. London: 1-22

Mair, Peter (1997): Party System Change. Approaches and Interpretations. Oxford

Mair, Peter/Bartolini, Stefano (2001): Challenges to Contemporary Political Parties. In: Diamond, Laisy/Gunther, Richard (Hrsg.) (2001): Political Parties and Democracy. Baltimore/London: 327-343

Mair, Peter/Müller, Wolfgang C./Plasser, Fritz (1999): Veränderungen in den Wählermärkten: Herausforderungen für die Parteien und deren Antworten. In: Dies. (Hrsg.) (1999): Parteien auf komplexen Wählermärkten. Reaktionsstrategien politischer Parteien in Westeuropa. Wien: 11-29

Mair, Peter/van Biezen, Ingrid (2001): Party Membership in Twenty European Democracies 1980-2000. In: Party Politics 7. 5-22

Maor, Moshe (1997): Political Parties and Party Systems. Comparative Approaches and the British Experience. London

Margetts, Helen (2001): The Cyber Party, Paper für die ECPR Joint Sessions „The Cause and Consequences of Organizational Innovation in European Political Parties". Grenoble

Marschall, Stefan (2001): Parteien im Internet - Auf dem Weg zu internet-basierten Mitgliederparteien. In: Aus Politik und Zeitgeschichte B 10. 38-46

Marschall, Stefan (2001): Virtuelle Parteibuchinhaber – Chancen und Grenzen internetbasierter Parteimitgliedschaft. In: Bieber, Christoph (Hrsg.) (2001): ParteiPolitik 2.0. Der Einfluss des Internets auf parteiinterne Kommunikations- und Organisationsprozesse. Studie für die Friedrich Ebert Stiftung. Bonn: 29-47

Martin, Alan/Cowley, Philip (1999): Ambassadors in the community? Labour Party members in society. In: Politics 19. 89-96

Mayntz, Renate (1959): Parteigruppen in der Großstadt. Untersuchungen in einem Berliner Kreisverband der CDU. Opladen/Köln

Meyer, Thomas 2002: Kommunikationsspitzen und Aktivbürger. Medien verändern die Struktur des Politischen. In: Bartels, Hans-Peter/Machnig, Matthias (Hrsg.) (2002):

Der rasende Tanker. Analysen und Konzepte zur Modernisierung der sozialdemokratischen Organisation. Göttingen: 55-71

Meyer, Thomas/Weil, Reinhard (2002): Die Bürgergesellschaft. Perspektiven für Bürger-
beteiligung und Bürgerkommunikation. Bonn

Mielke, Gerd (1994): Parteiensystem in der Krise oder Annäherung an die demokratische
Normalität? Mutmaßungen zur Amerikanisierung der deutschen Parteien. In: Jäger,
Wolfgang/Mühleisen, Hans-Otto/Veen, Hans Joachim (Hrsg.) (1994): Republik und
Dritte Welt. Paderborn u.a.: 231-242 [Festschrift für Dieter Oberndörfer zum 65.
Geburtstag]

Mielke, Gerd (1997): Mehr Demokratie wagen! SPD-Führung im partizipatorischen Zeitalter. In: Blätter für deutsche und internationale Politik 41. 39-47

Mielke, Gerd (2003): Parteien zwischen Kampagnenfähigkeit und bürgerschaftlichen
Engagement. In: Deutscher Bundestag - Enquetekommission „Zukunft des bürgerschaftlichen Engagements" (Hrsg.) (2003): Bürgerschaftliches Engagement in Parteien und Bewegungen. Opladen: 157-166

Mintzel, Alf (1975): Die CSU in Bayern. Strukturwandel einer konservativen Partei 1945-
1972. Opladen

Mintzel, Alf (1976): Volkstümliche Technokraten: Das Management der CSU. In: Transfer 2 Wahlforschung. Sonden im politischen Markt. Opladen: 107-120

Mirow, Jürgen (1976): Entpolitisierung oder Integration? In: Zeitschrift für Politik 23. 48-
62

Misselwitz, Hans-Jürgen (1994): Politikwahrnehmung und Politikvermittlung in den
neuen Bundesländern. In: Aus Politik und Zeitgeschichte B 45-46.1994. 3-11

Montero, José Ramón/Gunther, Richard (2002): Introduction: Reviewing and Reassessing
Parties, in: Dies/Linz, Juan J.(Hrsg.): Political Parties. Old Concepts and New Challenges. Oxford: 1-35

Müller, Frank/Traub, Rainer (2004): Motivationsstrukturen der Stuttgarter Parteimitglieder. In: Walter-Rogg, Melanie/Gabriel, Ocar W. (Hrsg.) (2004): Parteien, Parteieliten und Mitglieder in der Großstadt. Wiesbande: 25-47

Müller, Wolfgang C. (1986): Parteien zwischen Öffentlichkeitsarbeit und Medien-
zwängen. In: Wolfgang R. Langenbucher (Hrsg.) (1986): Politische Kommunikation. Wien: 106-135

Müller, Wolfgang C. (1994): The Development of Austrian Party Organizations in the
Post War Period. In: Katz, Richard S./Mair, Peter (Hrsg.) (1994): How Parties Organize. London/Thousand Oaks/New Dehli: 51-79

Naßmacher, Karl-Heinz (1981): öffentliche Parteienfinanzierung in westlichen Demokra-
tien. In: Journal für Sozialforschung. 351-374

Ness, Klaus (2003) Eine Idee haben und Probleme lösen. In: Busse, Tanja/Dürr, Tobias
(Hrsg.) (2003): Das neue Deutschland. Die Zukunft als Chance. Berlin: 65-75

Nickig, Eckhard (1998): Von der Mitglieder- zur Fraktionspartei: Abschied von einer
Fiktion. In: ZParl 30. 2. 383-389

Niedermayer Oskar (2000): Modernisierung von Wahlkämpfen als Funktionsentleerung
der Parteibasis. In: Ders./Westle, Bettina (Hrsg.) (2000): Demokratie und Partizipation. Wiesbaden: 192-210 [Festschrift für Max Kaase].

Niedermayer, Oskar (1997): Beweggründe des Engagements in politischen Parteien. In: Gabriel, Oscar/Niedermayer, Oskar/Stöss, Richard (Hrsg.) (1997), Parteiendemokratie in Deutschland. Bonn: 323-337

Nipperdey, Thoams (1961): Die Organisation politischer Parteien vor 1918. Düsseldorf

Norris, Pippa (1999): Conclusion: The Growth of Critical Citizens and its Consequences, In: Dies. (Hrsg.) (1999): Critical Citizens. Global Support for Democratic Government. Oxford: 257-272

Norris, Pippa (2000): A Virtuous Circle. Political Communication in Postindustrial Societies. Cambridge

Norris, Pippa (2001): Digital Divide? Civic Engagement, Information Poverty and the Internet Worldwide. Cambridge

Norris, Pippa (2002): Do campaign communications matter for civic engagement? American elections from Eisenhower to George W. Bush. In: Farrell, David M./Schmitt-Beck, Rüdiger (Hrsg.) (2002): Do Political Campaigns Matter? Campaign effects in elections and referendums. London/New York: 127-144

Oberreuter, Heinrich (1996): Zwischen Erlebnisgesellschaft und Medieneinfluss: Die offene Zukunft des Parteiensystems. In: Ders. (Hrsg.) (1996): Parteiensystem am Wendepunkt. Wahlen in der Fernsehdemokratie. München/Landsberg am Lech: 9-22

Ofner, Günther (1985): Wahlkampf und Parteiorganisation: In: Fritz Plasser/Peter A. Ulram/Manfred Welau (Hrsg.) (1985): Demokratierituale. Zur politischen Kultur der Informationsgesellschaft. Wien/Köln/Graz: 145-169.

Panebianco, Angelo (1988): Political Parties: Organization and Power. Cambridge

Pedersen, Karina (2002): Internal party Membership Linkage: The Danish Case. Paper für den 13. Kongress der Nordic Political Science Asssociation. Ålberg 15.-17. August

Pedersen, Karina (2003): New Technology in the Party Internal Arena: The Danish Case. Arbeitspapier. Universität Kopenhagen. Institut for Staatskunds. 02/2003

Peele, Gillian (1998): Towards ´New Conservatives`? Organisational Reform and the Conservative Party. In: The Political Quarterly 69. 2. 141-147

Perdersen, Karina (2004): Sleeping or active Members. Danish Party Members at the Turn of the Millenium. In: Party Politics 10. 367-383

Pfeiffer, Ulrich (1997): Eine Partei der Zeitzeichen und Immobilien. Folgerungen für eine Strukturreform. In: Die Neue Gesellschaft/Frankfurter Hefte 44. 5. 392-394

Pfetsch, Barbara/Schmitt-Beck, Rüdiger (1994): Amerikanisierung von Wahlkämpfen? Kommunikationsstrategien und Massenmedien im politischen Mobilisierungsprozess. In: Michael Jäckel/Peter Winterhoff-Spurk (Hrsg.) (1994): Politik und Medien. Berlin: 231-252

Pickel, Gert/Walz, Dieter (1997): Politikverdrossenheit in Ost- und Westdeutschland. Dimensionen und Ausprägungen. In: Politische Vierteljahresschrift 38. 27-49

Picot, Sybille (2000): Jugend und freiwilliges Engagement. In: Freiwilliges Engagement in Deutschland - Freiwilligensurvey 1999. Bd. 3: Frauen und Männer, Jugend, Senioren, Sport. Stuttgart. 111-207

Pierre, Jon/Svåsand, Lars/Widfeldt, Anders (2000): State Subsidies to Political Parties: Confronting Rhetoric with Reality. In: West European Politics 23. 1-24

Plasser, Fritz (1987): Parteien unter Stress. Wien u.a.

Plasser, Fritz (2000): „Amerikanisierung" der Wahlkommunikation in Westeuropa: Diskussions- und Forschungsstand. In: Bohrmann, Hans/Jarren, Ottfried/Melischek, Gabriele/Seethaler, Josef (Hrsg.) (2000): Wahlen und Politikvermittlung durch Massenmedien. Opladen: 49-67

Plasser, Fritz/Plasser, Gundula (2003): Globalisierung der Wahlkämpfe. Praktiken der Campaign Professionals im weltweiten Vergleich. Wien

Poguntke, Thomas (1993): Der Stand der Forschung zu den Grünen. In: Niedermayer, Oscar/Stöss, Richard (Hrsg.) (1993): Stand und Perspektiven der Parteienforschung. Opladen

Poguntke, Thomas (2000): Parteiorganisation im Wandel. Wiesbaden

Polis (2000): SPD-Mitgliederbefragung 2000. Datendokumentation. München

Polis (2004): Neumitglieder 2004. Ergebnisse der Befragung 2004. o.O.

Radunski, Peter (1991): Fit für die Zukunft? Die Volksparteien vor dem Superwahljahr 1994. In: Sonde.3-8

Radunski, Peter (1996): Politisches Kommunikationsmanagement. Die Amerikanisierung der Wahlkämpfe. In: Bertelsmann Stiftung (Hrsg.) (1996): Politik überzeugend vermitteln. Gütersloh 1996: 33-52

Ramón-Montero, José/Gunther, Richard (2002): Introduction: Reviewing and Reassessing Parties. In: Gunther, Richard/Ramón-Montero, José/Linz, Juan J. (Hrsg.) (2002): Political Parties. Old Concepts and New Challenges. Oxford: 1-35

Raschke, Joachim (2001): Die Zukunft der Grünen. „So kann man nicht regieren". Frankfurt/New York

Rederer, Klaus (2000): Politik Online: die politischen Parteien im Internet. Berlin.

Reichert-Dreyer, Ingrid (2001): Parteireformen. In: Gabriel, Ocsar W./Niedermayer, Oskar/Stöss, Richard (Hrsg.) (2001): Parteiendemokratie in Deutschland. Wiesbaden: 570-591

Römmele, Andrea (2002a): Kovergenzen durch professionalisierte Wahlkampfkommunikation? In: Alemann, Ulrich von/Marschal, Stefan (Hrsg.) (2002): Parteien in der Mediendemokratie. Wiesbaden: 328-345

Römmele, Andrea (2002b): Politische Parteien und professionalisierte Wahlkämpfe. In: Fuchs, Dieter/Roller, Edeltraud/Wessels, Bernhard (Hrsg.) (2002): Bürger und Demokratie in Ost und West. Studien zur politischen Kultur und zum politischen Prozess. Opladen: 448-461

Römmele, Andrea (2003): Political Parties, Party Communication and New Information and Communication Technologies. In: Party Politics 9: 7-20

Roth, Reinhold/Wiesendahl, Elmar (1986): Das Handlungs- und Orientierungssystem politischer Parteien. Eine empirische Fallstudie. Bremen

Rudolph, Karsten (2000): Die Web-Seite ist noch lange nicht der Mittelpunkt der SPD. In: Frankfurter Rundschau vom 18.12.2000: 7

Scarrow, Susan E. (1994): The "paradox of enrolment": Assessing the costs and benefits of party memberships. In: European Journal of Political Research 25. 47-60

Scarrow, Susan E. (1996): Parties and their Members. Organizing for Victory in Britain and Germany. Oxford

Scarrow, Susan E. (1999): Der Rückgang von Parteibindungen aus der Sicht der deutschen Parteien: Chance oder Gefahr? In: Mair, Peter/Müller, Wolfgang C./Plasser,

Fritz (Hrsg.) (1999): Parteien auf komplexen Wählermärkten. Reaktionsstrategien politischer Parteien in Westeuropa. Wien: 71-102

Scarrow, Susan E. (1999a): Local Parties and Electioneering in Germany. In: Saiz, Martin/Geser, Hans (Hrsg.) (1999): Local Parties in Political and Organizational Perspective. 151-170

Scarrow, Susan E. (1999b): Der Rückgang von Parteibindungen aus der Sicht der deutschen Parteien: Chance oder Gefahr? In: Mair, Peter/Müller, Wolfgang C./Plasser, Fritz (Hrsg.) (1999): Parteien auf komplexen Wählermärkten. Reaktionsstrategien politischer Parteien in Westeuropa. Wien: 71-102

Scarrow, Susan E. (2000): Parties without Members? Party Organizations in a Changing Electoral Environment. In: Dalton, Russell J./Wattenberg, Martin P. (Hrsg.) (2000): Parties without Partisans. Political Change in Advanced Industrial Democracies. Oxford: 79-101

Scarrow, Susan E. (2002): Party Decline in the Parties State? The Changing Environment of German Politics. In. Webb, Paul/Farrell, David M./Holliday, Ian (Hrsg.) (2002): Political Parties in Advanced Industrial Democracies. Oxford: 77-106

Scarrow, Susan E./Webb, Paul/ Farrell, David M. (2000): From Social Integration to Electoral Contestation: The Changing Distribution of Power within Political Parties. In: Dalton, Russell J./Wattenberg, Martin P. (Hrsg.) (2000): Parties without Partisans. Political Change in Advanced Industrial Democracies. Oxford: 129-156

Scheer, Herrmann (1977): Die nachgeholte Parteibildung und politische Säkularisierung der CDU. In: Narr, Wolf-Dieter (Hrsg.) (1977): Auf dem Weg zum Einparteienstaat. Opladen: 149-172

Schildt, Axel (1993): Der Beginn des Fernsehzeitalters. Ein neues Massenmedium setzt sich durch. In: Ders./Sywottele, Arnold (Hrsg.) (1993): Modernisierung im Wiederaufbau. Die westdeutsche Gesellschaft der 50er Jahre. Bonn: 477-492

Schmidt, Manfred G. (1995): Wörterbuch zur Politik. Stuttgart:

Schmitt, Hermann (1987): Neue Politik in alten Parteien. Opladen

Schönbohm, Wulf (1985): Die CDU wird moderne Volkspartei. Stuttgart

Seyd, Patrick/Whiteley Paul (2004): British Party Members. An Overview. In: Party Politics 10. 4. 355-366

Seyd, Patrick/Whiteley, Paul (1992): Labour's Grass Roots. The Politics of Party Membership. Oxford

Seyd, Patrick/Whiteley, Paul (1995): Labour and Conservative Party Members Compared. In: Politics Review 4. 2-7

Seyd, Patrick/Whiteley, Paul (2000): Towards a More Responsible Two Party System. The British Party System Reconsidered. Papier zum Jahrestreffen der American Political Science Association. Washington 31. August - 3. September 2000

Seyd, Patrick/Whiteley, Paul (2002): New Labour's Crossroots. The Transformation of the Labour Party Membership. New York

Smith, Colin (1998): Political Parties in the Information Age. From „Mass-Party" to Leadership Organization? In: Snellen, I. Th. M./Donk, W.B.H.J. van de (Hrsg.): Public Administration in an Information Age. A Handbook. Amsterdam u.a.: 175-187

SPD-Parteivorstand (2000): Demokratie braucht Partei. Die Chance der SPD. Beschluss des Parteivorstands vom 22. Mai 2000

SPD-Parteivorstand (Hrsg.) (1991): Organisatorische Erneuerung und Modernisierung der SPD. Bonn

SPD-Parteivorstand (Hrsg.) (1993): Materialien, Ziele und Wege der Parteireform. Bonn

SPD-Parteivorstand (Hrsg.) (1995): Abschlussbericht der Arbeitsgruppe „Mitgliederentwicklung". Bonn

Stöss, Richard (1997): Stabilität im Umbruch. Wahlbeständigkeit und Parteienwettbewerb im „Superwahljahr 1994". Opladen

Stöss, Richard (2002): Gesellschaftliche Konflikte und Wettbewerbssituation vor der Bundestagswahl 1998. In: Fuchs, Dieter/Roller, Edeltraud/Wessels, Bernhard (Hrsg.) (2002): Bürger und Demokratie in Ost und West, Studien zur politischen Kultur und zum politischen Prozess, Opladen, S. 415-430

Streeck, Wolfgang (1987): Vielfalt und Interdependenz. Überlegungen zur Rolle von intermediären Organisationen in sich ändernden Umwelten. In: Kölner Zeitschrift zur Soziologie und Sozialpsychologie 39. 1987. 471-495

Suckow, Achim (1989): Lokale Parteiorganisationen - angesiedelt zwischen Bundespartei und lokaler Gesellschaft. Oldenburg

Suckut, S. (1990): Die DDR auf dem Weg zur deutschen Einheit. Köln

Sundberg, Jan (1987): Exploring the Basis of Declining Party Membership in Denmark: A Scandinavian Comparison. In: Scandinavian Political Studies 10: 17-38

Sundberg, Jan (2002): The Scandinavian Party Model at the Crossroads. Webb, Paul/Farrell, David M./Holliday, Ian (Hrsg.) (2002): Political Parties in Advanced Industrial Democracies. Oxford: 151-215

Svåsand, Lars (1994): Change and Adaption in Norwegian Party Organizations. In: Katz, Richard S./Mair, Peter (Hrsg.) (1994): How Parties Organize. London u.a.:

Tacke, Walter 2000: Einstellung zu verschiedenen Werten. In: Umfrage & Analyse 9/10. 32-42

Tan, A. C. 1997: Party change and party membership in decline: An explorative analysis. In: Party Politics 3. 363-377

Thole, Werner (2001): Jugend: Freizeit und Medien. In: Krüger, Heinz-Hermann/Grunert, Cathleen (Hrsg.) (2001): Handbuch der Kindheits- und Jugendforschung. Opladen: 1-33

Togeby, Lise (1992): The Nature of Declining Party Membership in Denmark. Causes and Consequences. In: Scandinavian Political Studies 15, 1-15

Veen, Hans-Joachim/Neu, Viola (1995): Beteiligung in der Volkspartei - Erste Ergebnisse einer repräsentativen Untersuchung unter CDU-Mitgliedern. Interne Studien der Konrad-Adenauer-Stiftung Nr. 113/95. Sankt Augustin

Vorländer, Hans (1992): Die Freie Demokratische Partei. In: Mintzel, Alf/Oberreuter (Hrsg.) (1992): Parteien in der Bundesrepublik Deutschland. 2. Auflage: 266-318

Walter-Rogg, Melanie/Mößner, Alexandra 2004: Vielfach gefordert, selten verwirklicht: Parteimitglieder und das Thema Parteireformen, in: Walter-Rogg, Melanie/ Gabriel, Oscar W. (Hrsg.), Parteien, Parteieliten und Mitglieder in einer Großstadt, Wiesbaden 2004. 149-181

Walter-Rogg, Melanie/Held, Kerstin (2004): Datenreport und allgemeine Informationen über die Parteimitglieder in Stuttgart und der Bundesrepublik Deutschland. In: Walter-Rogg, Melanie/Gabriel, Oscar W. (Hrsg.): Parteien, Parteieliten und Mitglieder einer Großstadt. Wiesbaden: 293-312

Ward, Stephen/Gibson, Rachel/Nixon, Paul (2003): Parties and the Internet: An Overview. In: Dies. (Hrsg.) (2003): Political Parties and the Internet. Net Again? London/NewYork: 11 - 38

Ward, Stephen/Lusoli, Wainer/Gibson, Rachel (2002): Virtually participation: A survey of online party members: In: Information Polity, 7, 199-215

Ward, Stephen/Lusoli, Wainer/Gibson, Rachel (2003): Virtually Participation. A Survey of Online Party Members. Paper European Research Institute. University of Salford (UK)

Ware, Alan (1987): Citizens, Parties and the State. A Reappraisal. Princeton

Ware, Alan (1992): Activist-Leader Relations and the Structure of Political Parties. 'Exchange' Models and Vote-Seeking Behavior in: Parties: In: British Journal of Political Science. 71-92

Webb, Paul (2002): Political Parties in Britain. Secular Decline or Adaptive Resilience? In: Webb, Paul/Farrell, David M./Holliday, Ian (Hrsg.) (2002): Political Parties in Advanced Industrial Democracies. Oxford: 16-45

Webb, Paul D. (1994): Party Organizational Change in Britain. The Iron Law of Centralization? In: Katz, Stephen S./Mair, Richard (Hrsg.) (1994): How Parties Organize. London/Thousand Oaks/New Dehli: 109-133

Webb, Paul/Farrell, David M./Holliday, Ian (Hrsg.) (2002): Political Parties in Advanced Industrial Democracies. Oxford

Wellner, Walter (1973): Parteienfinanzierung. Einnahmen und Ausgaben sowie Grundriss einer rationalen Finanzordnung. 2. Auflage. München

Welzel, Christian (2002): Modernisierung und Partizipation: Kontroversen und Befunde zur Partizipationsthese. In: Fuchs, Dieter/Roller, Edeltraud/Wessels, Bernhard (Hrsg.) (2002): Bürger und Demokratie in Ost und West. Studien zur politischen Kultur und zum politischen Prozess. Wiesbaden: 284-302

Whiteley, Paul/Seyd, Patrick (1992): Labour's Vote and Local Activism: The Impact of Local Constituency Campaigns. In: Parliamentary Affaire 45.4. 582-595

Whiteley, Paul F./Seyd, Patrick (1994): Local Party Campaigning and Electoral Mobilization in Britain. In: The Journal of Politics 56. 253-260

Whiteley, Paul/Seyd, Patrick (2003): Party Election Campaigning in Britain. The Labour Party. In: Party Politics 9.5. 637-652

Whiteley, Paul/Seyd, Patrick (2002): High-Intensity Participation. The Dynamics of Party Activism in Britain. Ann Arbor

Whiteley, Paul/Seyd, Patrick/Richardson, Jeremy (1994): True Blues. The Politics of the Conservative Party Membership. Oxford

Widfeldt, Anders (1995): Party Membership und Party Representativeness. In: Klingemann, Hans-Dieter/Fuchs, Dieter (Hrsg.): Citizens and the State. Beliefs in Government. Oxford: 134-182

Widfeldt, Anders (1999): Linking Parties with People? Party Membership in Sweden 1960-1997. Aldershot u.a.

Wielhouwer, Peter W./Lockerbie, Brad (1994): Party Contacting and Political Participation 1952-90. In: American Journal of Political Science 38. 1. 211-229

Wiesendahl, Elmar (1985): Mitgliederpartei. In: Nohlen, Dieter/Schultze, Rainer-O. (Hrsg.): Pipers Wörterbuch zur Politik. Bd. 1: Politikwissenschaft. München: 575

Wiesendahl, Elmar (1989): Etablierte Parteien im Abseits? Das Volksparteiensystem der Bundesrepublik vor den Herausforderungen der neuen sozialen Bewegungen. In: Wasmuht, Ulrike E. (Hrsg.) (1989): Alternativen zur alten Politik? Neue soziale Bewegungen in der Diskussion. Darmstadt: 82-108

Wiesendahl, Elmar (1990): Der Marsch aus den Institutionen: Zur Organisationsschwäche politischer Parteien in den achtziger Jahren. In: APuZ B21 (1990): 3-14

Wiesendahl, Elmar (1992): Volksparteien im Abstieg. Nachruf auf eine zwiespältige Erfolgsgeschichte. In APuZ B 34-35/1992. 3-14

Wiesendahl, Elmar (1997): Noch Zukunft für die Mitgliederparteien? Erstarrung und Revitalisierung innerparteilicher Partizipation. In: Klein, Ansgar/Schmalz-Bruns, Rainer (Hrsg.) (1997): Politische Beteiligung und Bürgerengagement in Deutschland - Möglichkeiten und Grenzen. Bonn: 349-381

Wiesendahl, Elmar (1998a): Parteienkommunikation. In: Jarren, Otfried/Sarcinelli, Ulrich/Saxer, Ulrich (Hrsg.) (1998): Politische Kommunikation in der demokratischen Gesellschaft. Ein Handbuch mit Lexikon. Wiesbaden: 442-449

Wiesendahl, Elmar (1998b): Parteien in Perspektive. Theoretische Ansichten der Organisationswirklichkeit politischer Parteien. Opladen/Wiesbaden

Wiesendahl, Elmar (2001): Die Zukunft der Parteien. In: Gabriel, Oscar W./Niedermayer, Oskar/Stöss, Richard (Hrsg.) (2001): Parteiendemokratie in Deutschland. 2. Auflage. Bonn: 592-619

Wiesendahl, Elmar (2001): Keine Lust mehr auf Parteien. Zur Abwendung Jugendlicher von den Parteien. In: APuZ B 10. 2001. 7-19

Wiesendahl, Elmar (2002a): Parteienkommunikation parochial. Hindernisse beim Übergang in das Online-Parteienzeitalter. In: Alemann, Ulrich von/Marshall, Stefan (Hrsg.) (2002a): Parteien in der Mediendemokratie. Wiesbaden: 364-389

Wiesendahl, Elmar (2002b): Überhitzung und Abkühlung: Parteien und Gesellschaft im Zeitenwechsel der siebziger und achtziger Jahre. In: Axel Schildt (Hrsg.) (2002): Transformationen des deutschen Parteiensystems. Hamburg: 138-169

Wiesendahl, Elmar (2002c): Die Strategie(un)fähigkeit politischer Parteien. In: Nullmeier, Frank/ Saretzki, Ullrich (Hrsg.) (2002): Jenseits des Regierungsalltags. Frankfurt, New York: 187-206

Wiesendahl, Elmar (2003): Parteiendemokratie in der Krise, oder: Das Ende der Mitgliederparteien: In: Manuela Glaab (Hrsg.) (2003): Impulse für eine neue Parteiendemokratie. Analysen zu Krise und Reform. München:15-38

Wiesendahl, Elmar (2004): Elitenrekrutierung in der Parteiendemokratie. Wer sind die Besten und setzten sich in den Parteien durch? In: Gabriel, Oscar W./Neuss, Beate/Rüther, Günther (Hrsg.) (2004a): Konjunktur der Köpfe? Eliten in der modernen Wissensgesellschaft. Düsseldorf: 124-143

Wiesendahl, Elmar (2004b): Parteien und die Politik der Zumutung. In: APuZ B40/2004. 19-24

Wiesendahl, Elmar (2005): Das Ende der Mitgliederpartei. Die Parteiendemokratie auf dem Prüfstand. In: Dettling, Daniel (Hrsg.) Parteien in der Bürgergesellschaft. Zum Verhältnis von Macht und Beteiligung. Wiesbaden: 23-42

Wilson, James Q. (1973): Political Organizations. New York

Winkler, Jürgen u.a. (1999): Das Profil der Sozialdemokraten. Ergebnisse der Mitgliederbefragung der SPD Mainz. Universität Mainz. Institut für Politikwissenschaft. Mainz.

Wolinetz, Steven B. (2002): Beyond the Catch-All Party: Approaches to the Study of Parties and Party Organization in Contemporary Democracies. In: Gunther, Richard/Ramón-Montero, José/Linz Juan J. (Hrsg.) (2002): Political Parties. Old Concepts and New Challenges. Oxford. 136-165

Wring, Dominic/Horrocks, Ivan (2001): Virtual Hype? The Transformation of Political Parties: In: Axford, Barrie/Huggins, Richard (Hrsg.): New Media and Politics. London u.a.:191-2009

Young, Lisa/Cross, William (2002): Incentives to Membership in Canadian Parties. In: Political Research Quarterly 33. 3. 547-569

Zapf, Wolfgang/Habich, Roland (2002): „Neues wagen – am Alten und Bewährten festhalten". Wertewandel, Sozialstruktur und Sozialberichterstattung. In: Fuchs, Dieter/Roller, Edeltraud/Wessels, Bernhard (Hrsg.) (2002), Bürger und Demokratie in Ost und West: 108-123

Zeuner Bodo (2003): Besonderheiten des politischen Engagements in Ostdeutschland, in: Enquete-Kommission „Zukunft des Bürgerschaftlichen Engagements" Deutscher Bundestag (Hrsg.) (2003): Bürgerschaftliches Engagement in Parteien und Bewegungen, Opladen: 167-178

If you have any concerns about our products,
you can contact us on
ProductSafety@springernature.com

In case Publisher is established outside the EU,
the EU authorized representative is:
Springer Nature Customer Service Center GmbH
Europaplatz 3, 69115 Heidelberg, Germany

Printed by Libri Plureos GmbH
in Hamburg, Germany